地理信息科学一流专业系列教材

土地管理信息系统

吴长彬　孙在宏　王履华　乔伟峰　编著

江苏高校品牌专业建设工程资助项目

科学出版社

北　京

内 容 简 介

本书分为基础、数据、软件、综合四篇，主要阐述了土地管理信息系统建设的一般原理、关键技术和发展趋势，包括土地数据库的建设流程、组成要素与更新方法，以及各类专业软件的架构、功能设计与应用实例等，还介绍了近几年实施的土地管理信息系统重点工程、土地信息与其他行业的共享应用。

本书可用作土地管理、地理信息科学等专业本科生、研究生的教材，也可作为从事土地管理信息系统建设技术人员的参考资料。

图书在版编目（CIP）数据

土地管理信息系统/吴长彬等编著. —北京：科学出版社，2019.9
地理信息科学一流专业系列教材
ISBN 978-7-03-061821-4

Ⅰ. ①土… Ⅱ. ①吴… Ⅲ. ①土地管理–管理信息系统–中国–教材 Ⅳ. ①F321.1-39

中国版本图书馆 CIP 数据核字（2019）第 137943 号

责任编辑：杨 红 郑欣虹/责任校对：何艳萍
责任印制：赵 博/封面设计：陈 敬

科学出版社 出版
北京东黄城根北街 16 号
邮政编码：100717
http://www.sciencep.com

北京凌奇印刷有限责任公司印刷
科学出版社发行 各地新华书店经销

*

2019 年 9 月第 一 版 开本：787×1092 1/16
2025 年 6 月第五次印刷 印张：13 3/4
字数：305 000

定价：49.00 元
（如有印装质量问题，我社负责调换）

"地理信息科学一流专业系列教材"编写委员会

主　编：张书亮
副主编：汤国安　　闾国年
编　委（以姓名汉语拼音为序）：

曹　敏	陈　旻	陈锁忠	戴　强	邓永翠
郭　飞	胡　斌	胡　迪	黄　蕊	黄家柱
蒋建军	江　南	乐松山	李　硕	李安波
李发源	李龙辉	李云梅	林冰仙	刘　健
刘军志	刘晓艳	刘学军	龙　毅	吕　恒
罗　文	南卓铜	宁　亮	任　娜	沈　飞
沈　婕	盛业华	宋志尧	孙毅中	孙在宏
汪　闽	王美珍	王永君	韦玉春	温永宁
吴明光	吴长彬	熊礼阳	严　蜜	杨　昕
叶　春	俞肇元	袁林旺	查　勇	张　宏
张　卡	张　翎	张　卓	张雪英	赵淑萍
仲　腾	周良辰	朱阿兴	朱长青	朱少楠

丛 书 序

当今,我们正处于一个科学与技术重大变革的时代,世界进入了智能化与绿色化、网络化与全球化相互交织的时期,并正在改变着人类社会和全球经济。历经 60 多年发展的地理信息系统(GIS),现已迈入"天空地海网"动态立体观测、地理大数据智能分析、全息地图服务与地理信息普适应用的新时代,包含地理信息科学、地理信息技术、地理信息工程的地理信息领域正在形成,由此对地理信息人才教育提出新的要求。在此背景下,我国高校 GIS 人才培养迎来新的机遇,也面临诸多挑战,培养适应时代发展的 GIS 人才是实现我国 GIS 跨越发展的重要保障之一。

作为我国 GIS 领域的知名品牌专业,南京师范大学地理信息科学专业一直重视教材建设。早在 21 世纪初,闾国年教授就主持出版了"21 世纪高等院校教材·地理信息系统教学丛书",对我国 GIS 教育产生了重大影响。我国 GIS 的奠基人陈述彭先生为该丛书做序,并指出:该项浩大工程的完成填补了我国 GIS 系列教材建设方面的空白,对改善我国地理信息系统专业教材发展不平衡的现状将起到重要的作用。十几年来,GIS 技术及其应用与产业快速发展,从适应高校 GIS 专业人才培养的需求出发,面向国家一流专业建设目标,南京师范大学地理信息科学专业会同科学出版社,经过深入的分析和研讨,针对地理信息科学教学现状新编了相关教材,对原有丛书中采用院校多、质量高的教材进行修订,形成了此套"地理信息科学一流专业系列教材"。该系列教材注重融入学科发展最新成果、强化实验实践训练、加强传统教材与在线课程结合,实现了科学性与实用性相结合的编写目标,也突出了学科体系发展的新方向。

当下,适逢中国高等教育内涵式发展与高校一流本科建设的新阶段,我相信,"地理信息科学一流专业系列教材"丛书编委会一定会在传承的基础上开拓创新,为我国 GIS 高等教育发展和人才培养做出重要贡献。

中国科学院院士
2019 年 8 月于北京

前　言

土地管理信息系统是将地理信息系统、测绘、遥感、计算机等技术综合应用于土地管理行业的管理信息系统。我国土地管理信息系统自 20 世纪 80 年代中期发展至今已经取得了令人瞩目的成绩，特别是近十余年来，原国土资源部（今自然资源部）在全国范围内启动了如金土工程、第二次全国土地调查、"一张图"工程、国土资源综合监管平台、不动产统一登记等重点工程，目前又在进行第三次全国国土调查，推动了我国土地管理（国土资源）信息化工作，提升了信息化建设水平。同时，物联网、云计算、大数据、人工智能、"互联网+"等信息化新技术新思维正悄悄走进并改变人们的生活，传统土地行业管理方式发生了深刻的变化。原国土资源部在《国土资源信息化"十三五"规划》中提出：未来五年，国土资源信息化将构建以"国土资源云"为核心的信息技术体系，建立全覆盖、全天候的国土资源调查监测及监管体系，构筑基于大数据和"互联网+"的国土资源管理决策与服务体系。鉴于此，本书旨在对我国土地管理（国土资源）信息化近十余年来取得的成果，结合作者多年的教学、研究和实践经验，进行总结和提炼；同时，立足于未来发展，简要介绍土地管理信息系统的一些新技术和新方法。

本书共分四篇，分别为基础篇、数据篇、软件篇和综合篇。基础篇主要介绍土地管理及土地管理信息系统的概念内涵、国内外发展状况和趋势、相关的学科和关键技术，土地管理信息系统的架构和软件工程方法；数据篇介绍土地数据的采集过程、土地数据库的一般建设流程，并重点介绍了专业类、管理类数据库的建立方法；软件篇介绍土地调查评价信息系统、政务管理信息系统、土地信息服务系统的设计、功能与实例；综合篇介绍了"一张图"工程、国土资源监管平台的建设内容，以及土地信息在农业、税务、测绘与数字城市、不动产统一登记、"多规合一"中的应用与系统实例。

本书针对"21 世纪高等院校教材·地理信息系统教学丛书"中由孙在宏等编著的《土地管理信息系统》存在的问题，由孙在宏、吴长彬重新组织，集体讨论、分工编写，最终由吴长彬统稿。参加本书编写的还有王履华、乔伟峰，以及研究生丁远、程彬彬、隋慧桥、喻仙、李芳慧、江洋、周鑫鑫、李朝阳、马冰卿、孙灵杰等，鲍笑、王雯雯协助书稿整理，胡晨迪、冯笑雨、恽培伦参与部分原稿排版和校对工作。

本书得到了南京师范大学虚拟地理环境教育部重点实验室闾国年、汤国安、黄家柱、盛业华、江南、袁林旺、朱长青、张书亮、孙毅中等教授的鼎力帮助和仔细审阅，特别是闾国年教授，其悉心指导并直接促成了本书的出版，同时也得到了江苏省原国土资源厅姜正杰、李闯、陈惠明、张毅、闻卫明、舒飞跃、周卫娟、龚敏霞等领导和专家的关心和支持，在此表示深深的谢意！本书的系统实例来自于南京国图信息产业有限公司、江苏金宁达不动产评估咨询有限公司及江苏省多个市、县原国土资源局的研发成果,参与数据库和信息系统研发的人员有吉波、张伟良、刘新平、狄晓涛、高权忠、沈健、张雅奇、王勇、张飞、彭英、陈海华、童杨辉、卢向伟、陈翔、徐年锋、陈磊、崔立、闫宝银、金悦等,在此一并表示衷心的感谢!

由于作者水平有限,书中难免存在不足和疏漏之处,敬请广大读者谅解和批评指正!

作　者

2018 年 12 月

目 录

丛书序
前言

第一篇 基 础 篇

第1章 概述 ·· 2
1.1 土地管理 ·· 2
1.2 土地管理信息系统概论 ·· 8
1.3 土地管理信息系统的现状与发展趋势 ··· 10
1.4 土地管理信息系统相关学科 ·· 17
1.5 土地管理信息系统关键技术 ·· 22
思考题 ·· 30

第2章 土地管理信息系统架构 ··· 31
2.1 土地管理信息系统构成 ·· 31
2.2 硬件与网络 ·· 31
2.3 基础软件 ··· 37
2.4 应用软件及架构 ··· 38
2.5 数据库与数据中心 ··· 41
思考题 ·· 45

第3章 土地管理信息系统软件工程 ··· 46
3.1 软件工程模型 ·· 46
3.2 土地管理信息系统工程 ·· 49
3.3 土地管理信息系统需求分析 ·· 53
3.4 土地管理信息系统设计 ·· 56
3.5 土地管理信息系统软件编码 ·· 60
3.6 土地管理信息系统集成与测试 ·· 62
3.7 土地管理信息系统运行与维护 ·· 63
思考题 ·· 65

第二篇 数 据 篇

第4章 土地数据库建设 ·· 68
4.1 土地数据类型与编码 ··· 68
4.2 土地数据获取与采集方法 ··· 70
4.3 土地数据库建设概述 ··· 73
4.4 土地数据库需求分析 ··· 75

4.5 土地数据库设计 76
4.6 土地数据建库流程 80
4.7 土地数据库更新 83
4.8 土地数据库管理与维护 87
思考题 90

第5章 专业类数据库 91
5.1 土地调查数据库 91
5.2 土地评价数据库 97
5.3 土地规划数据库 103
思考题 111

第6章 管理类数据库 112
6.1 政务类数据库 112
6.2 档案数据库 114
思考题 116

第三篇 软　件　篇

第7章 土地调查评价信息系统 118
7.1 土地调查评价信息系统概述 118
7.2 土地调查评价信息系统需求分析 119
7.3 土地调查评价信息系统设计与实施 120
7.4 土地利用现状管理系统 121
7.5 土地权属管理信息系统 123
7.6 农用地分等定级估价系统 126
7.7 城镇土地分等定级估价系统 129
7.8 土地利用规划管理系统 131
思考题 135

第8章 政务管理信息系统 136
8.1 电子政务平台设计 136
8.2 电子政务平台的内容与功能 139
8.3 实例1——土地登记系统 146
8.4 实例2——建设用地审批信息系统 149
8.5 实例3——土地利用动态监管与移动执法系统 150
思考题 152

第9章 土地信息服务系统 153
9.1 土地信息网站 153
9.2 土地决策支持系统 159
9.3 土地信息发布系统 163
9.4 土地信息查询系统 164
9.5 土地档案管理系统 166

9.6 其他系统·······169
思考题·······170

第四篇 综 合 篇

第10章 "一张图"工程·······172
10.1 "一张图"工程总体架构·······172
10.2 "一张图"工程建设内容·······173
10.3 "一张图"工程建设实例·······175
思考题·······178

第11章 国土资源监管平台·······179
11.1 国土资源监管平台概述·······179
11.2 国土资源监管指标体系·······180
11.3 国土资源监管平台建设的技术与方法·······182
11.4 国土资源监管平台设计与实现·······184
思考题·······188

第12章 土地信息共享与应用·······189
12.1 土地信息在农业中的应用·······189
12.2 土地信息在税务中的应用·······192
12.3 土地信息在测绘与数字城市中的应用·······194
12.4 土地信息在不动产统一登记中的应用·······198
12.5 土地信息在"多规合一"中的应用·······201
思考题·······202

主要参考文献·······203

第一篇 基础篇

第1章 概　　述

1.1　土　地　管　理

　　土地资源是人类赖以生存的不可再生资源，是人类生产和生活的基本载体，也是人类社会得以持续发展的基础。特别是在生产力高度发展的今天，为适应各行各业有计划按比例地协调发展，就必须有一定数量和质量的土地及相应的土地利用结构与布局做保证。

1. 土地的概念

　　土地是人类生存和生活的载体，是人类劳动的一般对象，是人类进行生产的必要物质条件。那么，古人是怎样来认识土地的呢？早在2000多年前，《管子》中就曾指出："地者，万物之本源，诸生之根菀。""土"的小篆和今之"土"形体相同。《说文解字·土部》里"土，地之吐生物者也。二象地之下，地之中，丨，物出形也"很形象地说明："土"中的第一横画指"地面"，第二横画代表"土壤"，一竖代表"植物"。土地能吐生万物。《释名·释地》："土，吐也，能吐生万物也。" 古人也通常以"社稷"指代国家。其中，"社"指土地之神，"稷"指五谷之神。这说明了古人对土的敬重，有了土地能从事农业生产，有了农业生产就有了衣食，所以人们把这种堆起来的土看成神，称为地母，并向它祭祀。其实，不同社会发展时期，人类对土地的认识和利用方式是不同的。农业时期土地主要是土壤，工业时期以经济建设为目的的土地比重加大，而到了现代，人类增强了对地下、海洋、空中土地资源的开发力度。

　　就土地的定义而言，历来就有争议。通常狭义的土地定义是地球表层的陆地部分。随着社会的不断发展和进步，人类控制自然能力的增强，人们对土地的认识也不断深化，产生了广义的定义，即把陆地部分扩大为包括内陆水域和沿海滩涂。正如马克思指出的那样，土地"在经济学上也包括水"，"……只要水流等等有一个所有者，是土地的附属物，我们也把它作为土地来理解"。此外，土地还是一个空间概念。随着人口的增长，科学技术的发展，对土地的利用已从地表迅速向三维空间发展，这就包括地上空间和地下空间。同时在现实经济活动中，绝大部分土地都经过人类开发、改造与长期使用，投入了大量的人类劳动并形成了各类物化成果。因此，土地是地球表面特定地段，由气候、土壤、水文、地貌、地质、动物、植物、微生物及人类活动和结果等要素所组成的，内部存在大量物质、能量、信息交换流通，空间连续，性质随时间不断变化的一个自然和社会经济综合体。也就是说，土地具有资源和资产的内涵，作为自然资源，它是人类生产和生活的根本源泉；作为资产，它具有经济（价值）和法律（权利）意义。故可以认为土地资源是土地的一部分，但因为人们目前还很难确定哪些土地是绝对不能利用和创造财富的，所以土地和土地资源两个概念经常是互相通用的。

　　这里还需要说明土地资源与国土资源、自然资源三者之间的联系和区别。广义的国土资源是指存在于国土领域内的所有资源，包括自然资源、经济资源和社会资源，而自然资源又包括土地资源、矿产资源、水资源、气候资源、生物资源、海洋资源等；狭义的国土资源仅指一个国家主权管理地域内一切自然资源的总称。在我国，国土资源一般取狭义的定义，即land and resources。由此可见，土地资源是自然资源和国土资源的一部分，而国土资源与自然资源最大区别之处在于国土资源有一定的空间地域的限定，也可以理解为主权范围内的自然资源即狭义的国土资源。

2. 土地管理的概念

管理具有管辖治理的意思，是人们在一定外在条件下为实现既定目标，运用一定的方式和手段所进行的一项综合性活动。土地管理是国家的基本职能之一，主要通过规范及法律措施来达到一定的管理目的。因此，土地管理的概念可以描述为：管理者根据法律规定，确定和巩固与社会中占统治地位的生产方式相适应的土地占有形式，调整土地关系，对土地的利用实施规划、调节、监督、组织而采取的一系列法律、法规、经济、技术方面的措施。这一概念包括以下几个含义：①土地管理的目的是维护土地所有制、调整土地关系和合理利用土地，最终实现经济、社会、生态效益的可持续发展；②土地管理的主体是国家；③土地管理的客体是土地，以及土地利用中产生的人与人、人与地、地与地之间的关系；④综合运用行政、经济、法律、技术等手段管理土地；⑤管理的职能是计划、组织、指挥、协调与控制；⑥土地管理的目的和特点受社会制度、土地制度的制约。

一般而言，国家把土地管理权授予政府及其土地行政主管部门。因此，土地管理也是政府及其土地行政主管部门依据法律和运用法定职权，对社会组织、单位和个人占有、使用、利用土地的过程或者行为所进行的组织和管理活动。当前，我国的土地管理工作主要围绕"十分珍惜和合理利用每寸土地，切实保护耕地"这一基本国策来展开，合理地开发利用土地资源、协调人地关系。

1.1.1 土地管理的对象、任务和手段

1. 土地管理的对象

土地管理作为一门独立的学科，有其特定的研究领域。它不同于一般的管理学，也不同于一般的资源学，而是兼具土地与管理两门科学的内容，并重新组合成新的研究领域。因此，土地管理除了处理社会生产力发展过程中人与地的关系，还必须研究这一过程中人与人的关系，并正确客观地处理它们的关系。

土地是自然资源，同时又是不动产。土地作为不动产，是土地实体与权利的有机结合，既包括有形的土地实体，又包括寓于土地实体中的各种经济关系和由此形成的产权（所有权、占有权、使用权、收益权、出租权、抵押权等）。因此，土地管理所研究的土地，是有形的土地实体与无形的土地权利的统一体。

2. 土地管理的任务

我国土地管理的基本任务是维护社会主义土地公有制，维护土地所有者和使用者的合法权益，保护和合理开发利用土地资源，提高土地利用的生态效益、经济效益和社会效益，促进社会经济的持续发展。现阶段我国土地管理的具体任务如下。

（1）维护土地权益。依法保护土地所有者和使用者的合法权益，保障土地权利人的合法权益不受侵犯，是土地管理的根本任务。加强土地登记管理，依法保护土地所有者、使用者及相关权利人的合法权益，承办并组织协调处理重大权属纠纷，查处重大违法案件。

（2）保护土地资源。我国人口多、耕地少，后备资源不足，生态环境不断恶化的基本国情，决定了土地管理的主要任务之一就是要保护好土地资源。因此，保护和合理开发利用土地资源是土地管理的根本任务。只有在合理开发利用土地资源的过程中加强对土地的保护，

才能实现土地资源的可持续利用和社会的可持续发展。

（3）合理利用土地。合理利用土地资源，满足国民经济各部门对土地需求的同时，防止滥占耕地及其他浪费土地现象发生，不断提高土地的经济、社会和生态效益，促进经济社会稳定健康发展是土地管理的最终目标，也是土地管理的基本任务。

（4）规范土地利用行为。通过法律、技术、经济、行政等方面的手段规范土地利用行为，使各项土地利用活动均在法律法规规定的范围内进行，确保维护土地权益、保护土地资源、合理利用土地等土地管理目标的实现。

（5）健全土地管理制度。健全的土地管理制度是合理利用和保护土地资源的基础。因此，根据土地管理的需要，建立健全土地管理制度，保证土地管理有章可循、有法可依，是土地管理的重要任务。

3. 土地管理的手段

土地管理是一项综合性的措施，它具有经济、法律和工程技术的性质。所以，土地管理不能采取单一的手段，而要综合运用行政、经济、法律和技术等手段。

（1）行政手段。行政手段指领导者（管理者）运用行政权力，用命令、指示、规定、通知、条例、章程、指令性计划等方式对商业经济活动进行控制。行政手段依靠行政权力，具有权威性、强制性、单一性和无偿性等特点。土地管理工作行政权力的行使，在很大程度上促进了土地管理工作的正常进行，尤其是耕地保护工作和土地监察工作。

（2）经济手段。经济手段是指管理者按照客观经济规律的要求调节和引导土地利用活动，以实现管理职能的手段。经济杠杆是经济手段的工具，在调节经济利益、实现管理目标方面发挥着重要作用。常用的经济杠杆有：地租地价杠杆、财政杠杆、金融杠杆和税收杠杆。土地管理经济手段的实施，促进了土地市场的良好发育，保证了土地市场价格的基本稳定和市场交易的平稳发展，可防止地价极高极低或忽高忽低，避免土地资产流失和土地利用的不合理，优化了土地资源配置。

（3）法律手段。法律手段是指运用各种法律、法令、条例和司法、仲裁等调整土地关系的管理手段。法律手段主要包括两个环节：一是建立和健全各种法律、法规；二是注重土地监察（执法）及相应的司法工作。

土地管理法是指对国家运用法律和行政的手段对土地财产制度和土地资源的合理利用所进行的管理活动予以规范的各种法律规范的总称，是各项土地管理工作的法律依据和支撑。《中华人民共和国土地管理法》于1986年6月25日经第六届全国人民代表大会常务委员会第十六次会议审议通过，1987年1月1日实施。此后，该法又经过了三次修改，最新的一次修订为2004年8月28日。其他与土地管理相关的法律法规还包括：《中华人民共和国物权法》《中华人民共和国土地管理法实施条例》《确定土地所有权和使用权的若干规定》《不动产登记暂行条例》等。事实证明，土地管理各项法律法规的制定和实施，加强了土地管理，维护了土地的社会主义公有制，促进了合理地保护、开发土地资源，坚守耕地红线，促进了社会经济的可持续发展。

（4）技术手段。技术手段是管理者按照土地的自然、经济规律，运用遥感、地理信息系统、全球定位系统等高科技数字化技术、系统工程、土地规划等来执行管理职能的手段。土地管理不仅要靠法律、政策，而且需要技术支持。土地管理的常用技术方法包括遥感技术、测绘技术、电子计算机技术、系统工程技术、土地规划技术、土地整治技术等。土地管理所需要的图纸,是通过测绘技术手段取得的;对土地数量及其分布状况的管理是通过土地丈量或航测、遥感技术及先进的面积量算技术来进行的;编制土地规划的最佳方案,寻求土地的最佳综合效果,必须运用系统工程方法;建立土地数据库,对土地利用进行监测等,需要掌握计算机技术等。为了科学、高效、全面地管理土地,必须掌握现代先进的科学技术手段,促进土地管理手段的现代化和科学化。

1.1.2 土地管理的业务体系

土地管理研究的业务在于根据土地的信息(数量、质量、类型、分布等)和人类的需求,从总体上研究合理分配和合理组织监督土地的开发、利用、治理、保护过程,以达到土地的有效利用,并获取最大的利益。因此,从不同的角度来研究土地管理的特殊矛盾,将土地管理的业务体系分为地籍管理、土地规划管理、土地利用管理、耕地保护管理等。

1. 地籍管理

地籍管理是土地管理的基础,是进行土地利用管理、土地规划管理的必要条件。地籍管理是国家为取得有关地籍资料及为全面研究土地权属、自然和经济状况而采取的以地籍调查(测量)、土地登记、土地统计、土地评价等为主要内容的国家措施。其主要目的是保障土地的权属关系,对土地收益进行合理分配,最终实现土地资源的优化配置。其内容,一方面要与生产关系相适应;另一方面要取决于它的对象——土地的基本特性。因此,根据现阶段我国的国情与土地管理的需要,将地籍管理再细分为:土地调查、土地登记、土地分等定级、土地统计、地籍档案管理等几个方面。

土地调查是为查清土地的数量、质量、分布、利用和权属状况而进行的调查。根据土地调查内容侧重点的不同,可分为土地利用现状调查、地籍调查、土地条件调查、土地动态监测四种类型。土地利用现状调查主要是以县为单位,按土地利用现状分类,调查各类用地的面积、分布和利用状况。地籍调查包括权属调查和地籍测量,是以权属调查为核心,查清每一宗土地的位置、权属界线、数量、用途等基本状况,满足土地登记需要。土地条件调查主要是对土地的土壤、植被、地貌、气象、水文等自然条件及对土地的社会经济条件的调查和资料的收集。土地动态监测是指运用遥感和其他现代科学技术,对土地变化情况,特别是对城镇建设用地和耕地的变化情况进行连续的监测,为各级政府决策提供准确及时的土地数据。通过土地状况的动态监测还可以核查土地统计数字,及时发现土地违法行为。

土地登记是指将国有土地使用权、集体土地所有权、集体土地使用权和土地抵押权、地役权,以及依照法律法规规定需要登记的其他土地权利记载于土地登记簿公示的行为。其中国有土地使用权包括国有建设用地使用权和国有农用地使用权;集体土地使用权包括集体建设用地使用权、宅基地使用权和集体农用地使用权。自2014年开始,我国已经以土地为核心,将土地与房产、林业、草原等统一纳入不动产登记。

土地分等定级是在特定的目的下,对土地的自然和经济属性进行综合鉴定,并使鉴定结果等级化的过程。土地分等定级包括"分等"和"定级"两个层次。"分等"通常在全国范围内进行;"定级"通常以市、县为单位进行。土地分等定级是从土地的各自然要素(气候、地形、地质、土壤、植被、水文等),以及与土地利用有关的社会经济条件等方面对土地质量进行全面的、综合的评定,包括城镇土地分等定级和农用地分等定级。

土地统计是指利用数据和图件等形式对土地的数量、分布、权属、利用状况及其动态变化进行系统的调查、整理、分析和预测。

地籍档案管理是以地籍档案为对象所进行的收集、整理归档、鉴定、保管、统计和利用等工作的总称。

2. 土地规划管理

土地规划也称土地利用规划，包括土地利用总体规划、专项规划和规划设计。土地利用总体规划是根据国民经济和社会发展计划，依据土地自身的特征及供给总量和供应发展的要求，合理统筹协调土地资源在国民经济各部门之间的配置和战略的计划。土地利用专项规划是在总体规划框架的控制下，针对土地开发、利用、整治和保护等某一专门问题而进行的规划，就其本质而言是土地利用总体规划的深入和补充，是土地利用总体规划的有机组成部分。规划设计是对一个具体项目、工程在一定土地空间上进行设计。

随着我国社会经济的发展，土地规划与城乡、环境保护等规划也出现了一些冲突和不一致的地方，因而我国2016年后在全国多个地区开展实施了"多规合一"试点，其目标是形成一个市县一本规划、一张蓝图。我国未来的国土空间规划应以"多规合一"为前提，确定区域发展目标定位、空间布局结构、"三区三线"（"城镇空间、农业空间、生态空间"三类空间和"生态保护红线、永久基本农田、城镇开发边界"三条控制线）管控的核心内容，以实现国土空间资源要素的优化配置和可持续发展。

3. 土地利用管理

土地利用管理是指国家通过一系列法律的、经济的、技术的及必要的行政手段，确定并调整土地利用的结构、布局和方式，以保证土地资源合理利用与保护的一种管理。其目标是按照社会经济的发展要求，充分合理利用土地资源，提高土地利用的综合效益及长期效益，使城乡居民的生产和生活得到协调发展。

土地利用管理是土地管理的核心。它在强化城乡土地统一管理、生产力布局调整和产业结构优化、土地保护、土地利用方式转变，以及缓解人口增长、资源短缺、环境恶化与区域发展的矛盾等方面具有重要作用。其主要是对农用地、建设用地和未利用地的开发、利用等进行管理，并通过土地用途管制、编制和实施土地利用总体规划及土地利用的日常监督和调控来实现。

4. 耕地保护管理

耕地保护是指运用法律、行政、经济、技术等手段和措施，对耕地的数量和质量进行的保护。耕地保护是关系我国经济和社会可持续发展的全局性战略问题。"十分珍惜和合理利用每一寸土地，切实保护耕地"是必须长期坚持的一项基本国策。耕地保护管理是国土资源管理部门依据相关法律法规、结合土地利用总体规划及专项规划对耕地资源实行保护的行为，是关系我国经济和社会可持续发展的全局性战略措施。近年来，耕地保护工作虽然取得了一定成效，耕地锐减的势头也得到一定遏制，但人口大量增加和耕地大量减少的失衡趋势未能从根本上得到扭转。因此，在今后相当长的时期内，以有限的耕地来满足国民经济和社会可持续发展的需要，必须切实加强耕地保护措施。一般耕地保护措施为：坚持土地用途管制；强化耕地占补平衡管理；严格耕地保护执法；严格执行城市用地规模审核制度；建立有效的土地收益分配机制；引入耕地保护的社会监督制度。所以耕地保护管理可以理解为，从耕地的数量和质量保护入手，对耕地的使用施行强制性的管理。

根据《中华人民共和国农业法基本农田保护条例》，我国实行基本农田保护制度。基本农田是指根据一定时期人口和国民经济对农产品的需求及对建设用地占用情况的预测而确定的长期不得占用的耕地。基本农田保护是指对基本农田依法实行保护的一项土地行政措施。基本农田保护的对象包括：国务院有关主管部门和县级以上地方人民政府批准确定的粮、棉、油和名、优、特、新农产品生产基地；改造和正在实施改造计划的中低产田；大中城市蔬菜生产基地；农业科研、教学试验田；省级以上人民政府确定的其他农业生产基地。

1.1.3 土地管理的职能

自 1986 年国务院第 100 次常务会议决定组建国家土地管理局，负责全国土地、城乡地政的统一管理工作，我国进入了土地的统一管理阶段，并逐步形成了中央、省（自治区、直辖市）、市（地）、县（市）、乡（镇）五级土地管理体系。1998 年，第九届全国人民代表大会第一次会议第三次全体会议表决通过关于国务院机构改革方案的决定，由地质矿产部、国家土地管理局、国家海洋局和国家测绘局共同组建国土资源部，由国土资源部主管全国土地管理工作。

国土资源部的主要职责是：制定有关土地的方针、政策和法规，并组织贯彻执行和实施监督；主管全国土地的调查、统计、定级、登记、发证工作；主管全国土地的征用、划拨、出让工作，统一审核、征用、划拨建设用地，承办国务院审批的建设用地的审查、报批，负责土地使用权的组织、协调、审查、报批的出让方案的落实，组织编制各类建设用地定额指标；管理全国土地市场，会同有关部门制定土地市场管理的法规和规章，规范土地市场，负责土地使用权转让、出租、抵押等权属管理和监督，协助财税部门做好土地税费的征收管理工作等。

省、市、县三级国土资源管理部门以省为单位在行政上实施垂直管理，省级国土资源管理部门为省级人民政府组成部门，市、县级国土资源管理部门为同级人民政府的工作部门，而乡镇国土所则是县级国土资源局的派驻机构。省、市、县国土资源管理部门主管其行政区域内土地的统一管理。例如，市国土资源局的主要职能为：拟定本市的土地利用规划、计划和土地后备资源开发规划；审核征用土地的范围、数量；实施土地监督；负责办理以出让或划拨方式取得土地使用权的申请、登记，并进行核实及颁发土地使用权证书等。

2018 年 3 月，为统一行使全民所有自然资源资产所有者职责，统一行使所有国土空间用途管制和生态保护修复职责，着力解决自然资源所有者不到位、空间规划重叠等问题，实现山水林田湖草整体保护、系统修复、综合治理，根据第十三届全国人民代表大会第一次会议批准的国务院机构改革方案，设立中华人民共和国自然资源部。自然资源部整合了国土资源部的职责，国家发展和改革委员会的组织编制主体功能区规划职责，住房和城乡建设部的城乡规划管理职责，水利部的水资源调查和确权登记管理职责，农业部的草原资源调查和确权登记管理职责，国家林业局的森林、湿地等资源调查和确权登记管理职责，国家海洋局的职责，国家测绘地理信息局的职责。为了延续性和习惯性，后续章节里仍保留采用了"国土资源部""国土资源厅""国土资源局"的字样，特此说明。

1.2 土地管理信息系统概论

1.2.1 土地信息

信息是客观事物存在方式和运动状态的反映。它所反映的是关于某一客观系统中某一事物的某一方面在某一时刻的具体表现形式。

数据是客观事物存在方式和运动状态反映的记录,是信息的载体。因为对客观事物存在方式和运动状态所反映的记录是用一定的符号来表达的,所以数据就是信息的具体表现形式。数据所反映的客观事物存在方式和运动状态是它的内容,而符号是它的形式。信息通过数据记录,便可以实现载体传递,并借助数据处理工具实现存储、加工、传播、再生和增值。

依据对土地的定义和对信息的理解,结合现实的情况,土地信息可以理解为土地各种空间属性、自然属性、经济属性和权能属性及这些属性之间相互联系的信息。土地信息不仅包括对土地自然属性和抽象属性的直接描述,而且包括提供决策服务的整个信息处理过程中所需要的各种信息产品。

土地信息和地理信息是两个既相互区别又相互联系的概念。地理信息主要是指地理实体的空间位置和属性。土地信息主要是指土地管理、土地利用和地产方面的信息,除土地空间信息外,还有大量的非空间信息,它们在政府决策、社会生产和经济活动中有着重要的地位和广泛的相互关系。

土地信息的实质是土地作为一种自然历史综合体的各种特性的表征。土地信息以土地数据的形式表现出来。土地数据分为三种类型:描述地理实体与位置有关的位置数据和描述地理实体间拓扑关系的拓扑数据的空间数据;描述地理实体非空间数据的属性数据;描述地理实体变化特征的时间数据。属性数据和时间数据统称为非空间数据。土地信息的内容包括土地基础信息、土地管理信息和其他辅助信息。土地基础信息包括可通过调查评价手段取得的土地利用现状、城镇地籍、土地定级估价、土地利用总体规划等信息。土地管理信息包括土地登记、建设用地审批、土地利用规划等在业务管理中产生的信息。其他辅助信息包括影像信息、编码信息等基础信息与管理信息。

表征土地要素的土地信息具有以下特征:①一般特征。包括现势性、精确性、准确性、可检验性、明晰性、可量化性、客观性、综合性、适应性、共享性等。②空间特征。土地信息需空间定位。③动态特征。土地信息随时间变化,需表达历史演变过程。④法律特征。土地涉及资产、权利等,需通过法律形式来表征。⑤表达特征。土地实体可以用文字、数字、地图和影像等形式表达,并用纸质、光盘等物理介质载体存储。⑥数量特征。包括空间(图形、图像)、属性(表、卡、证、文、册、簿)及变化过程,数据量大。

1.2.2 土地信息系统

1981 年,在 Montreaux 召开的国际测量师联合会第三次委员会对土地信息系统做了如下的定义:土地信息系统是辅助法律行政和经济决策的工具,也是规划和研究的辅助手段。土地信息系统既包含某一特定地区的土地相关信息数据库,又包含收集、更新、处理和传播数据的技术和方法。土地信息系统的基础是统一的空间坐标系,用以建立系统内数据与其他土地相关数据的联系。土地信息系统可以理解为以土地空间数据库为基础,在计算机软硬件的支持下，进行采集、管理、操作、分析、模拟和显示，采用空间模型分析方法，提供、应用和传输土地信息，为土地管理与决策服务的计算机技术系统。通俗地说，土地信息系统是在土地资源调查和研究的基础上，利用计算机软硬件的支持，将与土地有关的信息和参数，如土壤、地貌、土地利用等要素的数据及相关的社会经济要素数据，按照空间分布或地理坐标以一定格式输入、存储、检索、显示和综合分析的技术系统。其目的是为土地分类评价及土地利用规划与管理等服务，与地理信息系统相比，后者的应用范围更大，应用部门更多。土地信息系统因为具有鲜明的行业特点，自成体系，所以具有很强的相对独立性和自我发展的能力。

土地信息系统的运行包括资料的获取和整理，资料的处理、储存和维护，以及资料的检索、分析和传输等；土地信息系统可以以成果的形式，也可以以服务的形式提供上述资料；它还能提供以文字或数字形式反映的属性数据，以地图显示的空间数据，以及反映现状的时间数据。这些属性或文本数据可以描述一个地方的现象，也可以描述不同地方的现象。土地信息系统可以用来完成一项主要的功能，也可以实现多项功能，目前有些土地信息系统已经用来支持区域发展的战略规划。在这方面，确定组织目标及用于实现这些目标的资源是关键。一些土地信息系统是为管理服务的，它注重有效地利用资源以实现管理目标；一些则是为运行控制服务的，它主要保证各种具体任务能充分有效地完成。

1.2.3 土地管理信息系统

土地管理信息系统是以土地资源与资产管理为工作对象的信息系统。它是将土地调查、评价、规划等手段获取的关于土地权属、土地利用、土地质量、土地规划等土地信息输入计算机，利用计算机快速、便捷、存储量大的优势实现对信息的分类、检索、排序、综合分析等功能，并根据经验和国家的法规、政策，进行地籍管理、土地利用管理、土地利用规划管理、建设用地审批和耕地保护管理等。土地管理信息系统覆盖了土地管理各职能部门的全部日常工作。

从某种意义上讲，土地管理信息系统可以认为是地理信息系统和管理信息系统结合并具体运用于土地及其相关行业中的产物，因此，土地管理信息系统应具有如下基本功能：①业务管理功能。以满足土地管理为目标，包括地籍管理、土地利用管理、土地利用规划管理、建设用地审批和耕地保护管理等综合业务或专项业务处理功能。②属性数据管理功能。具有大量属性数据的输入、修改、检索、统计、输出及业务流程管理等功能，服务于政务管理。③图形数据管理功能。具有空间数据的采集及预处理、图形编辑、分层管理、信息查询、空间分析和图形输出，以及图形数据和属性数据的连接等功能。④统计分析功能。在土地管理信息系统的建设过程中积累的海量土地数据，根据不同条件对数据进行图表分析、空间叠加分析及不同数据的对比分析或者统计、加工处理，为土地管理的决策提供依据。⑤土地信息的历史回溯、空间与非空间数据同步变更等功能。

土地管理信息系统与土地信息系统主要区别在管理对象方面：土地信息系统的管理对象是土地信息，也包括数据模型和技术方法；土地管理信息系统的管理对象除土地信息及其数据模型、技术方法外，更主要的是土地管理业务，具有明显的政务系统特征。

还需要指出的是，如前所述，土地资源属于国土资源的一部分，由于国家现在将土地行政管理与矿产资源、海洋资源管理行政职能合并，故可以认为土地管理也属于国土资源管理的一部分。本书中的"土地管理信息系统"只是一个狭义的概念,属于国土资源信息化整体中的核心组成部分,为了符合实际,本书后续介绍具体案例时不可避免地会出现"国土资源"相关的名词术语,如"国土资源网""国土资源电子政务""国土资源综合监管平台"等。

1.3 土地管理信息系统的现状与发展趋势

1.3.1 国外土地管理信息系统的发展状况

1. 加拿大土地管理信息系统

计算机技术在土地管理领域的应用始于 20 世纪 70 年代,这与地理信息系统的发展是同步的。国外为了有效地管理土地资源,建立了土地资源管理信息系统,它在推动当地经济和社会发展方面起着极其重要的作用。土地资源管理信息系统凭借其独有的海量数据的存储、查询、操作和管理等方面的优势,已成为土地管理科学研究的重要手段之一。

加拿大是世界上第一个提出利用地理信息系统(geographic information system,GIS)进行土地资源调查的国家,世界上第一个 GIS 雏形,加拿大地理信息系统(Canada Geographic Information System, CGIS)就是以土地调查、宗地管理为原型的土地管理信息系统。近年来,加拿大联邦和各省自然资源管理部门高度重视自然资源的管理、利用和服务的信息化。它们应用现代信息采集技术和网络通信技术,彻底改变了传统的土地资源信息采集、存储、传输和服务方式,以快速、方便、有效和经济的方式向政府及社会各界提供优质信息服务。

安大略省自然资源部门于 1998 年开始实施安大略土地信息(Land Information Ontario,LIO)系统计划,其目标是建成数据采集、生产、存储、管理和访问为一体的土地信息基础设施。它保证数据采集、存储和管理的标准化,使管理人员和广大用户能够在网上实现方便、有效的信息查询、浏览及办公。安大略土地信息系统基础框架包括以下几个方面。

(1)政策构架。政策问题影响土地信息系统的数据采集、管理和分布方式。LIO 采用建立安大略地理空间数据交换机制和通过联邦政府实施的 GeoConnection 项目制定的有效空间数据策略,进行空间数据互访。

(2)规划构架。LIO 规划构架包括三个方面:①基础数据管理、访问工具、数据共享联盟和地理参考构架的规划;②安大略省政府内土地信息系统的规划和协调;③基于部门的地理信息系统规划。

(3)访问构架。LIO 访问构架计划的重要目标是按照标准方法实现数据管理与访问。

(4)地理参考构架。

(5)基础数据计划。LIO 基础数据包括两个方面:①安大略省地理空间基础数据;②自然资源与环境数据计划。LIO 计划的关键技术在于采用标准化数据存储和管理方式,建立安大略土地信息系统目录和安大略土地信息仓库,在此基础上开发一系列工具,进行数据编辑、集成、发布及基于浏览器环境的数据查阅。

2. 美国土地管理信息系统

加拿大完成世界上第一个土地信息系统后,美国纽约州和明尼苏达州也先后研制和开发出自己的土地资源管理系统。这些土地信息系统的建成在推动当地经济发展和世界 GIS 产业的建成和发展中起了极为重要的作用。

在土地信息服务方面,目前建立的土地调查信息网站是美国国家综合土地信息系统的一个组成部分。该系统利用 ESRI 的 Arc IMS（Internet Map Server）软件，有限制地向公众提供全国地理数据服务。

3. 澳大利亚土地管理信息系统

澳大利亚西澳大利亚州国土部实施了一个 Smartplan 计划，设计和研制了土地信息查询系统，向四类用户提供服务：一是远程电话访问；二是政府网络用户；三是内部用户；四是问讯处和一般公众。用户可以从数据库中查找信息，数据库包括空间数据、街道地址、地名词典、政府财产登记、大地控制点、地理名称、房地产销售证明和其他各种地产数据。

4. 瑞典地籍管理信息系统

1991 年，瑞典在地籍和土地登记之间通过自动化实现了一体化，不动产数据中心负责收集、转化所收集的地籍和土地登记信息用于自动化处理，各地区地籍和土地登记部门负责数据采集，并通过网络与不动产中心关联。瑞典的系统是一个即时在线系统，用户和计算机之间能进行直接对话。例如，当登记或者重新登记被申请时，土地登记官员可以通过终端设备查询土地数据库，更改需要变更的数据，在土地登记官员检查以后给土地登记数据库发送一条指令，修改相关记录。从 2011 年开始，瑞典已实现全国地籍和土地登记程序的全数字化流程。

在瑞典，地籍管理是以不动产为基础单元的，其不动产的概念是指一个物体及其上附属建筑，这个物体可以是土地、水、渔业、三维空间等。每个不动产单元的范围，均由综合土地信息系统来界定。不动产登记构成了瑞典地籍信息系统的核心，一方面用于信息服务，另一方面用于处理不动产相关的法律问题。瑞典地籍信息系统的特色，可以涵盖"官方系统、全国覆盖、内容统一、立法支持、国家担保、应用广泛、收录选定的信息"等，此外还包括一个重要的功能，那就是与其他主要系统相连接，进行数据交换。

GIS 和网络技术应用已经在瑞典的各级政府部门十分普及，政府管理所需的各种信息已经基本可以上网查询并进行初步的空间分析。瑞典的土地利用/土地覆盖调查，基于当前的卫星影像及土地调查局数据，是瑞典官方制图项目的一部分，它致力于建立覆盖全国的植被和土地利用数据库，并为自然规划、环境监测和景观分析等服务。瑞典土地覆盖数据的优点：①全国范围覆盖；②制图过程采用统一标准和方法；③采用最新的数据源；④全部采用数字化方法 GIS 平台操作；⑤数据成果符合欧盟标准。瑞典土地利用/覆盖调查数据既服务于土地管理，同时提供科研服务，并作为欧盟研究项目的一部分，实现了大范围的数据共享。

瑞典目前使用的地籍管理信息系统软件是 ArcCadastre 系统（图 1-1），它是瑞典土地调查局与美国 ESRI 公司合作开发的新一代集成化地籍管理信息系统软件。该软件集成了瑞典过去使用的测量软件、ESRI 公司的 ArcGIS 软件及著名的数据转换软件 FME（feature manipulate engine）的功能模块，以 VC++语言为集成工具，并以 VB 等语言进行了多个扩展模块及用户自定义模块的开发，稍加改进就能够提供多种语言支持，是目前较先进的地籍信息系统，已经销售到东欧和非洲等地。ArcCadastre 地籍管理信息系统软件的功能不断增强，包括 GIS 平台（ESRI ArcGIS）、地学分析模块、数据转换模块、测量专门模块。

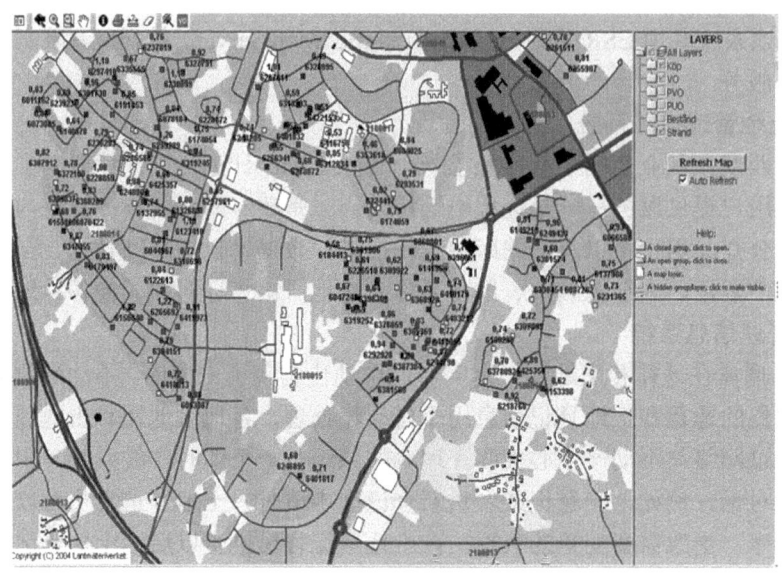

图 1-1　瑞典地籍管理信息系统

5. 欧洲其他国家土地管理信息系统

德国是一个地籍发展历史比较悠久的国家,其地籍管理制度和地籍数据的采集、处理、建库、管理和使用在国际上处于比较领先的地位。德国于 1983 年将各州地籍登记的全部内容按统一格式输入自动化地籍册数据库,使用者可随时以人机对话的形式对数据库进行检索、咨询等。该数据库可迅速提供准确现实的地籍资料,直接服务于政府决策和私人土地交易,以及土地供应计划、土地利用计划、农业税收等国民经济各部门。

从 1997 年开始,德国 Adv 组织了一个工作组,致力于集成办公地籍信息系统模型的研究,该模型被称为官方不动产地籍信息系统(ALKIS)。此模型运用国际技术规范统一建模语言(unified modeling language, UML)描述地籍信息。该系统主要用于处理来源于地籍图、土地所有者和土地使用者的登记簿的地籍与地形数据,进行基础地理数据、土地数据标准化建设,建立 ALKIS 和地形制图信息系统(ATKIS)元数据系统,实现系统的共享。ALKIS 并不是德国第二代地理信息系统发展的终点,Adv 一直致力于将自动化地籍图(ALK)、自动化地籍簿(ALB)、ATKIS 和官方定位基准框架系统(AFIS)整合为统一的 AFIS-ALKIS-ATKIS 应用模型,将三个系统整合为一,共用一套数据模型,即 AAA 模型。经过多年的发展,至 2012 年德国 ALKIS 数据在多个领域得到了广泛应用,如电力、铁路及环保领域。各行业数据进行整合建成统一的信息管理系统,并通过 Web 服务向集团内办公人员提供各类业务办公相关的图形数据。在德国的数据集成模型——AAA 模型文档中加入了三维 ALKIS 实现方面的内容,对三维 ALKIS 的发展提供了设计及实现思路。

芬兰土地管理信息系统由国家土地测量署(NLS)维护和管理。芬兰早在 1993~1997 年就建立了一种新型的基于 GIS 的地籍管理信息系统,可以将图形和属性数据存储于同一个数据库系统中,利用该系统可以同时完成地籍调查、地籍测量及提供地籍电子地图信息服务,还可提供灵活可变的多比例尺的地图信息查询(图 1-2)。到 1999 年,芬兰国家土地测量署完成了覆盖全国的图件的数字化工作,选用 Small World GIS 软件开发了土地管理信息系统。

该系统实现了属性与图形数据存储在同一关系型数据库中，并且能在网络环境下允许多个用户同时更新和维护数据库。

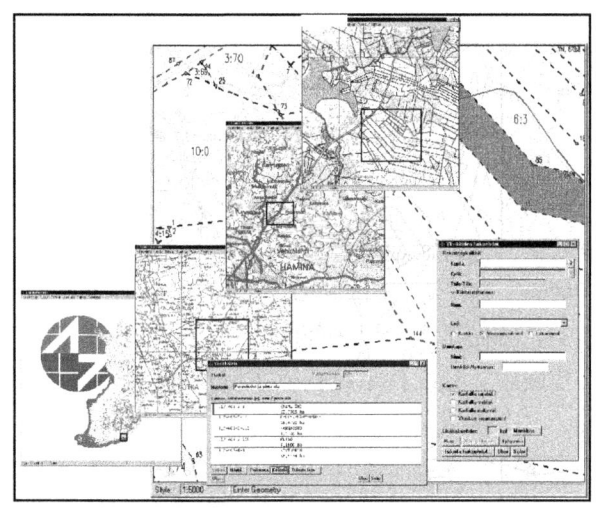

图 1-2 适应不同比例尺可改变的地图用户界面

荷兰土地管理信息系统由荷兰地籍署负责。荷兰地籍署于 1990 年建立了地籍信息（属性）的联网查询系统，1997 年完成了全国地籍图数字化。到 1999 年，荷兰已经完成全国大比例尺地形图、地籍图、测量控制点网图和土地登记数据库的建设，由分布在全国 15 个省的地籍署的工作人员通过 Internet 查询和更新数据库。荷兰地籍署在已有地籍信息的基础上，正致力于发展基于 Internet 的地籍信息查询、分析和可视化功能。近年来，荷兰一直致力于一个标准化的核心地籍域模型（core cadastral domain model，CCDM），该模型的创建有两个目标：①设计一个有效、实用、扩展性和通用性强的地籍模型，以避免对同一功能、同一目标的三维地籍问题的重复研究；②在此模型提供的实体基础上，不同的地区和国家能够方便地对三维地籍问题进行交流和探讨。该模型基于国际背景以实现创建标准化信息服务，在土地管理领域实现国家之间的语义共享。该模型在多个国家（如玻利维亚、希腊、澳大利亚等）进行了实践，并多次基于国际专家案例研究研讨会及世界多个国家的案例的研究进行调整，开发了一系列的模型版本。

瑞典、芬兰、英格兰、奥地利和挪威等国家土地登记处或地籍管理部门启动欧洲土地信息服务（European land information service，EULIS）合作项目，EULIS 的目的在于将各国登记地籍信息的计算机系统相互连接起来，通过 Internet 提供信息跨国访问，为该市场的专业人士和广大民众提供如地块的标识码、对象编号、业主姓名、最近所有权交易日期等系统服务信息，建立起可以提供税收和土地所有制情况的信息中心。

西方发达国家土地管理信息系统的建设日渐成熟，其应用已经由部门内部信息共享逐渐转向社会范围内共享。由于信息技术进步和用户对土地信息需求的变化，LIS 正朝综合化和集成化的方向发展。

1.3.2 国内土地管理信息系统的发展过程

1. 实验室研究阶段

20世纪80年代中期,我国从事地理信息系统研究的学者已经逐步将地理信息系统、数据库技术应用于我国土地管理实践,开创了土地管理信息系统研究的先河。最早南京大学黄杏元教授等将GIS技术应用于溧阳市市区土地评价中,建立了基于GIS的城镇土地评价信息系统。该系统除了能自动完成城镇土地定级和估价外,还可在模型支持下进行土地利用分析与决策。倪绍祥教授等应用GIS方法开发了土地适宜性评价软件系统。该软件系统不仅可将与评价有关的土地空间数据与属性数据进行综合,而且灵活的数据处理方式,大幅度地提高了数据处理精度和处理效率。到了80年代后期,许多学者纷纷对土地权属调查、土地现状调查等方面的土地管理信息系统做了尝试性研究。例如,魏景立等开发了DGCAD软件系统,并应用于地籍调查生产实践中。该软件系统提供了测量数据编码、宗地面积计算、宗地图生成和地籍图生成等功能。这个阶段的土地管理信息系统还处于试验研究阶段,所开发的软件功能单一,系统界面不完善,操作也不方便。由于开发技术力量、地理信息系统平台性能价格比等,商品化地理信息系统在土地管理信息系统开发实践中没有得到大面积推广和应用。

2. 起步阶段

在20世纪90年代初,大规模的1∶500、1∶1000权属地籍调查、1∶1万土地利用现状调查、城镇土地分等定级估价工作在全国各地蓬勃展开。同时,国内众多专家学者对土地管理信息系统建设的一般性原则、系统功能框架、数据组织编码、数据处理模式等进行了大量的研究,并将这些研究应用于土地管理信息系统的研制当中。

在系统建设方面,这个阶段除了推出了许多以AutoCAD为平台的数字测图和野外机助测图系统、城镇地籍管理信息系统、城镇土地定级估价系统外,还建成了一些简易的土地管理信息系统。该阶段软件系统与土地管理信息系统实验室研究阶段相比,在数据库管理、系统界面、系统可扩充性与稳定性、功能实用性及商品化GIS平台的应用等方面向前迈出了一步,但还存在不少问题,主要表现在以下几个方面:①属性数据库平台层次低,多数应用软件系统选用文件级数据库管理软件,在安全性、保密性、完整性、一致性等方面较差。②图形平台自主开发或选用非地理信息系统平台AutoCAD,空间数据和属性数据分开管理和存储,一体化能力差。即使土地管理应用软件系统在"表面"上看起来空间数据与属性数据一体化管理,但实质上是通过内部ID号唯一地将空间数据和属性数据进行关联,这种混合管理模式并没有从整体数据管理角度,将空间数据与属性数据建立内部关联机制,存储在同一个关系型数据库系统中。③软件系统只为地籍调查、初始土地登记等单一业务过程设计,没有对软件系统进行整体规划。④软件系统不能基于网络系统运行,很少有关于支持网络环境的土地管理信息系统的研究报道。

3. 快速发展阶段

到了20世纪90年代中后期,我国土地管理信息系统发展较快,但在实用化方面也逐渐暴露出一些问题。例如,业务系统划分标准不一;软件系统不能基于网络环境下运行;可选用的商品化GIS平台较多,所形成的空间数据不仅在地理符号表达上不能共享,更不能在数据所表达的语义级共享;数据库种类繁杂、交叉;空间数据多数使用文件级GIS平台管理;数据库维护复杂且成本较高。这些问题严重地困扰了土地管理信息系统软件开发商和土地管理信息系统用户。经学术界和土地资源主管部门的研究，土地管理信息系统并非一个纯粹的技术系统，它是一个业务管理系统，涉及管理科学和社会学等众多领域。这种思想的确立，为土地管理信息系统的建设和发展指明了方向。

在这个阶段，软件系统开发基本上完成了由项目型向管理型的转变。在业务办公信息系统方面，出现了一批基于土地业务集成的办公自动化软件系统（Office GIS），如深圳市规划局的图文办公系统，常州市国土资源局的"一书四证"（建设用地项目选址意见书、建设用地项目规划许可证、建设用地规划许可证、建设用地工程许可证和国有土地使用证）的图文办公系统等，并在 GIS 平台应用、空间数据建模、时态数据结构模型、数据集成、面向整体对象数据模型、基于网络环境的系统软件开发等方面取得了一定进展。

从软件开发的角度来看，该阶段土地管理信息系统软件大多数基于 GIS 平台，除了极少数软件是应用 GIS 数据库技术对空间和属性数据一体化管理外，多数软件系统采用文件级的 GIS 软件进行空间数据管理。尽管在该阶段土地管理信息系统得到了发展，但还是存在以下几个问题：①只能按确定的技术路线、数据处理流程进行开发，软件系统缺乏柔性、灵活性差，业务流程的改变意味着软件系统的重新设计与开发。②信息处理基本上是从基层国土所、县局事业单位、县局职能科室向上层局机关和上级业务主管部门流动，基层组织机构只能为上层领导提供信息，而很少能得到上层领导的命令和综合信息，限制了上层领导通过土地管理信息系统履行职责。③土地管理信息系统没有从整体和信息工程数据规划的角度，考虑土地管理业务过程和数据管理的优化，多数业务过程的计算机化仅仅是"手工作业"的翻版。④开发单位人员素质不高，目标制定不恰当，组织能力不强。系统开发时，缺乏土地管理业务人员参与，缺少统一的土地管理信息系统数据标准，系统需求分析不彻底，系统需要反复修改才能成功。⑤土地管理部门没有专门的组织机构管理土地管理信息化建设，基础土地数据管理、更新、维护较为困难。

4. 新世纪重点建设工程

2002 年，原国土资源部根据全国各地国土资源管理信息系统建设的实际情况和未来国土资源管理信息系统发展的要求，制定了《全国国土资源政务管理信息系统与信息服务系统建设总体方案》，它明确了土地管理信息系统建设到 2010 年的远景目标和任务，即建立土地政务管理信息系统与信息服务系统，实现土地政务管理和社会服务的流程信息化，使土地管理信息化建设总体接近发达国家水平，建立结构完整、技术先进、高速、大容量的信息交换网络，建成具有完整的主比例尺系列、覆盖全国、内容丰富、更新快捷的土地管理基础数据库，使电子信息积累基本满足土地现代化管理的需要，完善各类政务管理信息系统并实现系统间的集成，使政务管理信息系统在各级土地管理工作中得到全面使用，制定信息化建设和信息资源开发、利用、服务、管理相配套的规范与标准，营造良好的系统建设与运行环境，建立以运行土地管理信息为主并具有多种分析预测和决策支持功能的信息综合服务体系，实现国土资源信息的高度共享与高效利用。该方案对我国土地管理信息化建设具有重要的指导、规范与促进的作用。

2004 年国务院发布的《国务院关于深化改革严格土地管理的决定》中提出要启动"金土工程"项目。金土工程是指在国土资源电子政务建设的总体框架下，围绕当前国土资源管理的中心工作，选择耕地保护、矿产资源管理、地质灾害防治等重要业务，在流程梳理、整合的基础上，建立业务应用系统和相应的信息服务系统，形成边界清晰的政务信息系统。

金土工程的总体目标，是完成"三大系统"建设（即耕地保护国家监管系统、矿产资源国家安全保障系统和地质灾害预警、预报与应急指挥系统），建立覆盖国家、省、市、县级的国土资源电子政务管理信息化系统。通过"金土工程"及国土资源电子政务系统的建设，我国已基本实现四级国土资源主要管理业务的网上运行；原国土资源部实现行政办公和所有审批事项的网上运行；在统一的政务办公平台上，建立和运行了办公自动化系统和行政审批系统，公文运转全流程实现无纸化，所有行政审批事项实现网上运行，各项业务基本实现信息化管理；省级国土资源主管部门行政办公和行政审批等主要管理业务实现全流程网上运行；半数省（自治区、直辖市）实现三级联网审批，构建了以国土资源门户网站为载体的公共服务体系；政务信息网上公开，国土资源信息向相关行业和全社会共享。

在新技术和新方法的支持下，多数土地行政管理部门根据自身的需要建立了相关的信息系统，如土地登记发证系统、地籍管理信息系统、土地规划系统等，并在日常业务处理过程中发挥了重要作用，极大地提高了办公效率，方便了社会大众，充分利用已有的和现势的各种信息资源，开放信息服务，建立了土地管理信息元数据库、土地管理信息公开查询系统，向全社会提供方便、快捷、形式多样、内容丰富的公益性土地管理信息服务；增加了信息产品加工制作的广度和深度，为全社会提供信息产品服务和技术支持，鼓励和支持土地管理信息网上产品的研制和开发，实现信息产品的网上服务。

我国于 2007 年启动第二次全国土地调查，至 2009 年基本完成。航空、航天遥感技术手段在第二次全国土地调查中得到了充分应用。利用遥感（remote sensing，RS）采集影像数据、全球定位系统（global positioning system，GPS）提供数学基础、地理信息系统（GIS）建立土地利用数据库，最终形成集土地权属、地类、面积、位置分布于一体的土地利用现状数据海量信息系统。此后，国家通过卫星遥感监测平台建设，结合第二次全国土地调查数据进行年度土地变更调查，更新各级第二次土地调查成果，维护了调查成果的现势性。

2008 年，全国"一张图"项目启动，于 2009 年全面实施。在第二次土地调查形成的土地利用现状、农村土地权属及基本农田三个数据信息成果的基础上，此平台将影像图、地形图、土地利用总体规划图、基本农田保护图、区片价位图等叠合在一个基本图形上，并通过整合移植多源数据，建立了一个更为完善和统一的网络基础监管系统。原国土资源部已基本形成"一张图"与土地调查评价等相关专项联动的数据动态更新机制，以及土地和矿产资源管理、开发利用全过程的综合监管平台，省级"一张图"接近全覆盖，一些地区市、县级"一张图"及核心数据库也已建成。

2015 年，土地登记正式纳入不动产统一登记，全国由各级国土资源管理部门牵头，迅速成立组建了不动产登记机构，开始了"停旧发新"工作，颁发了不动产统一证书，结束了土地、房产、林地等不动产分散登记的历史。2017 年，国土资源部决定开展自然资源调查和第三次全国土地调查（后更名为"第三次全国国土调查"），以全面查清全国城乡范围内每块土地的利用现状和权属状况，获取国土资源管理专题数据，专题分析自然生态状况、建设用地等，调查评价耕地质量等别。

1.3.3 土地管理信息系统的发展趋势

土地管理信息系统的发展从技术上讲与计算机技术、遥感技术和地理信息系统技术密切相关，同时也与土地管理的理论与实践的发展密切相关。通过对系统发展现状分析，从以下几个方面分析土地管理信息系统的发展趋势：①物联网技术、遥感技术（特别是无人机和倾斜摄影）、全球定位技术与土地管理信息系统技术更加融合，实现多种技术手段综合的多维立体感知。②基于时空数据模型的土地信息系统，将具有时间特征的土地信息从空间分析拓展为时空分析范畴。③土地信息数据挖掘，应用数据挖掘技术发现海量数据中潜在的、隐含的规律，并从中提取有用的信息或知识，将大数据分析应用于决策支持、信息管理、科学研究等领域。④数据组织管理，从分布式存储、逻辑式集中到基于云计算，宿主资源管理。⑤Web环境下多源异构数据共享，构建以应用、服务和用户为中心的网络服务体系，实现软件开发从平台应用到知识引擎、按需服务的转变。⑥"国土资源云"、大数据共享平台建设，以"一张图"工程数据和政务办公、综合监管、公共服务三大平台为基础，充分利用云计算、大数据、"互联网+"等先进理念与技术方法，建设国家与省（区域）两级云中心，实现国土资源数据全面共享。

1.4 土地管理信息系统相关学科

1.4.1 地理信息系统

地理信息系统是 20 世纪 60 年代开始迅速发展起来的地理学研究技术，是多种学科交叉发展的产物。地理信息系统是以地理空间数据库为基础，采用地理模型分析方法，适时提供多种空间的和动态的地理信息，为地理研究和地理决策服务的计算机技术系统。从外部来看，地理信息系统主要表现为计算机软硬件系统；而其内涵是由计算机程序和地理数据合理组织而形成的地理空间信息模型，是一个逻辑缩小的、高度信息化的地理系统。

土地管理历来是一项政策性、技术性均很强的工作，不仅要应用行政、法律手段，还要充分应用测绘、遥感和电子计算机等工程技术手段。同时，土地的空间特性包括土地的坐落、相邻关系，专题层的划分，以及与土地相关的各种空间属性和人文属性，也决定了土地管理具有工程技术性质。这些特性正好与地理信息系统的思想不谋而合。此外，地理信息系统中许多空间数据模型本身是以土地管理中的应用模型为蓝本和应用实例为依据而提出的。所以，地理信息系统是土地管理信息系统所依托的一个基础平台。

地理信息系统最早是从土地管理信息系统建立的过程中发展起来的，而大量高质量地理信息系统软件平台的出现又促进了土地管理信息系统的建立。目前基于地理信息系统软件平台的土地管理信息系统在图形处理、空间分析与统计、属性信息存储与查询、统计报表生成、决策支持等方面都比早期的土地管理信息系统有较大的改进。近年来，随着地理信息系统和网络技术的发展及可持续发展模式对与土地有关的信息需求的变化，土地管理信息系统体系框架和功能发生了显著的变化，大多数发达国家已经完成土地管理信息的计算机化管理，并建立了基于网络技术的土地信息发布平台，部分发展中国家也开始实施土地信息化建设项目。

土地管理信息系统与地理信息系统的相同之处在于它们都是空间信息系统，采用几乎相同的设备和技术方法，都进行数据的采集、管理、分析和表达，都是基于数据库的查询检索系统。它们的主要区别如下。

（1）界面更加友好，系统更加实用化。土地管理信息系统是实用管理型信息系统，信息系统使用者是政府部门的土地管理工作人员，而一般地理信息系统通常是研究型信息系统，使用者通常是研究人员或工程设计人员，这个特点意味着土地管理信息系统用户界面必须更加友好，更加实用化，否则系统难以推广。

（2）数据量大，数据类型复杂。地理信息系统主要侧重于从宏观角度对地形、地貌等地理性状的客观描述，比例尺一般较小，而土地管理信息系统侧重于对土地资源和资产的管理。特别是对于土地权属的管理，要求比例尺较大，一般是1∶500，对地类的分析要求非常仔细，成图比例尺与数据量之间的关系是算术级数与几何级数的关系。成图比例尺提高一个数量级，信息数据就要扩大两个数量级以上，因此，鉴于计算机存储量的限制，土地管理信息系统的工作范围与数字图件的精度要有一个合理的安排。

（3）严格的数据保护与措施。土地管理信息系统由土地相关信息组成的数据库及收集、描述、处理和分配这些数据的技术方法组成，它是法律、行政和经济决策的工具，也是规划和发展的辅助工具。因而，土地管理不同于其他的一般的管理，对属性信息的准确性要求高，如土地所有权，就不能把国有土地和集体所有土地相混淆，这有严格的界限。土地的数据都带有严格的法律效力，进入系统的数据及更改一个数据都必须有一定的法律程序。土地管理信息系统设计者必须采取严格的数据保护与保密措施，保护数据不被他人篡改破坏。

（4）采用分布式数据库管理系统。土地信息十分丰富，它不仅包含二维空间信息，还包含大量的权属、资源与社会经济方面的信息，信息总量巨大，大于一般地理信息系统；而且土地信息种类繁多，关联十分紧密，造成土地信息数据结构复杂。一个土地管理信息系统通常是多终端使用的，土地信息数据又要被多层管理部门所使用，因而对这样海量的数据进行管理必须采用分布式数据库管理系统，又必须以局域网与广域网相结合共同支持。

（5）模型复杂。土地管理信息系统不仅包括对自然资源信息的管理，也包括对资产信息的管理，因为土地既是一种重要的自然资源，又是一种重要的资产。对于资产管理，土地管理信息系统在模型上带有强烈的土地经济学、金融学的特征。它必须根据国家土地政策法律、土地市场管理法规、土地金融交易规律等领域的要求，制定数据处理数学模型。这种模型常常具有很大的易变性，又需要将人们经验性的、难以定量的因素和约束条件考虑进去，因而模型通常较为复杂。

（6）信息现势性要求高。土地的社会经济属性变化迅速，特别是土地的所有权经常变动，土地管理信息就要随时反映这些变动情况。因此土地管理信息系统对土地信息的现势性要求比一般地理信息系统高。

1.4.2 遥感、全球导航卫星系统

土地管理信息系统一个重要的技术问题是如何实时、准确地获得大量的土地管理数据。事实上，土地管理信息数据与一般的信息系统数据不同，它不仅包含大量的地形地貌等空间数据和土地利用与管理的属性数据，还包含其动态变化过程及与经济的、政策的和法律的信息相关联的具有时间序列的数据，因而，土地管理信息系统数据具有空间和时间的双重属性，即具有四维数据特征。显然，沿用传统的数字化仪数字化图形，使用键盘录入属性数据和文档数据的方式已难以胜任四维数据的采集，土地管理数据采集必然向超小型传感定位仪器实时连续地传输具有时间序列的空间数据方向发展。这些仪器的基本特征是大量采用现代化的通信和微处理技术作为核心技术，特别是亚微米技术为代表的功能强大、集成度极高的超级微处理器，将此类仪器与土地管理信息系统进行联网协调工作，提高了数据采集的速度和精度。土地管理信息系统与全球导航卫星系统技术、遥感技术逐步走向集成化，并在土地管理

活动中广泛应用，它代表了当代土地管理信息系统发展的必然趋势。

遥感作为一种高效能的信息采集手段，正在走向集多种传感器、多种分辨率、多谱段和多时相为一体，并从信息获取、信息处理到应用的综合信息流程，为此，就必须实现遥感与土地管理信息系统的整体结合，即把遥感作为土地管理信息系统的信息源与数据更新手段，而把土地管理信息系统作为支持遥感信息提取的平台，为其综合开发和应用提供理想的环境。

《中华人民共和国土地管理法》第三十条规定：国家建立全国土地管理信息系统，对土地利用状况进行动态监测。遥感监测与土地执法检查相结合，可最大限度地做到及早发现土地违法行为；将遥感与地理信息系统相结合，对不同时期的遥感图像数据进行叠加，分析土地利用类型的变化，可以准确、客观、及时、大面积地得到土地利用现状信息，为土地利用的科学管理服务。

全球导航卫星系统（global navigation satellite system，GNSS），泛指所有的卫星导航系统，包括全球的、区域的和增强的，如美国的GPS、俄罗斯的GLONASS、欧洲的Galileo、中国的北斗卫星导航系统BDS。特别值得一提的是，中国的北斗卫星导航系统2012年就已经可以覆盖亚太地区，计划2020年左右覆盖全球，目前北斗产业已具备了迅猛的发展态势，但鉴于当前GPS应用的普及性，本书仍以GPS为例介绍其在土地管理信息系统中的应用。

GPS是一种在地球表面任何地方、任何时间、任何天气条件下，进行地物目标定位和移动目标导航的技术。其定位精度高，静态定位可达"毫米"级，动态定位可达"米"级。采用差分定位技术，在建立适当的精度控制网络的基础上，GPS的定位精度可以满足土地管理中多种定位测量的需要。GPS以其速度快、精度高、效益好等优点，在土地管理领域发挥着重要的作用，有力地推动了土地管理信息系统的建设和发展。

应用GPS的动态定位还可以解决遥感信息的定位问题，从而实现卫星遥感信息直接进入土地管理信息系统数据库，使GPS也成为土地管理信息系统的一种信息源和信息更新手段，使土地管理信息系统的信息具有了时间序列特征的动态更新功能。而这正是土地动态监测等土地管理工作所必需的。

正是由于GPS的实时、精确与动态定位特征，遥感的大范围、多精度、周期性信息获取的特点，以及土地管理信息系统能够对获取的相关信息进行有效的存储、处理、分析与应用的能力，"3S"技术集成成为当今地理信息技术发展的特色。国际上，不少国家和地区利用"3S"技术开展了包括土地利用现状调查、土地利用动态监测等土地管理工作，不仅提高了土地管理数据的精度、动态更新的速度，而且大大提高了工作的效率，大幅度降低了管理的成本。在我国，相关部门应用卫星遥感技术开展了全国范围的土地利用动态监测及应用高分辨率卫星遥感数据更新了土地利用图，并把遥感技术与土地利用规划、国土规划的编制和实施、土地开发整理、基本农田保护和监测、生态退耕、地质环境监测相结合，充分发挥了遥感技术的作用。

1.4.3 测　　绘

测绘是采集、量测、处理、分析、解释、描述、分发、利用和评价与地理空间分布有关的数据的一门科学、工艺、技术和经济实体，具有基础性、前期性和公益性的特点。测绘及其产品都是反映地表上的自然、人工要素及其在地理空间的位置和属性信息的，而这些信息是社会发展和经济建设的各行各业需要利用和必须依赖的基础。

现代社会发展进入了信息化和全球经济一体化的时代，计算机技术及其存储技术飞速发展，使得测绘产品出现了数字化，测绘技术及测绘产品的应用日益发展。与此同时，高性能计算机和宽带网络的迅速出现和普及应用，使得测绘从传统的测绘技术体系快速实现了向现代数字化测绘技术体系的转变。数字测绘是利用遥感技术、信息技术、计算机技术、全球定位系统等现代高技术获取空间地理信息，并能够进行分类编码、整合、存储，根据需要提供信息化产品的现代测绘技术，包括利用GPS、航天（航空）遥感、全站仪等设备和技术采集的空间地理信息及这些信息的处理、编码、整合、存储、提供等，是土地管理信息系统中各种空间数据获取与更新的主要手段。

通过测绘技术获得的信息，是土地管理信息系统的基础信息。测绘技术的应用是土地管理信息系统得以建立、应用的基础，没有测绘技术，建设土地管理信息系统所需要的空间地理信息将无法获得。同时，土地管理信息系统的建设对现代数字化测绘技术提出了更高的要求。现代数字化测绘技术的提高和不断进步，能够保证空间地理信息的快速获取，并为土地管理各部门实时或准实时提供统一精确的土地空间信息数据，对推动土地管理信息系统的建设、国民经济和社会信息化起到十分重要的基础性作用。

随着社会经济的发展和城市化进程的深入，每天不断有新的土地利用信息产生，现代数字化测绘能反映这些变化，及时更新有关信息，保证各种土地空间信息数据的有效性和权威性，是土地管理信息系统建设和发展的重要保证。

在土地管理信息系统中，土地空间信息数据质量和土地空间信息数据质量标准化程度的高低，都直接影响土地管理信息系统的经济效益和社会效益。因为数据质量的好坏直接影响系统的功能和应用，所以，必须首先保证土地空间信息数据的质量。不仅要根据技术规程衡量数据质量，还要从数据使用角度分析数据质量问题，主要包括空间位置精度、属性的正确描述、逻辑一致性、完整性、现势性。其次要保证土地空间信息的共享。在土地管理信息系统的建设过程中，数据的获取要消耗大量的人力、物力和财力，因此提高数据的共享度尤为必要，制定数据标准则是实现数据共享的前提。相关标准包括名词术语标准、图形与影像数据采集技术规程、数据交换格式标准、数据精度和质量标准、土地数据的分类与代码等。在执行相关标准的基础上，通过信息映射等技术，为不同的土地信息子系统提供土地空间信息数据，达到信息共享的目的。

1.4.4 管理信息系统

管理信息系统是支持协助管理人员完成调研、制定、监督、执行规章制度等各个管理环节中的各项预定任务的计算机系统，由信源、信宿、信息处理、信息用户和信息管理者五个部分组成。管理信息系统的特点是系统自动模拟管理工作对象的工作流程，在每一个环节将有关的法规制度贯彻其中，支持协助管理工作人员完成信息数据存储、检索、统计、评估及决策等工作。管理信息系统包括计算机、网络通信设备等硬件成分，以及操作系统、应用软件包等软件成分，随着计算机技术和通信技术的迅速发展还会出现更多的内容。但计算机设备并不是管理信息系统的充分条件。

土地管理信息系统是以土地资源管理为工作对象的计算机信息系统，它将土地空间信息、土地利用、土地使用权属、土地状况、土地行政区划等土地信息，以数字形式输入计算机，对有关信息进行收集、组织、存储、分析和表达，根据国家的法律、法规及政策，建立和管理各种文档，并借助输出设备及多种数据形式为管理决策部门提供所需信息和服务。从某种意义上讲，土地管理信息系统可以认为是地理信息系统和管理信息系统结合，并具体运用于土地及其相关行业中的产物。从数据源的角度来看，图形和图像数据是土地管理信息系统数据的一个主要来源，分析处理的结果也常用图形的方式来表示。而一般的管理信息系统，则多以统计数据、表格数据为主。这一点也使土地管理信息系统在硬件和软件上与一般的管理信息系统有所区别。

（1）在硬件上，为了处理图形和图像数据，系统需要配置专门的输入和输出设备，如数字化仪、绘图机、图形图像的显示设备等；针对一些野外实地采集数据和台站的观测数据等可能是模拟数据的问题，还需要配置相应的模数转换设备。

（2）在软件上，要求专门用于图像数据存储、处理、显示、输出的图像处理系统软件，专门用于图形数据采集、编辑加工、管理、分析、显示、传输、输出的地理信息系统基础软件，用于图形数据、属性数据一体化存储的数据库软件等。

（3）在信息处理方面，系统除了能进行基本的信息检索和统计分析外，还要有助于制定土地利用规划、土地综合整治方案，对土地进行动态的监测和管理，为国民经济建设中的决策提供科学依据，为生产实践提供信息和指导。

因为土地是一个复杂的自然和社会的综合体，所以土地信息的处理必然是多因素的综合分析。系统分析是基本的方法，例如，研究某种土地管理信息系统中各组成部分间的相互关系，利用统计数据建立系统的数学模型，根据给定的目标函数，进行数学规划，寻求最优方案，使该系统的经济效益为最佳；或者分析系统中各部分之间的反馈联系，建立系统的结构模型，采用系统动力学的方法，进行动态分析，研究系统状态的变化和预测发展趋势等。计算机仿真是一种有效而经济的分析方法，便于分析各种因素的影响和进行方案的比较，在自然环境和社会经济的许多应用研究中常被采用。此外，土地管理信息系统还有分析量算的功能，如计算面积、长度、密度、分布特征及地理实体之间的关系运算等。

土地管理信息系统和一般的管理信息系统也有许多共同之处。两者都是以计算机为核心的信息处理系统，都具有数据量大和数据之间关系复杂的特点，也都随着数据库技术的发展在不断地改进和完善。比较起来，商用的管理信息系统发展快，用户数量大，而且已有定型的软件产品可供选用，这也促进了软件系统的标准化。土地管理信息系统大多是根据具体的应用要求专门设计，数据格式和组织管理方法各不相同。但无论如何，土地管理信息系统正作为一种空间信息的处理系统，成为一个单独的研究和发展领域。

1.4.5 计算机与网络

随着现代通信技术和计算机网络技术的飞速发展和日趋成熟，有限的地球空间正在变得越来越小，各国的信息高速公路正在积极地加以实施。在网络技术的强大推动下，具有时空特性的土地数据通过网络实现了互连互通和信息资源的共享。

发达国家在已有的土地管理信息系统基础上，相继完成了国家级土地信息的数字化建设，实现了土地信息的计算机化管理，建立了面向社会不同用户的、基于 Internet 技术的土地信息发布和信息服务平台，使土地管理信息系统能够更好地服务于各种级别土地利用规划和地区经济的可持续发展，并对土地市场的发展产生推动作用。受国家有关政策法律和体制的影响，美国、荷兰等国家在土地信息发布方面有很高的透明度，信息共享程度高，现代信息技术和网络技术的发展正适应了这一需求。因此，这些国家正在建设基于 Internet 的在线土地信息发布平台。例如，荷兰正在实施"在线地籍"项目与"电子政府"计划衔接，将使土地信息更有效地服务于政府部门的决策和满足用户对土地信息的需求。

随着 Internet 技术的普及，"数字土地"或"数字国土"应运而生。可以说，"数字土地"是土地管理信息系统的拓展和延伸，它不局限于土地部门的日常业务管理范畴，而是基于 Internet/Intranet，对土地信息的采集、处理、管理、发布、应用全过程的数字化，可以描述为数字测量、数字制图、数据库、信息系统、信息发布等。更深层次的内容还包括土地管理信息系统与其他信息系统的集成，为其他信息系统提供相关信息等。

在我国，土地管理信息系统是国家、省、地、县、乡的多级分布式系统，是利用计算机网络技术构建的专业网络化系统。基于 WebGIS 的土地管理信息系统存在于一个网络服务器上，任一远程用户可通过网络与之相连。内部 Intranet 通过局域网相连，实现内部办公网络化；外部可以通过 HTTP 进行访问。各土地管理单位作为一个节点，其功能可以支持本单位的土地工作，包括支持土地业务运作的应用系统和存储图文数据的数据库两大部分。

2015 年 7 月 4 日，经李克强总理签批，国务院印发《关于积极推进"互联网+"行动的指导意见》。简单而言，"互联网+"就是以互联网为主的一整套信息技术（包括互联网、移动互联网、大数据、云计算技术等）在经济、社会生活等有关环节的扩散及应用过程。"互联网+"的本质就是传统业务的数据化、在线化。对土地管理而言，可以基于互联网实现如土地交易的在线化，业务的移动办理审查、在线动态监管，部分数据的开放、共享和查询等，最大限度地便民、利民，提高政府的现代化服务水平。

1.5 土地管理信息系统关键技术

1.5.1 工　作　流

工作流管理技术是一种被广泛用于业务建模、办公自动化、并行工程等领域的技术。按照国际工作流管理联盟（Workflow Management Coalition，WFMC）的定义，工作流是指全部或部分实现自动化的业务流程。一个完整的工作流管理应具有功能建造、运行控制和运行交互等三方面的特征。工作流参考模型主要由工作流定义工具、工作流执行服务、管理监控工具和客户端应用等几部分组成。工作流定义工具给用户提供一种对实际业务过程进行分析建模的手段。工作流执行服务通过一个或多个工作流引擎来启动并解释前面所定义的业务过程模型，并同外部应用程序和宏程序进行交互来完成工作流实例化创建、执行和管理。目前的建模方法有：基于活动网络的建模方法、基于 Petri 网的建模方法、基于语言行为理论的建模方法、基于活动与状态图的建模方法、基于语言行为理论的建模方法及基于扩展事务模型的建模方法。图 1-3 是面向对象的工作流建模方法示意图。

在进行土地政务业务建模时，工作流建模方法应对组织、功能、行为、信息等方面提供全面的支持。

1. 组织方面

工作流系统的主要目标就是通过工作流应用的实施来提高工作效率。为此，工作流模型应提供关于工作流执行的组织环境支持和技术环境支持。通常，工作流可以是自动的或人工的。自动的是指由软件系统完成，人工的可以由相关工作人员来操作完成。具有完成某项或

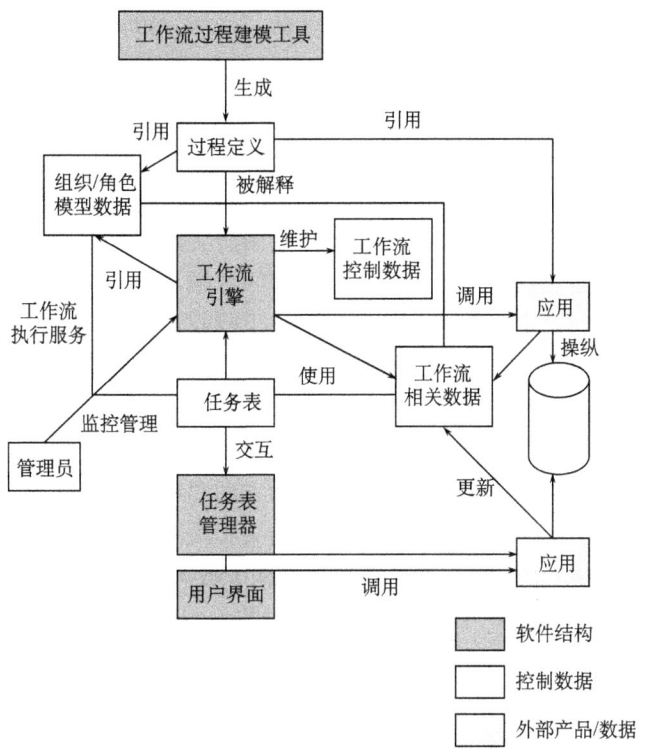

图 1-3 面向对象的工作流建模方法示意图

某些功能的权限或能力的人员集合,称为该功能对应的角色(role)。一个角色可以由多个工作人员(actor)担任,一个工作人员可以担任多个角色,需要人工协作完成的功能应当分配给相应的角色。

土地(国土资源)政务系统中,组织方面包括土地业务过程的参与者和角色。参与者是指土地业务过程中所有参与活动的人员,如国土资源局局长、科长、经办人员及土地使用者。角色是在土地业务活动过程中参与者具有的活动能力、权限的总称。角色包括土地管理业务主体角色、管理主体角色、操作主体角色和应用角色。业务主体相当于现实世界中的国土资源局;管理主体相当于国土资源局的具体管理人员,其主要职责是对问题的决策、查询及其他主体行为的控制和监督;操作主体是国土资源局的具体业务人员,其职责是协助管理主体完成具体的审批任务,在工作中可以查询各类信息、创建有关信息并根据管理主体的意见对其进行修改;应用角色是国土资源局的具体业务人员或其他人员,应用角色只能查询信息,现实世界中对应于用地单位人员或国土资源局内部的审批进程督办人员。

2. 功能方面

功能方面是指对工作流应用从功能上的分解,或者说,它指出了工作流中应该有哪些功能需要执行。这就需要提供一种方式对工作流从功能上进行分解表达。从工作流应用功能的分解来看,在结构上可将工作流分为基本工作流和复杂工作流。基本工作流是指在工作流执行时不再分割的最小执行单元,它可以是一项人工完成的工作。复杂工作流把若干基本工作流进行组织、合并,构成了工作流功能层次上的定义。

在土地政务信息系统中,功能方面的描述是指从工作流应用的功能分解。根据业务规程体系，分析现有土地业务过程，建立业务过程功能分解表，形成业务功能库。业务功能库是面向对象工作流建模过程中行为特征的基础。

从功能上讲，一个工作流是将输入数据对象转换成输出数据对象。工作流建模的信息方面就是描述工作流中使用和产生的数据对象及这些数据对象间的关系。工作流中数据对象包括参数（parameter）对象、数据流（dataflow）对象和数据存储（datastore）对象。土地（国土资源）政务工作流的信息主要包括土地业务活动中产生的数据表示与存储。土地电子政务工作流建模中的数据存储包括土地的属性数据和空间数据。例如，在一个县级土地出让过程中，用地科根据城市规划设定出让红线。在项目竣工验收后，地籍科根据实际用地范围，划定宗地权属界线，形成空间数据。工作流建模中属性数据和空间数据用关系型数据库存储。

3. 行为方面

功能方面只是说明了工作流有哪些活动，并没有说明这些活动如何得以执行。例如，某种顺序执行的活动，在某种条件下执行。这是行为方面要考虑的，即在行为方面指明活动执行的控制流程，它反映了工作流各项活动的控制结果和机制。

在工作流控制流程中，工作流任务间的流程结构大致可分为五种，即顺序结构（sequential structure）、应急结构（contingency structure）、分支结构（split structure）、汇聚结构（rendezvous structure）、循环结构（iterative structure）。这些结构用来描述任务之间的依赖关系。

（1）顺序结构（图1-4）。它表示T_1提交后，T_2开始启动，一直类推到T_n，如果T_i中有一个废弃，整个顺序结构就废弃。

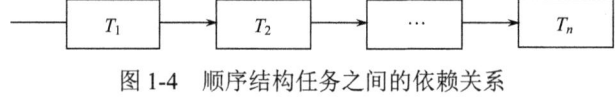

图1-4 顺序结构任务之间的依赖关系

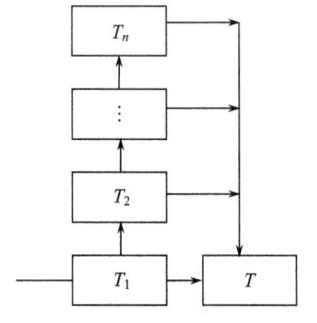

图1-5 应急结构任务之间的依赖关系

（2）应急结构（图1-5）。表示T_1废弃后，T_2开始启动，一直类推到T_n，如果T_i中有一个提交，T开始启动。

（3）分支结构，可分为无条件分支结构（图1-6）、有条件分支结构（图1-7）和部分分支结构（图1-8）。无条件分支结构表示选定所有的分支；有条件分支结构一般用于选路；部分分支结构表示由系统随机选定j（$j\geqslant 1$）分支。

（4）汇聚结构。可分为三种基本汇聚结构，即与（and）结构（图1-9）、或（or）结构（图1-10）和异或（xor）结构（图1-11）。与结构表示T_i全部提交后，T开始启动，如果T_i中有一个废弃，整个汇聚结构废弃。或结构表示T_i中有k（$k\geqslant 1$）个提交后，T开始启动，如果T_i都废弃，整个汇聚结构废弃。异或结构表示T_i有且仅有一个提交时，T开始启动，如果T_i都废弃，整个汇聚结构废弃。

（5）循环结构（图1-12）。这是一种while型的循环结构，另外，还可有repeat-until型的循环结构。对该种结构，结果条件为true，T_1开始启动，T_1提交后，T_2开始启动，以此类推到T_n，该循环一直运行到条件变成false或任务T_i被废弃。

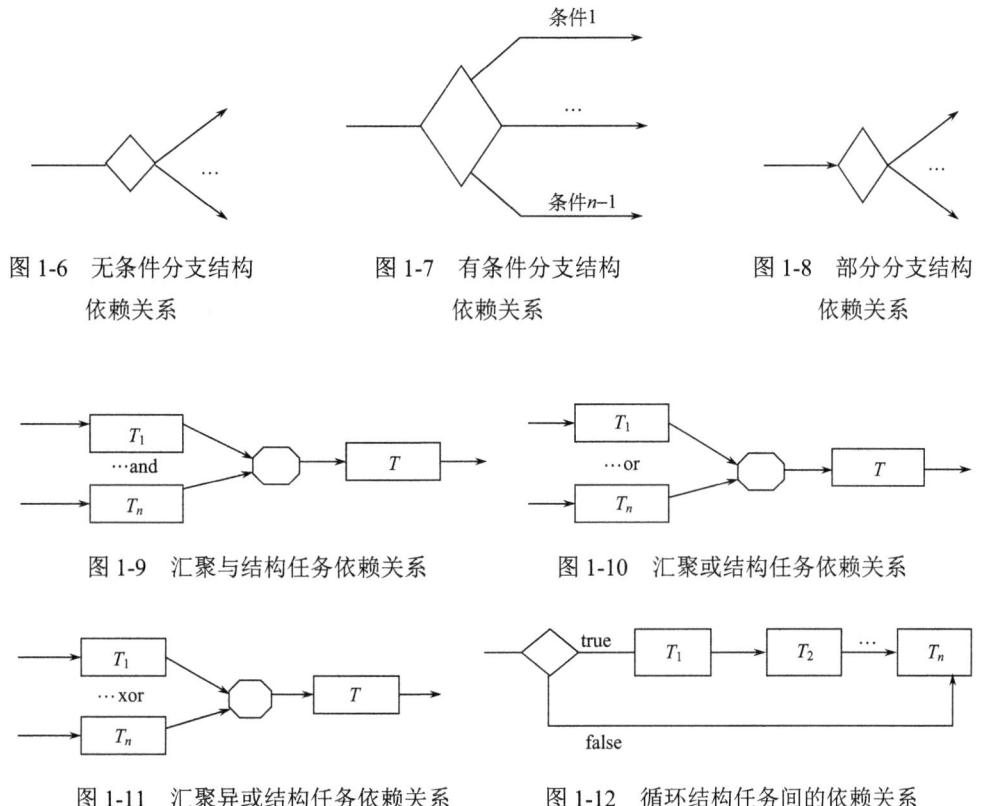

图 1-6　无条件分支结构依赖关系　　图 1-7　有条件分支结构依赖关系　　图 1-8　部分分支结构依赖关系

图 1-9　汇聚与结构任务依赖关系　　图 1-10　汇聚或结构任务依赖关系

图 1-11　汇聚异或结构任务依赖关系　　图 1-12　循环结构任务间的依赖关系

4. 信息方面

从功能上讲，一个工作流是将输入数据对象转换成输出数据对象。工作流建模的信息方面就是描述工作流中使用和产生的数据对象及这些数据对象间的关系。一方面，活动的执行需要产生或使用数据。例如，数据库、各种文档资料；一个活动的输出作为另一个活动的输入，活动之间形成数据流动，这就是数据流。另一方面，活动的执行控制也需要相应的数据，如按照相应数据形成的条件判断。工作流中数据对象包括参数对象、数据存储对象和数据流对象。参数对象是指工作流的输入、输出参数，可以是各种类型的参数，可以是 In、Inout、Out 等状态。数据存储对象是各种数据库、外部文档资料及全局变量等存储数据对象，用于存储工作流产生和使用的数据，是工作流各项功能间的共享数据。数据流对象是工作流的各组成部分之间、工作流与外部之间数据的交换和共享情况。

1.5.2　海量空间数据访问

海量空间数据访问技术是针对地理空间数据量大、数据文件类型复杂、数据使用频率不一致、中间数据量大及成果数据需要长期保存等特点，能满足存储空间动态扩充、数据快速备份、数据快速获取等几个方面的需求，实现对地理空间数据的有效存储管理的技术。

海量空间数据访问技术的关键技术包括以下几个方面。

1. 多级索引技术

索引技术是空间数据库引擎的一项关键技术，它直接影响空间数据访问和查询的效率。

任何一种索引技术都有其不足之处，采用单一索引不能满足现在海量影像和矢量空间数据混合存储时获取数据的需求。

2. 文件缓存技术

文件缓存是为均衡网络和服务器负载、提高应用整体性能而提供的智能分布式存储方案。开启文件缓存选项后，应用程序在访问存储在空间数据库中的数据时，会首先检查本地缓存库中是否已经有相应数据的最新版本，如果没有相应的缓存数据或是缓存数据不是最新版本，则从服务器端读取数据并更新本地缓存数据，这样下次访问的时候就可以直接读取本地缓存数据；如果本地缓存中已经有了相应数据的最新版本，则不必通过网络向服务器请求数据，而是直接读取本地缓存数据来完成显示或分析的功能。通过这种解决方案，可以大幅降低数据库服务器负载和网络负载，从而大幅提高应用程序的整体性能。

3. 数据有损/无损压缩

近年来，随着新型采集技术的发展，GIS 数据的时间和空间分辨率不断提高，相应的数据规模也不断增长，数据量日益庞大，使得有限的网络带宽、存储空间与海量空间数据处理需求之间的矛盾日益突出。数据压缩作为解决这一矛盾的有效途径，在 GIS 应用中越来越受到重视。对数据进行压缩，有利于节省存储空间和网络带宽，提高数据传输速率，另外，数据压缩后有利于实现保密通信，提高数据的安全性和系统整体的可靠性。

采用海量空间数据存储访问技术可以大大提高土地管理信息系统的运行效率，为日常的土地管理活动提供强有力的支撑。

1.5.3 移动 GIS

移动 GIS，是以移动互联网为支撑，以智能手机或平板电脑为终端，结合北斗、GPS 或基站为定位手段的 GIS 系统，是继桌面 GIS、WebGIS 之后又一新的技术热点。移动定位、移动办公等越来越成为企业或个人的迫切需求，移动 GIS 就是其中最核心的部分，使得各种基于位置的应用层出不穷。移动 GIS 技术由嵌入式技术、无线网络技术、分布式空间数据管理技术、移动数据库技术和 GPS 定位技术等关键技术组成。

（1）嵌入式技术。移动 GIS 的无线终端是一种嵌入式系统，具有代表性的嵌入式无线终端设备包括掌上电脑、PDA 和手机等。嵌入式系统是以应用为中心的专用计算机系统，其软硬件可以根据应用需要进行"裁剪"。嵌入式 Java 技术是移动终端中比较常用的一种开发技术。

（2）无线网络技术。在移动通信领域，无线接入技术可以分为两类：一类是基于数字蜂窝移动电话网络的接入技术；另一类是基于局域网的接入技术，如蓝牙、无线局域网等技术。

（3）分布式空间数据管理技术。分布式空间数据库系统是移动 GIS 体系结构中的关键技术之一，它是指在物理上分布、逻辑上集中的分布式结构。因为移动用户的位置是不断变化的，需要的信息多种多样，所以任何单一的数据源都无法满足要求，必须有地理上分布的各种数据源，借助于现有的分布式处理技术，为多用户并发访问提供支持。

（4）移动数据库技术。移动数据库是指移动环境的分布式数据库，是分布式数据库的延伸和发展。移动数据库要求支持用户在多种网络条件下都能够有效地访问，完成移动查询和事务处理。利用数据库复制/缓存技术或数据广播技术，移动用户即使在断接的情况下也可以访问所需的数据，从而继续自己的工作。其中时态空间数据库技术是移动 GIS 的关键。移动数据库技术的研究主要涉及五个方面：移动数据库复制/缓存技术、移动查询技术、数据广播技术、移动事务处理技术和移动数据库安全技术。

（5）GPS 定位技术。GPS 定位技术可为用户提供随时随地的准确位置信息服务。其基本原理是将 GPS 接收机接收到的信号经过误差处理后解算得到位置信息，再将位置信息传给所连接的设备，连接设备对该信息进行一定的计算和变换后传递给移动终端。

如图 1-13 所示，将土地利用现状和规划等数据进行切片化处理后发布服务，经过信息安全认证和加密处理后，可以通过手机或平板电脑等移动设备进行快速地浏览查询，可辅助如土地利用动态监察和移动执法检查（见 8.5 节）等应用。

图 1-13　土地信息的移动 GIS 应用

1.5.4　三维空间数据模型

三维 GIS 技术作为 GIS 的一个重要发展方向，从 20 世纪 80 年代末以来，一直就是 GIS 研究的热点，其研究范围主要涉及数据库（database）、地理信息系统、计算机图形学（computer graphics，CG）、虚拟现实（virtual reality，VR）等学科和领域，主要解决的是三维 GIS 实现中技术层次的问题。

三维空间数据模型是研究三维空间的几何对象的数据组织、操作方法及规则约束条件等内容的集合。定义和开发一个新的三维数据模型需要考虑三个方面的问题：确定需要描述的对象；三维数据的存储及逻辑关系的表达；如何显示模型。目前提出的三维空间数据模型主要有：基于面元的不规则三角网（triangulated irregular network, TIN）模型、格网（Grid）模型、边界表示（B-Rep）模型等；基于面元的模型的优点是便于表面显示、纹理贴图和数据更新，因而广泛用于建筑三维建模，缺点在于难以进行空间分析，不是真三维的；基于体元的结构实体（constructive solid geometry, CSG）、四面体格网（tetrahedral network, TEN）法、八叉树（Octree）、三棱柱（tri-prism，TP）等，采用大量足够小的体元（如正方体、不规则四面体、三棱柱体等）进行组合，是真三维的结构，优点在于可用于表达情况复杂、非均匀的对象（如地质），易于空间分析，但数据量大、算法复杂、精度不高、输出效果较差；为了兼具两者的优点，可采用两种或两种以上的表面模型或体元模型同时构模的混合结构。

例如，传统的地籍管理都是基于二维地籍进行调查、测量和登记的，所建立的地籍数据库、地籍时空数据模型和地籍信息系统也是基于传统的二维 GIS 技术。近年来，随着社会经济的迅猛发展，为了土地的集约利用，土地立体利用的程度正在日趋加大，如地下人防工程、地下隧道、地下电缆管线、高架天桥等基础设施。二维地籍仅明晰了土地横向上的权属界线，而无法表示纵向的权利范围。建设部 2001 年修订的《城市地下空间开发利用管理规定》中，提出了"谁投资、谁所有、谁受益、谁维护"的原则；2007 年出台的《中华人民共和国物权法》在第十条规定"国家对不动产实行统一登记制度"，在第一百三十六条明确规定"建设用地使用权可以在土地的地表、地上或者地下分别设立"。可见，将三维空间数据模型引入地籍管理信息系统将是未来的一个发展方向（图 1-14）。此外，三维空间数据模型也可用于如丘陵地区的土地利用规划、土地生态景观规划等。

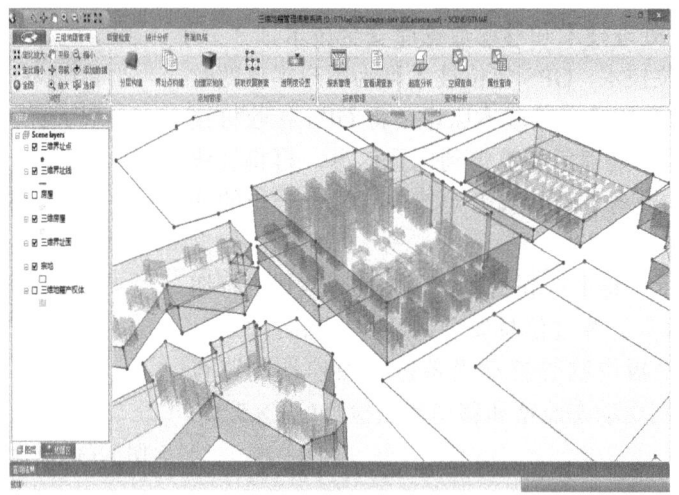

图 1-14　三维地籍空间数据模型

1.5.5　云　计　算

云计算（cloud computing）是一种按使用量付费的模式，这种模式提供可用的、便捷的、按需的网络访问，进入可配置的计算资源共享池（资源包括网络、服务器、存储、应用软件、服务），这些资源能够被快速提供，只需投入很少的管理工作，或与服务供应商进行很少的交互。云计算具有超大规模、虚拟化、高可靠性、按需付费、高扩展性、极其廉价等众多特点和优势，并且通常被认为包括以下几个层次的服务：基础设施即服务（infrastructure as a service, IaaS）、平台即服务（platform as a service, PaaS）和软件即服务（software as a service, SaaS）。

云计算的关键技术主要包括虚拟化技术、分布式海量数据存储、海量数据管理技术、编程方式、云计算平台管理技术。

1. 虚拟化技术

虚拟化技术是指计算元件在虚拟的基础上而不是真实的基础上运行，它可以扩大硬件的容量，简化软件的重新配置过程，减少软件虚拟机相关开销和支持更广泛的操作系统。通过虚拟化技术可实现软件应用与底层硬件相隔离，包括将单个资源划分成多个虚拟资源的裂分模式，也包括将多个资源整合成一个虚拟资源的聚合模式。虚拟化技术根据对象可分成存储虚拟化、计算虚拟化、网络虚拟化等；计算虚拟化又分为系统级虚拟化、应用级虚拟化和桌面虚拟化。在云计算实现中，计算系统虚拟化是一切建立在"云"上的服务与应用的基础。

2. 分布式海量数据存储

云计算系统由大量服务器组成，同时为大量用户服务，因此云计算系统采用分布式存储的方式存储数据，用冗余存储的方式（集群计算、数据冗余和分布式存储）保证数据的可靠性。冗余的方式通过任务分解和集群，用低配机器替代超级计算机的性能来保证低成本，这种方式保证分布式数据的高可用、高可靠和经济性，即为同一份数据存储多个副本。

3. 海量数据管理技术

云计算需要对分布的、海量的数据进行处理、分析，因此，数据管理技术必须能够高效地管理大量的数据。由于云数据存储管理形式不同于传统的关系型数据库数据管理方式，如何在规模巨大的分布式数据中找到特定的数据,也是云计算数据管理技术所必须解决的问题。目前提出的分布式数据库有基于 Hadoop 的子项目 HBase 和 Hive、基于对象-关系的分布式数据库 PostgreSQL 等。

4. 编程方式

云计算提供了分布式的计算模式,客观上要求必须有分布式的编程模式。例如,Hadoop 采用了一种思想简洁的分布式并行编程模型 Map-Reduce。Map-Reduce 是一种编程模型和任务调度模型,主要用于数据集的并行运算和并行任务的调度处理。在该模式下,用户只需要自行编写 Map 函数和 Reduce 函数即可进行并行计算。其中,Map 函数中定义各节点上的分块数据的处理方法,而 Reduce 函数中定义中间结果的保存方法及最终结果的归纳方法。此外,加利福尼亚大学伯克利分校的 AMP 实验室(UC Berkeley AMP lab)提出了一种开源的类——Hadoop Map-Reduce 的通用并行框架 Spark。Spark 是一种与 Hadoop 相似的开源集群计算环境,但 Spark 在某些工作负载方面表现得更加优越,它启用了内存分布数据集,除了能够提供交互式查询外,还可以优化迭代工作负载,能更好地适用于数据挖掘与机器学习。

5. 云计算平台管理技术

云计算资源规模庞大,服务器数量众多并分布在不同的地点,同时运行着数百种应用,如何有效地管理这些服务器,保证整个系统提供不间断的服务是巨大的挑战。云计算系统的平台管理技术能够使大量的服务器协同工作,方便地进行业务部署和开通,快速发现和恢复系统故障,通过自动化、智能化的手段实现大规模系统的可靠运营。

1.5.6 大 数 据

"大数据"(big data)是一个庞大的概念集合,用以指代各种规模巨大到无法通过手工处理来分析解读信息的海量数据。大数据巨大的发展潜力及优势已经获得了各行业及政府部门的关注。宏观上来讲,大数据被认为是融合物理世界、信息空间及人类社会的核心纽带。大数据具有体量(volume)大、速度(velocity)快、类型(variety)多、辨识(veracity)难、价值(value)密度低的特点。

(1)体量大,指随着物联网技术发展,利用各式智能终端设备、传感器等获取的业务和实时监测数据总量巨大。

(2)速度快,即在数据量爆发式增长的同时,要求更快的数据处理能力,这两者看似是矛盾的,却是大数据时代所必需的。

(3)类型多,即大数据其"大"并不单单是指数据量的增长,其核心在于数据类型多样,这意味着一个应用往往既要处理结构化数据,同时还要处理文本、视频、语音等非结构化的数据,这对现有数据处理技术提出了更多的要求。

(4)辨识难,即数据的不确定性,数据真伪难辨是大数据应用的最大挑战,如何在海量数据中提取有效信息是大数据技术所要解决的。

(5)价值密度低,即指相对于万亿级别的数据量基础,其有效信息量较低。

在大数据时代,人们意识到最重要的价值是从数据当中挖掘的价值。数据化积累与云计算分析的结合,让大数据日益渗透到各行各业,成为支撑科学决策的"大智库"。但是并不是所有的行业都可以轻松挖掘其已有数据的价值,这需要大量整理、分析、关联及应用的过程,没有以上过程这一行业所拥有的数据并不是"大数据",只是"数据大"而已。

近年来，随着信息采集技术的迅速发展，国土资源基础数据、业务数据、管理数据与监测数据也在不断增长，各类遥感影像数据、国土资源调查数据、基本农田与重点矿山监测数据、地质灾害预警预报数据等，都具有了大数据的一些特性。而且近年来，视频、传感器、智能设备等技术的不断发展，极大地增加了数据量，使得各类型国土数据具有巨大的潜在价值；这些国土空间数据结合庞大的互联网上相关的社会、经济、人口数据，可以让人们更好地感知和理解人-地之间的一些关联关系和时空行为特征。随着大数据时代的到来，国土资源管理方法面临革新，其相应的方法论也将随之转变。例如，可以基于出租车GPS数据来识别城市土地利用类型；从人口密度、土地价格、交通设施密度等要素出发，研究城市多中心结构特征并揭示其时空演化规律；基于夜间灯光数据和遥感影像数据进行对比分析，作为寻找低效建设用地的依据，反映出城镇建设用地利用状况与效率等。

思 考 题

1. 什么是土地及土地管理？其与国土及国土资源管理的关系如何？
2. 分析土地管理业务体系的内容及其之间的联系。
3. 土地管理的对象及任务是什么？
4. 什么是土地管理信息系统，其关键技术有哪些？
5. 我国土地管理信息系统的发展分为几个阶段？各个阶段的特点分别是什么？
6. 试述土地管理信息系统和地理信息系统的联系和区别。
7. 试述"3S"技术对土地管理信息系统建设的作用。

第2章 土地管理信息系统架构

一个完整的土地管理信息系统由硬件与网络、基础软件、应用软件、数据库等组成，要实现高效的管理，发挥土地管理信息系统的功用，完备的土地管理信息系统架构显得尤为重要。本章介绍了土地管理信息系统构成、硬件与网络及与基础软件，重点介绍了应用软件及架构、数据库与数据中心。

2.1 土地管理信息系统构成

土地管理信息系统建设是国土资源信息化的核心组成部分，是实现土地管理现代化的重要举措。根据原国土资源部制定的《全国国土资源政务管理信息系统与信息服务系统建设总体方案》，土地管理信息系统由国家、省、市、县、乡构成纵向的五级层次系统（图2-1）。而各级土地管理信息系统总体框架具有明显的平台性和层次性的特点，由计算机硬件、网络通信、基础软件、应用软件、数据库与数据中心等组成。将各级土地管理信息系统建设的重点定位在平台上，可避免资源浪费，实现数据共享，打破"信息孤岛"。

国务院、省政府、市政府、县政府之间由业务网连接，原国土资源部、省国土资源厅、市国土资源局、县国土资源局内部构成内部局域网，它们可以用政府专网进行纵向上的连接，也可以用国土资源信息网络（内网或业务网）进行纵向连接；各级国土资源管理部门通过公用信息网（外网）向社会发布信息，在有条件的县实现县与各所属乡镇国土所之间公用信息网连接。市局内部各职能科室通过局域网访问信息中心；市局与外网采用物理隔开，通过Internet网相连，并设有防火墙，以保证系统的安全性。各区局、县局、社会用户可以通过浏览器访问市局国土资源信息中心。

2.2 硬件与网络

2.2.1 计算机硬件

计算机硬件系统是计算机系统中的实际物理配置的总称，可以是电子的、磁的、机械的、光的元件或装置，是土地管理信息系统的物理外壳。系统的规模、精度、速度、功能、形式、使用方法甚至软件都与硬件有极大的关系，受硬件指标的支持或制约。土地管理信息系统由于其任务的复杂性和特殊性，必须由计算机设备支持。构成计算机硬件系统的基本组件主要包括：①计算机主机，如工作站、服务器、便携式计算机等；②输入/输出设备，如数字化仪、扫描仪、打印机、绘图仪等；③存储设备，如硬盘机柜、光盘、磁带等；④网络传输设备，如网卡、网线、交换机等。

这些硬件组件协同工作，向计算机系统提供必要的信息，使其完成任务，也可以保存数据以备现在或将来使用，或将处理得到的结果或信息提供给用户。

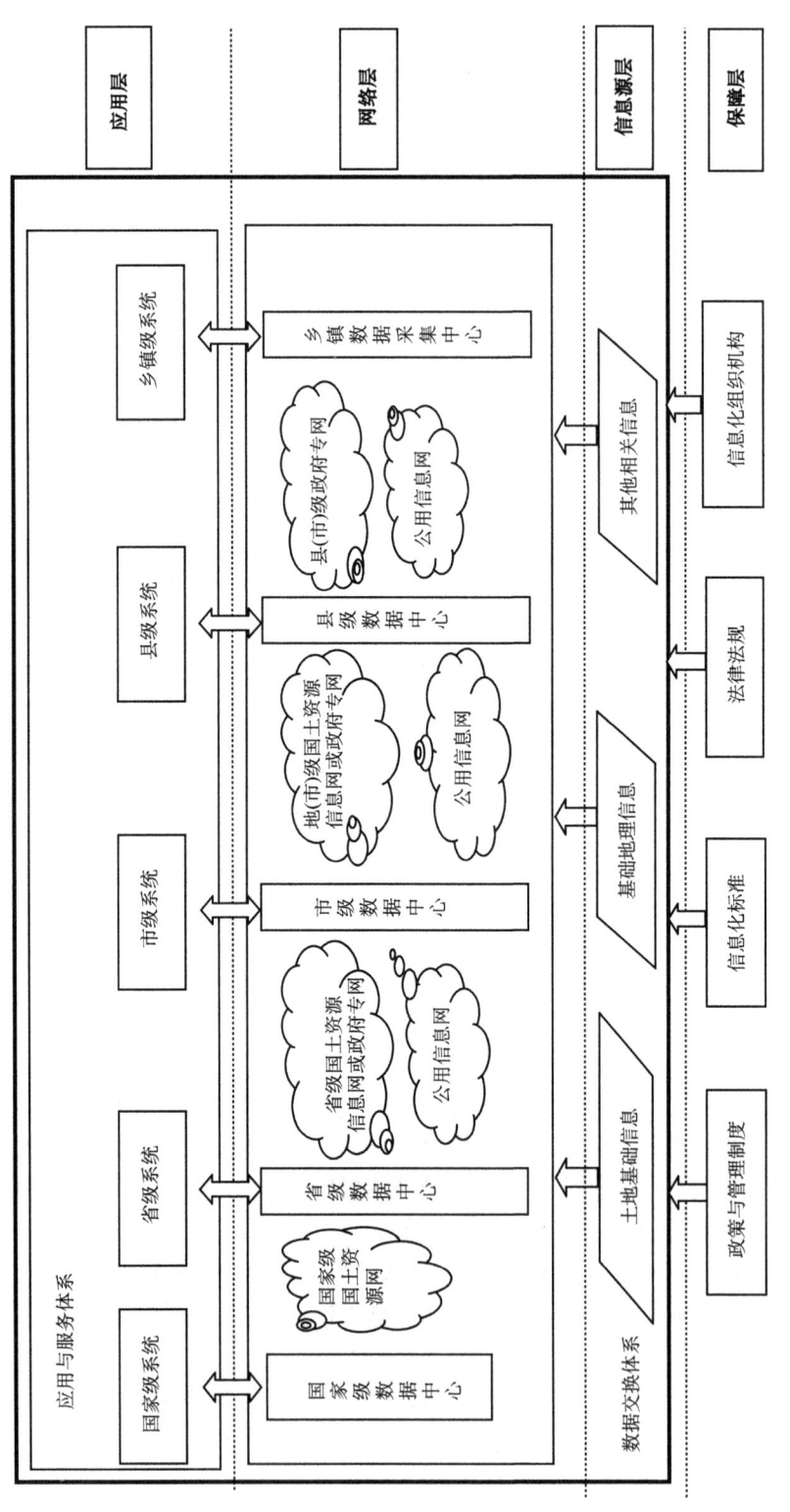

图 2-1 土地管理信息系统纵向构成

土地管理信息系统与其他系统的主要区别在于其"图文一体"的特性，因此在建设土地管理信息系统时要着重考虑其图形图像数据的采集、绘制设备的选用。

对于某一项具体的土地管理信息系统建设项目，在选择硬件设备时，需要考虑以下几个方面的因素。

（1）经济性。设计人员在满足土地管理信息系统能正常运行这一前提条件下，要充分考虑用户的经济能力，尽可能地选择经济适用的硬件设备。

（2）存储特征。充分预估土地管理信息系统存储的数据量及其存储方式，选择相应的存储设备。

（3）数据录入方式。应充分考虑用户的需求，总结数据的特征，选择对应的数据输入设备。

（4）数据浏览显示方式。图形终端基本可满足用户要求，但某些特定的功能（如虚拟现实）也要求选用特定的设备来展现，如投影设备、3D眼镜等。

（5）数据输出的方式。依据系统输出数据的要求选配不同型号的打印机、绘图仪等。

（6）数据管理方式。网络传输设备的选配与否取决于该因素。

现代计算机硬件和软件技术的迅猛发展，为构建土地管理信息系统提供了更丰富、更高效的解决方案。虚拟化和云计算技术的发展使得土地管理信息系统硬件实现了计算和存储的分布式，并可在计算、安全性能方面获得极大的提升。

土地管理信息系统应根据国土资源管理部门的实际需要及网络发展的需要，在国土资源管理部门设立数据库服务器、应用与Web服务器集群、数据交换服务器，以及内外网综合管理服务器等，具体说明如下。

（1）数据库服务器。数据库服务器是土地管理信息系统运行的核心，因而对数据库服务器的要求较高。

土地数据内容繁多，数据量庞大，除了包含土地管理业务数据外，还包含大量的基础地理空间数据，一个完整的数据中的数据量往往达到数个TB级。为了满足对海量数据库的动态空间索引和智能化空间检索，保障土地管理业务的正常运行，数据库服务器必须具备高可靠性、高稳定性、高安全性等特性。

服务器集群可以将一组独立的服务器作为单一系统进行管理，来实现更高的可用性、可管理性和更优越的可伸缩性。服务器集群的最低要求是通过网络把两台服务器互连。集群允许每台服务器都能访问共享磁盘数据。

（2）Web前端服务器。Web前端服务器接受用户的HTTP访问请求，通过一定的负载分担算法将请求转发到后端的应用服务器进行处理，同时还提供静态页面的访问服务。

（3）应用服务器。应用服务器主要用来运行土地管理信息系统，因为系统大多采用浏览器/服务器（browser/server，B/S）结构体系，有相当一部分应用程序运行在服务器端，所以对应用服务器的要求较高。

应用服务器的安全设计可采用集群（cluster）的方式，利用两台或更多服务器组成一个应用服务器集群，当一个服务请求被发至该应用集群时，前端Web服务器根据一定规则选择一台服务器，并将服务请求转发给该服务器处理，即将负载进行分摊。

通过应用负载均衡技术，可以利用多台服务器同时为大量用户提供服务。当某台服务器出现故障时，请求分发器会自动进行检测并停止将服务请求分发至该服务器，而由其他工作正常的服务器继续提供服务，从而保证了服务的可靠性。

（4）其他服务器。邮件服务器（文件服务器）主要用来提供内部邮件服务及文件服务，虽然使用人数不多，但处理的都是较大的图形文件，对服务器的处理能力和存储要求较高。

图 2-2 为一个土地管理信息系统硬件拓扑示例。

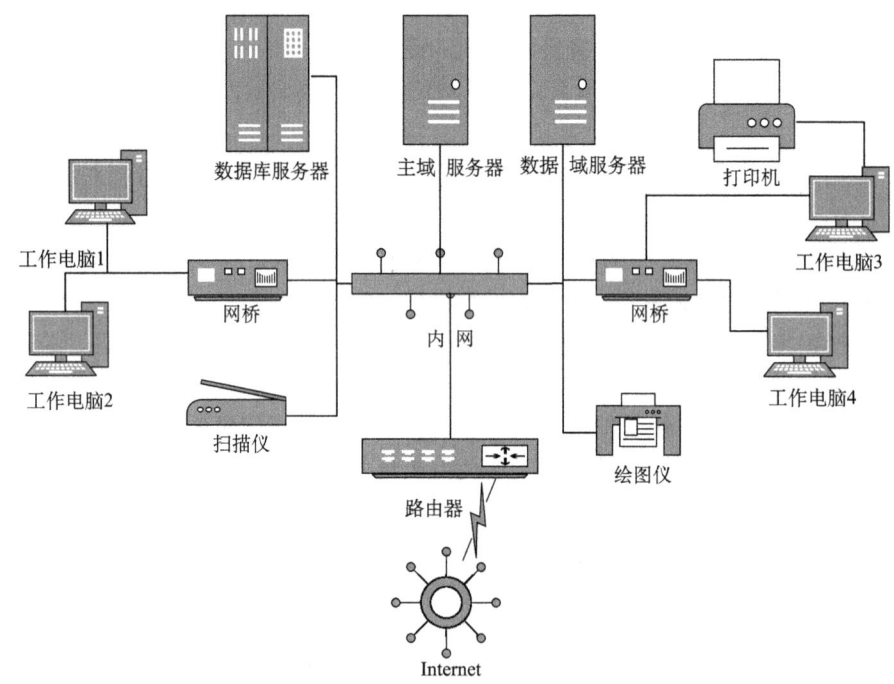

图 2-2　土地管理信息系统硬件拓扑示例

2.2.2　网　络　架　构

1. 计算机网络的类型

（1）按空间影响范围和分布分类。按网络作用范围和计算机之间互联的距离，可将网络分为局域网（local area network，LAN）、城域网（metropolitan area network，MAN）和广域网（wide area networks，WAN）三种类型。

局域网是指在较小的区域范围内建立的计算机网络，其通信距离较短，传输速率较快，误码率低。其地理范围一般在 10km 以内，属于一个部门或者一个单位组建的小范围网络，传输速率一般在 1Mbps 以上。

城域网基本上是一个大的局域网，它可以覆盖一个城市。其传输速率与局域网一致，但其作用距离为 5～50km。

广域网的机器分布范围广，可实现大范围的信息共享，一般可以从几十千米至几万千米，一个国家或者国与国之间建立的网络都是广域网。

（2）按网络的所有权分类。按网络的数据传输与交换系统的所有权划分，又可分为公共网和专用网两类。

公共网（public networks）：由电信部门组建，一般由政府电信部门管理和控制，网络内的传输和交换装置可提供（如租用）给任何部门和单位使用。

专用网（private network）：由某个部门组建，不允许其他部门或单位使用。

（3）按网络结构分类。网络结构是由所使用的电缆、访问网络的方法及网络上数据分组的格式和拓扑结构所决定的。按网络结构划分网络，可分为以太网（Ethernet）、令牌环网（Token Ring）、光纤分布式数据接口（fiber distributed data interface, FDDI）和异步传输模式（asynchronous transfer mode, ATM）等。

2. 国土资源网络

土地管理信息系统存储的一部分数据具有较高的保密性要求，需要与互联网进行物理隔离。为了既满足数据安全保密要求，又能满足部分数据与其他部门和社会大众的共享需要，需要对国土资源网络进行划分。下面分别给出原国土资源部和省级国土资源厅（以江苏省为例）的网络划分结构。

1）国土资源部

原国土资源部在已有国土资源网络建设基础上，结合现状与需求分析，严格按照国家相关网络规定，将网络连接划分为电子政务内网、国土资源业务网、国土资源外网。

（1）电子政务内网。①经国家保密局批准，原国土资源部机关电子政务内网与 8 个直属单位、9 个督察局内网的网络互连。②原国土资源部政务内网划分区域：根据分级分域防护要求，划分为接入域、应用服务域、安全管理域、涉密终端域、核心服务域、数据存储域和信息发布域 7 个安全域，接入域为机密级。③国家电子政务内网与原国土资源部机关电子政务内网通过接入域进行网络连接。为实现与国家电子政务内网的全面互联互通，下一步计划实现所有直属单位直接接入电子政务内网，督察局改为通过省级电子政务内网平台接入，督察局、事业单位等单位可通过虚拟网络连接通道直接接入国土资源部电子政务内网。④在国家电子政务内网正式全面开通前，各督察局仍采用直接接入电子政务内网的方式实现网络连接。同时，需要按照国家要求，对所有接入节点的密码机进行升级更换。

（2）国土资源业务网。国土资源业务网覆盖部、省、市、县四级国土资源管理部门，延伸到各级不动产登记机构，形成"一纵"。各级国土资源管理部门通过电子政务内网或者地方政务网，连接横向住建、农业、林业、海洋相关部门，形成"四横"。原则上，"一纵"要求通过国土资源业务网专线实现部、省、市、县四级直连，并进行统一的 IP 地址和域名规划。如果无法实现直连，在不影响不动产登记业务的前提下，可实现省、市、县三级直连，并接入国土资源业务网。其中，从原国土资源部到省级国土部门及省级不动产登记中心的业务网，由原国土资源部信息中心负责建设和维护工作；从各省级国土资源管理部门到市、县级国土相关部门及市、县级不动产登记机构的省级以下业务网，以及从省、市、县各级国土资源管理部门及不动产登记机构到住建、农业、林业、海洋等横向部门之间的网络连接，由省级国土资源管理部门负责建设与维护工作。

（3）国土资源外网。原国土资源部、省国土资源厅、市国土资源局、县国土资源局通过公用信息网（外网）向社会发布信息，在有条件的县实现县与各所属乡镇国土所之间公用信息网连接，以满足相关管理部门、相关企业对国土资源公开信息的查询服务与数据交换的需求。

2）省级国土资源厅

以江苏省为例，"江苏国土资源云"涉及电子政务外网、电子政务内网和国土资源外网三个网络环境，网络拓扑架构如图 2-3 所示。

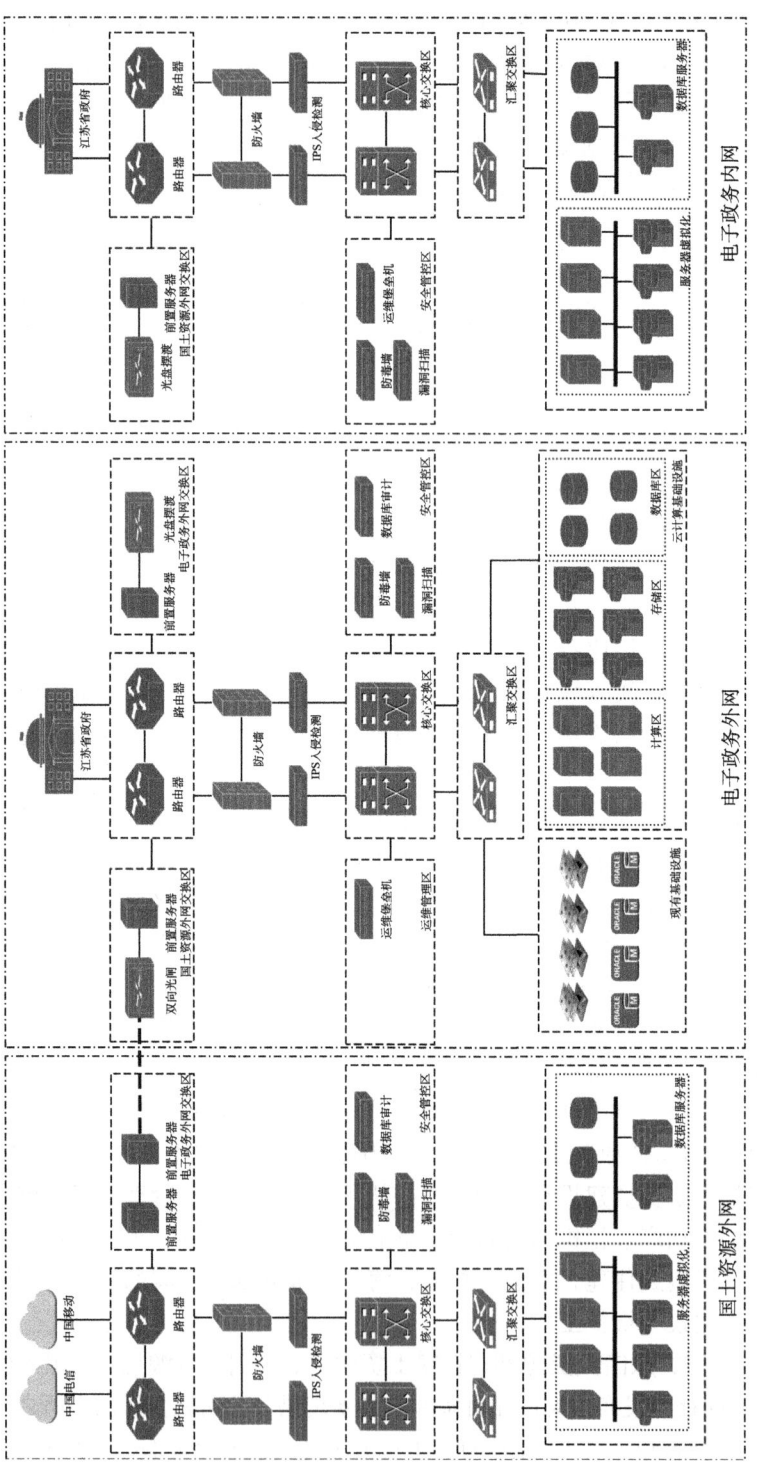

图 2-3 "江苏国土资源云"网络拓扑架构

（1）电子政务外网为非涉密网，和国土资源外网逻辑隔离，两者之间通过交换区采用网闸等设备进行交换；电子政务外网划分了边界接入区、核心交换区、安全管理区、安全运维区、终端接入区、核心业务数据区、数据交换区、云计算基础设施区和现有基础设施区九个部分；电子政务外网通过高速宽带云网络上连省政务云。

（2）电子政务内网为涉密网，和国土资源外网等网络物理隔离，数据交换采用光盘摆渡机等交换设备进行；电子政务内网划分了边界接入区、核心交换区、安全管理区、安全运维区、终端接入区、核心业务数据区、数据交换区、基础设施区八个部分；电子政务内网通过专线上连省政府。

（3）国土资源外网为连接互联网区域，划分了边界接入区、核心交换区、安全管理区、终端接入区、核心业务数据区、数据交换区、基础设施区七个部分。

2.3 基 础 软 件

2.3.1 操 作 系 统

操作系统（operating system，OS）是管理和控制计算机硬件与软件资源的计算机程序，是直接运行在"裸机"上的最基本的系统软件，任何其他软件都必须在操作系统的支持下运行。

在目前的网络环境下，主流操作系统主要有 UNIX 和 Windows。UNIX 和 Windows 都是多用户、多任务的网络操作系统，都允许用户在其平台上自主选择构建符合土地管理业务要求的应用系统。结合 UNIX 和 Windows 的特点，在网络中使用 UNIX 和 Windows 混合平台是土地管理信息系统的最佳选择。国产操作系统是以 Linux 为基础二次开发的操作系统，在安全性方面有更好的保障，操作系统的国产化也是将来的一个趋势。

2.3.2 地理信息系统

地理信息系统（GIS），是在计算机硬、软件系统支持下，对整个或部分地球表层（包括大气层）空间中的有关地理分布数据进行采集、存储、管理、运算、分析、显示和描述的技术系统。

地理信息系统是土地行业有效的数据编辑处理、辅助决策支持工具，也是土地管理信息系统必不可少的二次开发平台。当前在土地管理信息系统中应用的地理信息系统平台产品主要包括 ESRI 公司的 ArcGIS 系列产品、北京超图软件股份有限公司的 SuperMap 系列产品、武汉中地数码科技有限公司的 MapGIS 系列产品等。在数据采编时，通常使用的图形平台还包括 AutoCAD、MicroStation 等。

2.3.3 数据库管理系统

数据库管理系统（database management system，DBMS）是一种操纵和管理数据库的大型软件，用于建立、使用和维护数据库。它对数据库进行统一的管理和控制，以保证数据库的安全性和完整性。用户通过 DBMS 访问数据库中的数据，数据库管理员也通过 DBMS 进行数据库的维护工作。它可使多个应用程序和用户用不同的方法在同时或不同时刻去建立、修改和访问数据库。大部分 DBMS 提供数据定义语言（data definition language，DDL）和数据操作语言（data manipulation language，DML），供用户定义数据库的模式结构与权限约束，实现对数据的追加、删除等操作。

各级国土资源管理部门需要汇总的土地信息数据类型多、空间范围变化大、时间跨度差异大，当同时对这些数据进行分析处理时，就要求数据库具有稳定性高、数据处理能力强、可管理数据量大等特点。当前土地管理信息系统中常用的商业型数据库包括 Oracle、Access 等。Oracle 数据库是业界公认的最佳对象关系型数据库之一，能在所有主要的平台（包括 Windows 和 UNIX）上运行。在 Oracle 数据库中，有针对空间矢量数据存储、操作和管理的 Oracle Spatial，有针对空间影像数据和其他多媒体数据存储、操作和管理的 Oracle interMedia。因此，完全可以使用 Oracle 统一存储和管理空间矢量数据、影像数据、属性数据和事务管理数据。另外，还有一些基于互联网的应用可以采用开源的数据库如 MySQL、PostgreSQL、MongoDB 等。

2.4 应用软件及架构

2.4.1 应用软件分类

按照原国土资源部的规划，土地管理信息系统由调查评价信息系统、政务管理信息系统和信息服务系统三部分组成，如图 2-4 所示。其中，调查评价信息系统可分为土地调查、土地评价两类二级子系统，土地调查系统可进一步细分为土地利用现状管理信息系统、土地权属管理信息系统、土地利用规划管理信息系统（主要为规划辅助编制功能）等；土地评价系统按照评价对象、评价内容、评价类型、评价形式等可进一步细分为农用地分等定级估价系统、城镇土地分等定级估价系统等，见第 7 章。政务管理信息系统又称为电子政务系统，包括地政管理系统、统计分析系统、综合事务管理系统等，其中，地政管理系统由土地登记系统、建设用地审批信息系统、土地供应管理信息系统、土地利用动态监管与移动执法系统等构成，见第 8 章。信息服务系统主要包括内外信息共享与服务系统，如土地决策支持系统、土地信息发布系统、土地信息查询系统等，见第 9 章。

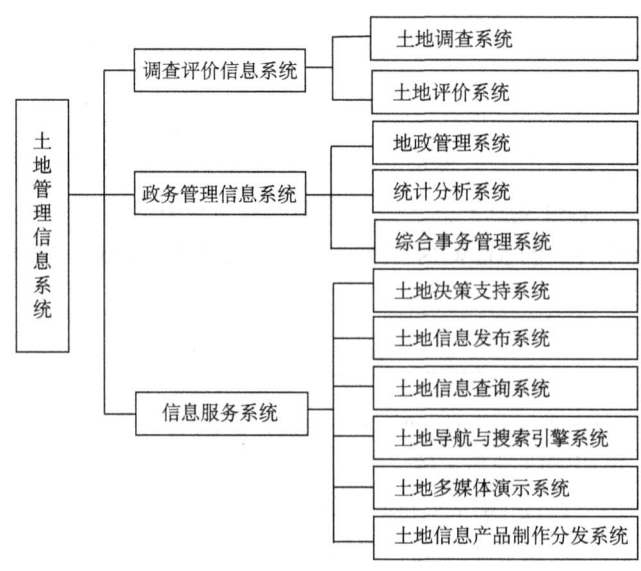

图 2-4　土地管理信息系统组成

2.4.2 应用软件架构

1. 客户端/服务器（C/S）架构

C/S（client/server）架构即大家熟知的客户端/服务器结构。它是软件系统体系结构，通过它可以充分利用两端硬件环境的优势，将任务合理分配到 client 端和 server 端来实现，降低了系统的通信开销。C/S 架构也可以看作胖客户端架构。因为客户端需要实现绝大多数的业务逻辑和界面展示。这种架构中，作为客户端的部分需要承受很大的压力，因为显示逻辑和事务处理都包含在其中，通过与数据库的交互（通常是 SQL 或存储过程的实现）来达到持久化数据，以此满足实际项目的需要。优点：①C/S 架构的界面和操作可以很丰富；②安全性能很容易保证；③响应速度较快。缺点：①适用面窄，通常用于局域网中；②用户群固定，因为程序需要安装才可使用，所以不适合面向一些不可知的用户；③维护成本高，发生一次升级，则所有客户端的程序都需要改变。土地调查评价系统涉及大量图形处理，多采用 C/S 架构。

2. 浏览器/服务器（B/S）架构

B/S（browser/server）架构即浏览器/服务器结构。它是随着 Internet 技术的兴起，对 C/S 结构的一种变化或者改进。在这种结构下，用户工作界面是通过 WWW 浏览器来实现的，极少部分事务逻辑在前端（browser）实现，主要事务逻辑在服务器端（server）实现，形成三层结构。优点：①客户端无须安装，有 Web 浏览器即可；②B/S 架构可以直接放在广域网上，通过一定的权限控制实现多客户访问的目的，交互性较强；③B/S 架构无须升级多个客户端，升级服务器即可。缺点：①在跨浏览器上，B/S 架构不尽如人意；②在速度和安全性上需要花费巨大的设计成本；③客户端服务器端的交互是请求-响应模式，通常需要频繁刷新页面。政务管理信息系统和信息服务系统应用广泛，多采用 B/S 架构。

3. 面向服务的架构（SOA）与微服务

面向服务的架构（service oriented ambiguity，SOA）是一个组件模型，它将应用程序的不同功能单元（称为服务）通过这些服务之间定义良好的接口和契约联系起来。接口是采用中立的方式进行定义的，它应该独立于实现服务的硬件平台、操作系统和编程语言。这使得构建在各种这样的系统中的服务可以以一种统一和通用的方式进行交互。在近几年研发的土地管理信息系统中，一些需要频繁响应服务请求的应用系统一般都采用 SOA 架构设计。

SOA 具有以下五个特征。

（1）可重用。一个服务创建后能用于多个应用和业务流程。

（2）松耦合。服务请求者到服务提供者的绑定与服务之间应该是松耦合的。因此，服务请求者不需要知道服务提供者实现的技术细节，如程序语言、底层平台等。

（3）明确定义的接口。服务交互必须是明确定义的。Web 服务描述语言（Web services description language，WSDL）用于描述服务请求者所要求的绑定到服务提供者的细节。WSDL 不包括服务实现的任何技术细节。服务请求者不知道也不关心服务究竟是由哪种程序设计语言编写的。

（4）无状态的服务设计。服务应该是独立的、自包含的请求，在实现时它不需要获取从一个请求到另一个请求的信息或状态。服务不应该依赖于其他服务的上下文和状态。当产生依赖时，它们可以定义成通用业务流程、函数和数据模型。

（5）基于开放标准。当前 SOA 的实现形式是 Web 服务，基于的是公开的 W3C（World Wide Web Consortium）及其他公认标准。

图 2-5 为政务信息系统设计中采用的 SOA 系统架构示意图。

近年来又提出了一种微服务的架构，见图 2-6。微服务的基本思想在于考虑围绕着业务领域组件来创建应用，这些应用可独立地进行开发、管理和加速。在分散的组件中使用微服务云架构和平台使部署、管理和服务功能交付变得更加简单。简而言之，微服务架构是一类将单一应用程序作为由众多小型服务构成的套件加以开发的方式，其中各项服务都拥有自己的进程并利用轻量化机制（通常为 HTTP 源 API）实现通信。微服务是一种经过良好架构设计的 SOA 解决方案，是面向服务的交付方案。微服务与敏捷开发的思想高度结合在一起，服务的定义更加清晰，同时减少了企业服务总线（enterprise service bus, ESB）开发的复杂性。

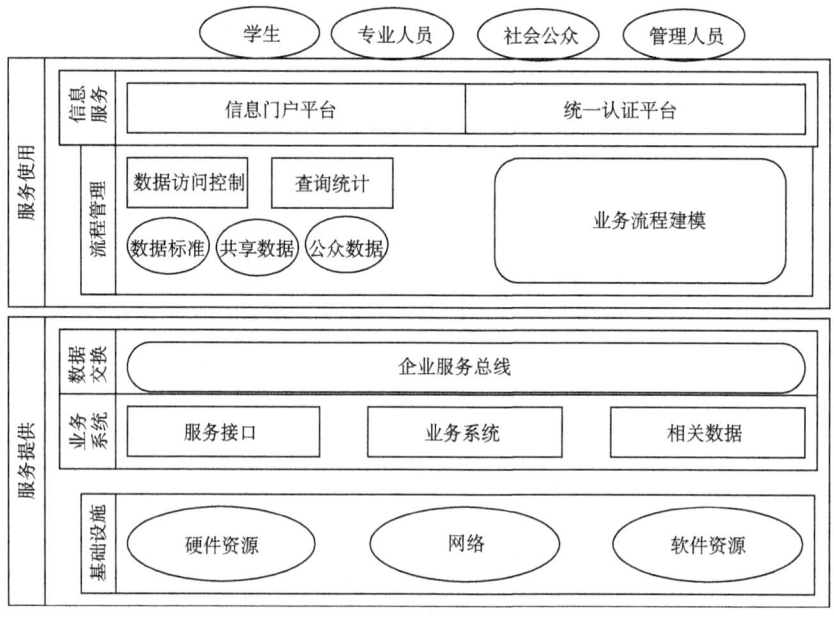

图 2-5　SOA 系统架构示意图

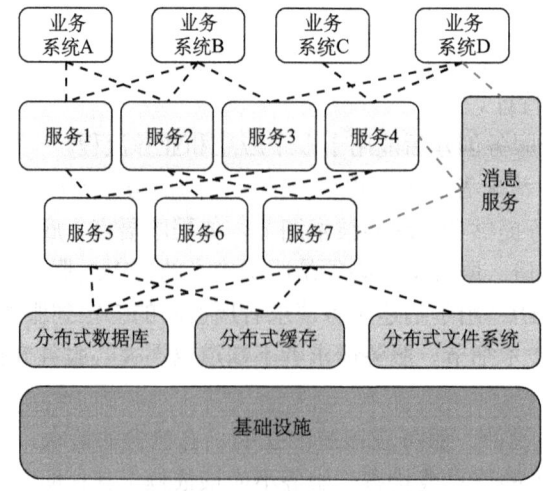

图 2-6　微服务架构示意图

2.5 数据库与数据中心

土地管理行业是一个与地理信息数据密切相关的行业，随着金土工程、全国第二次土地调查等相关数据调查专项工程的实施，信息化技术在国土资源行业得到了广泛应用，尤其是地理信息系统技术在各种应用系统建设中发挥了重要作用。GIS 应用系统需要访问分布在多个数据源的异构数据，也需要整合如文档、数据库属性表等非空间数据。另外，用户需求不断变动，系统设计不断调整，使地理信息数据的管理与维护面对巨大的挑战。

数据中心是以各类土地数据为核心，依托成熟的存储、数据库、GIS、网络等技术，按照统一标准，建立的具有信息管理、分析、查询、统计及服务功能的一体化数据管理体系。它可为本级国土资源政务管理信息系统提供管理及运行平台，为远程信息系统按权限调用信息提供共享和交换机制，为本级信息服务系统的信息提取提供数据源支持，对数据进行管理与维护。

2.5.1 数据管理与维护的内容

1. 数据构成

土地管理信息系统的数据来源主要是所有与土地有关的信息，即土地信息，在内容上包括空间属性信息、自然属性信息、经济属性信息、权能属性信息，以及这些属性信息间的相互关系信息，其信息量非常丰富。按数据在系统中的作用类型，可以将土地管理信息系统的数据划分为基础数据、（土地）专业数据、管理数据和辅助数据。按数据类型又可以划分为空间数据、非空间数据和管理与维护性数据。

2. 数据管理

按照数据成果汇交管理办法，完成数据接收任务，实现对本级数据的集中、统一管理。按照数据科学分类、管理统一的原则，建立面向土地管理的多专题数据组织和存储框架，为数据加工和专题应用等提供基础。数据运行与维护管理，建立主机和数据运行与维护各项管理制度，规范运行与维护业务流程，有效开展运行监控与维护、故障诊断排除、数据备份与恢复、归档与检索，以保障数据库正常运转，使系统、数据库在灾难发生时快速进行原系统恢复，以保证数据的安全性。

3. 数据更新

根据数据中心有关规定和各类专题数据库运行管理职能，建立可持续的数据更新机制，由数据库更新职能部门对通过生产、汇交或交换获得现势数据完成本级中心数据库的版本升级，实现数据库更新的安全性、有效性和现势性，并确保数据更新能够满足有关数据管理和应用要求。更新时进行数据完整性、数据质量检查。

4. 数据安全

包括建立以数据安全为重点，统一规划，建立信息安全认证体系、运行环境的安全保障系统和功能完备的容灾备份系统，确保数据中心的物理安全、网络安全、系统安全和数据安全；制定数据管理与安全管理等相关规定，各级数据中心负责本级数据的采集更新、网络运行、存储备份、数据管理的安全工作等。

2.5.2 数据中心建设

1. 数据中心运行平台

数据中心管理平台的总体建设目标是保障数据的安全性、可靠性、完整性、可用性和现势性。以土地空间数据和政务数据等属性数据为管理对象，综合运用 GIS 技术、数据库技术、网络技术、系统集成技术等主要技术手段，整合现有国土资源管理中存在的"信息孤岛"，建立交换数据标准，开发交换平台，从而实现土地数据的信息共享、集中使用和有效交换。

运行平台是指提供数据接收、存储、管理和维护的软硬件环境。国土资源数据中心的软硬件平台要求如下。

（1）至少配备一台专用的信息发布服务器、一台专用的数据库服务器和一台备份服务器。

（2）要有足够的存储、备份设备。根据各级国土资源数据交换中心所管理的数据量，可适当配备磁盘阵列、磁带机、光盘刻录机等。

（3）平台有管理功能、服务功能、公共服务运维功能，即要求提供对各类国土资源数据的管理和运行维护，数据对外提供共享和交换等的功能。

2. 数据管理模式

数据中心主要是集中管理各级国土管理部门的基础地理、土地业务和管理数据、辅助数据等。

省、市土地管理信息系统的数据库具有集中与分布式两种特征；县土地管理信息系统的数据库具有集中特征。省、市土地管理信息系统在其本级数据中心和下一级数据中心的支撑下运行；县土地管理信息系统在其本级数据中心支撑下运行。

每一级数据中心能够提供相应比例尺和相应精度的数据供本级系统使用，但在必要时有权通过网络调用下一级的数据中心更大比例尺、更高精度的数据。

每一级数据中心由数据库、数据库管理系统、局域网、国土资源信息网、外部公用信息网组成，为本级应用系统及面向社会的信息服务系统提供数据及硬软件环境支持，实现信息的内部共享、上下传输及对外发布。

（1）分布式管理。在采用分布式数据库管理模式时，各级数据中心分别存放自己管理范围内的基础数据，上级数据中心存放辖区内下级数据中心所存放数据的统计汇总数据及本级区域内的管理数据，并各自进行管理维护。国土资源管理部门都通过局域网访问本级数据中心所存放的数据库，当需要查询下级或上级数据中心管理的数据时，均通过远程网络（国土资源网）进行访问。

（2）集中式管理。在采用集中式数据库管理模式时，所有数据都存储在市级数据中心，市局通过局域网连接数据库进行操作，县（区）局通过广域网（国土资源网）连接进行操作。数据库由市级中心进行统一的管理，数据更新的调查评价工作可由各县（区）局承担，也可由市局承担部分任务，然后由市级数据中心统一进行数据库更新。在这种架构下，数据全部集中在市级中心存放，所有的应用系统服务也应全部布设在市级，每个县（区）局仅作为市局的一个或多个节点，通过对市级应用服务系统的访问来进行各类业务处理及办理工作，包括数据的上传或下载。根据工作需要，县（区）局也可以在本地拥有基础数据的备份。

3. 数据中心管理系统架构与功能

数据中心在网络基础设施的支撑下，在数据标准和相关数据中心管理维护制度的保障下，建立各类数据库，完成数据的存储、管理和维护。数据中心主要包括：数据库、数据存储与管理系统、数据交换与数据服务和网络系统。系统应用组件部分依托于基础框架运行，主要由以下几个功能部分组成，如图2-7所示。

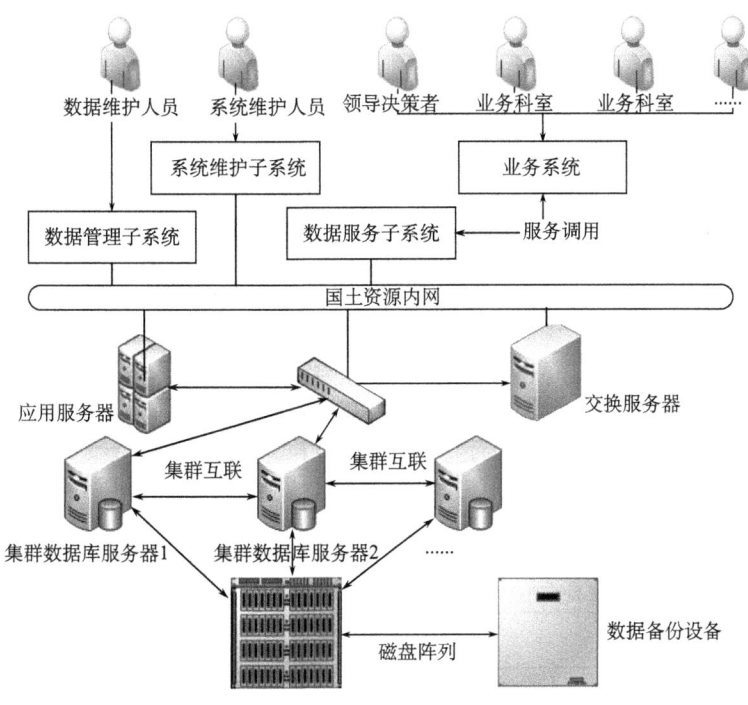

图2-7 数据中心架构图

（1）系统运维。系统运维实现系统数据源管理与配置、系统安全管理与配置及系统运行参数的维护。主要包含数据的接收与数据源配置、存储管理、用户权限管理、数据库备份恢复、参数设置、系统监控、字典表管理等功能。

（2）数据检查。数据检查主要是对入库数据进行正确性、规范性、合理性、唯一性等检查，通常采用基于专家知识与规则的软件自动检查方式检查。

（3）数据管理。数据管理是实现基础数据库的处理和管理，包含了数据处理整合、信息产品制作、信息查询、统计分析、成果输出、元数据管理等功能。数据管理利用数据库、数据仓库、元数据和网络等技术，建立分布式、集中式或集中加分布式数据管理系统，开展数据接收、组织存储、运行维护、更新、共享交换等工作，实现对数据资源的有效组织和应用。

（4）数据维护。数据维护是对数据和数据库进行的日常维护与监控、备份与恢复、应急处理和监督管理等，从而保护数据的安全性和可移植性。

（5）数据更新。接收各类调查评价系统提供的变化数据源，提取各类业务系统生成的变化数据源，对基础数据库实施快照更新或增量变更。

2.5.3 数据交换与共享

如图2-8所示，数据交换体系是通过国土资源专网（广域网），实现国家级、省级国土资源数据中心、各地市级数据中心、县市级数据中心,以及相关单位信息系统之间信息交换与共享的技术系统,它也是实现国家、省、市和县业务垂直处理的必要条件。国土资源电子政务平台数据交换体系包括各级国土资源数据中心、国土资源信息网、数据交换平台(系统)。数据交换平台(系统)由数据交换应用服务器、数据传输接口、数据传输中间件组成。

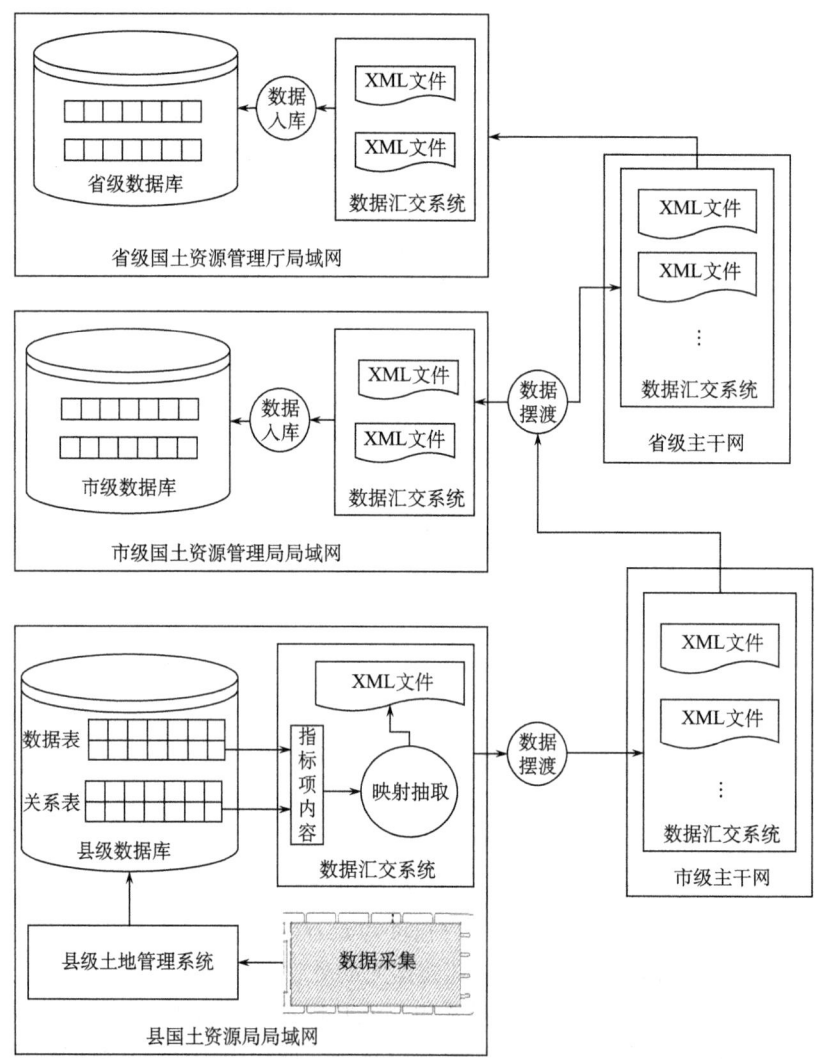

图2-8 省、市、县三级数据交换体系

(1)数据交换应用服务器:数据交换的物理平台,各级系统通过建立在其上的数据交换服务与其他各级政务系统或其他单位进行数据交换。

(2)数据传输接口:提供将本级系统需要传输的数据进行组织、对已接收到的数据进行解释入库的功能。

(3)数据传输中间件:实现安全可靠的数据传输,要求能跨操作系统、实现面向分布式应用的消息传送,提供两种通信方式——实时通信传输和可靠通信传输,为分布式应用提供高效、可靠、跨操作系统平台的数据传输服务。

数据中心的数据共享、应用服务包括数据交换和通信服务、监控服务等功能。地图服务是数据中心管理平台的核心功能之一，作为系统的建设重点，各部门对数据服务的使用需求也分为两个层次：一方面国土部门迫切希望数据共享；另一方面在数据提供服务上要求数据的现势性。空间数据一个最重要的特性就是数据的现势性，必须保证数据的及时和有效。功能服务主要是针对数据中心管理平台一些通用的功能性操作的共享服务，需要实现数据输入输出服务、信息注册服务、用户申请服务、数据处理服务、空间分析服务等通用的功能服务。公共服务针对服务使用方的特点来设计和开发满足服务使用方的运维平台，作为服务的生产方和管理方，可以借助数据中心管理工具进行服务和系统的管理和日常运行维护，同时作为服务的使用方也面临着对服务使用和管理及检索的需求。

思 考 题

1. 土地管理信息系统的组成框架包括哪些内容？
2. 当前土地管理信息系统采用的软件开发架构有哪些？
3. 国土资源信息网络主要由哪几部分组成？各级国土部门网络是怎样互联的？
4. 土地管理信息系统的数据分成哪几类？各类又具体包括哪些数据？
5. 简述土地管理信息系统应用软件的分类。
6. 数据库和数据中心的联系和区别是什么？
7. 各级国土资源数据中心的作用是什么？具体有哪些功能？

第3章 土地管理信息系统软件工程

土地管理信息系统建设是一个将软件工程（software engineering，SE）理论应用于土地管理信息化的过程。本章介绍软件工程的一般模型及土地管理信息系统工程方法——在系统需求调查的基础上，进行系统需求分析、系统设计、软件编码、集成与测试、运行与维护等工作。

3.1 软件工程模型

软件工程是一门研究用工程化方法构建和维护有效的、实用的和高质量的软件的学科。它的目标是在给定成本、进度的前提下，开发出具有可修改性、有效性、可靠性、可理解性、可维护性、可重用性、可适应性、可移植性、可追踪性和可互操作性并且满足用户需求的软件产品。其基本原理是：用分阶段的生命周期计划严格管理、坚持进行阶段评审、实行严格的产品控制、采纳现代程序设计技术、结果应能清楚地审查、开发小组的人员应少而精、承认不断改进软件工程实践的必要性。下面介绍几种常见的软件工程模型。

3.1.1 瀑布模型

瀑布模型（waterfall model）：一个项目开发架构，开发过程是通过设计一系列阶段顺序展开的，从系统需求分析开始直到产品发布和维护，每个阶段都会产生循环反馈，因此，如果有信息未被覆盖或者发现了问题，那么最好"返回"上一个阶段并进行适当的修改。项目开发进程从一个阶段"流动"到下一个阶段，这也是瀑布模型名称的由来。瀑布模型核心思想是按工序将问题化简，将功能的实现与设计分开，便于分工协作，即采用结构化的分析与设计方法将逻辑实现与物理实现分开。将软件生命周期划分为制定计划、需求分析、软件设计、程序编写、软件测试和运行维护六个基本活动，并且规定了它们自上而下、相互衔接的固定次序，如同瀑布流水，逐级下落。瀑布模型是最早出现的软件开发模型，在软件工程中占有重要的地位，它提供了软件开发的基本框架。

瀑布模型的特点：瀑布模型是以文档形式驱动的，为合同双方最终确认产品规定了蓝本，为管理者进行项目开发管理提供了基础，为开发过程施加了"政策"或纪律限制，约束了开发过程中的活动。瀑布模型以里程碑开发原则为基础，提供各阶段的检查站点，确保用户需求，满足预算和时间限制。瀑布模型是一种整体开发模型，在开发过程中，用户看不见系统是什么样，只有开发完成向用户提交整个系统时，用户才能看到一个完整的系统。

瀑布模型适合于功能和性能明确、完整、无重大变化的软件开发。大部分的系统软件都有这些特征，如编译系统、数据管理系统和操作系统等，在开发前均可完整、准确、一致和无二义性地定义其目标、功能和性能等。主要缺点在于不适应用户需求的变化，由于开发模型是线性的，用户只有等到整个过程的末期才能见到开发成果，从而增加了开发风险。

3.1.2 原型模型

原型模型（prototype model）的工作方法：开发人员在初步了解用户需求的基础上构造一个应用系统模型，即原型，用户和开发人员在此基础上共同反复探讨和完善原型，直到用户满意为止。

原型法开发信息系统包括以下几个阶段：

（1）确定用户的基本需求。在这一阶段中，用户根据系统的特点清楚地表达自己的基本需求，即应该具备的一些基本功能、用户界面的基本形式等。系统分析开发人员据此来确定系统的规模及基本框架，估算出开发原型的成本。

（2）开发初始原型。开发初始原型仅反映用户的基本需求，并不要求完善。开发初始原型的目的是快速建立一个满足用户基本需求的交互式系统，并且能够按照用户的要求不断修改。系统分析设计人员应使用一些可视化开发工具和高层次的开发语言来建立系统原型，帮助修正系统设计的内容。

（3）利用原型来提炼用户需求。系统原型是开发人员和用户就系统设计的构思进行对话的桥梁。利用原型来提炼用户需求的阶段是整个开发过程的关键，用户通过亲自使用原型，从而了解其需求得到的满足程度及存在的问题。开发人员一方面记录下用户提出的该系统的缺点和不足之处，另一方面要借助原型系统引导、启发用户表达对系统的最终要求，在用户和开发人员共同反复讨论过程中进一步提炼用户需求及需要修改和变动之处。

（4）修正和改进原型。开发人员根据第三阶段中用户提出的修改意见或发现的问题，对初始原型系统进行修改、扩充和完善。这是一个多次反复的过程，直到用户满意为止。如果用户满意，则修改过的原型成为一个运行原型，运行原型可能成为一个新的应用系统，也可能作为应用系统开发的基础。如果用户不满意，则进一步修改增强原型，直至用户满意为止。

原型从本质上可分为两种类型：丢弃型原型和进化型原型。从应用目的和场合出发又可分为三种类型：研究型原型、试验型原型和进化型原型。其中，研究型原型和试验型原型被认为是丢弃型，因为当真正的系统实现后，这些原型就会被丢弃；在进化型原型中，原型将进化成最终产品，实际上，原型已变成了最终系统。这些原型种类的开发中都使用了现代化软件工具来快速建立原型系统。

原型法要求开发人员和用户在"原型"上达成一致。这样一来，可以减少设计中的错误和开发中的风险，也减少了对用户培训的时间，但却提高了系统的实用性、正确性及用户的满意程度。缺点在于可能需要重新生产该产品，项目周期和客户等待时间较长。

3.1.3 喷泉模型

喷泉模型（fountain model）是一种以用户需求为动力，以对象为驱动的模型，主要用于描述面向对象的软件开发过程。

喷泉模型主要用于采用对象技术的软件开发项目。该模型认为软件开发过程自下而上周期的各阶段具有相互迭代和无间隙的特性。软件的某个部分常常被重复工作多次，相关对象在每次迭代中随之加入渐进的软件成分。无间隙指在各项活动之间无明显边界，如分析和设计活动之间没有明显的界限，由于对象概念的引入，表达分析、设计、实现等活动只用对象类和关系，从而可以较为容易地实现活动的迭代和无间隙，使其开发自然地包括复用。

喷泉模型不像瀑布模型那样，需要分析活动结束后才开始设计活动，设计活动结束后才开始编码活动。该模型的各个阶段没有明显的界限，开发人员可以同步进行开发。其优点是可以提高软件项目开发效率，节省开发时间，适应于面向对象的软件开发过程。但因为喷泉模型在各个开发阶段是重叠的，所以在开发过程中需要大量的开发人员，不利于项目的管理。此外，这种模型要求严格管理文档，使得审核的难度加大，尤其是面对可能随时加入各种信息、需求与资料的情况。

3.1.4 增量模型

增量模型（incremental model）融合了瀑布模型的基本成分（重复应用）和原型实现的迭代特征。该模型采用随着日程时间的进展而交错的线性序列，每一个线性序列产生软件的一个可发布的"增量"。当使用增量模型时，第一个增量往往是核心的产品，即第一个增量实现了基本的需求，但很多补充的特征还没有发布。客户对每一个增量的使用和评估都作为下一个增量发布的新特征和功能，这个过程在每一个增量发布后不断重复，直到产生了最终的完善产品。

增量模型与原型实现模型和其他演化方法一样，本质上是迭代的，与原型实现不一样的是其强调每一个增量均发布一个可操作产品。早期的增量是最终产品的"可拆卸"版本，但提供了为用户服务的功能，并且为用户提供了评估的平台。

增量模型的特点是引进了增量包的概念，无须等到所有需求都出来，只要某个需求的增量包出来即可进行开发。虽然某个增量包可能还需要进一步适应客户的需求并且更改，但只要这个增量包足够小，其影响对整个项目来说是可以承受的。

3.1.5 螺旋模型

对于复杂的大型软件，开发一个原型往往达不到要求。螺旋模型（spiral model）将瀑布模型与增量模型结合起来，加入了两种模型均忽略的风险分析，弥补了这两种模型的不足。

螺旋模型采用一种周期性的方法来进行系统开发，这会导致开发出众多的中间版本。使用它，项目经理在早期就能够为客户实证某些概念。该模型是快速原型法，以进化的开发方式为中心，在每个项目阶段使用瀑布模型法。这种模型的每一个周期都包括需求定义、风险分析、工程实现和评审四个阶段，由这四个阶段进行迭代。软件开发过程每迭代一次，软件开发就又上升一个层次。

螺旋模型基本做法是在"瀑布模型"的每一个开发阶段前引入非常严格的风险识别、风险分析和风险控制。它把软件项目分解成一个个小项目，每个小项目都标识一个或多个主要风险，直到所有的主要风险因素都被确定。

螺旋模型强调风险分析，使得开发人员和用户对每个演化层出现的风险有所了解，继而做出应有的反应，因此特别适用于庞大、复杂并具有高风险的系统。对于这些系统，风险是软件开发不可忽视且潜在的不利因素，它可能在不同程度上损害软件开发过程，影响软件产品的质量。减小软件风险的目标是在造成危害之前，及时对风险进行识别及分析，决定采取何种对策，进而消除或减少风险的损害。缺点在于很难让用户确信这种演化方法的结果是可以控制的；建设周期长，而软件技术发展比较快，所以经常出现软件开发完毕后，和当前的

3.1.6 智能模型

智能模型（intelligent model）是基于知识的软件开发模型，它综合了上述若干模型，并把专家系统结合在一起。该模型应用基于规则的系统，采用归纳和推理机制，帮助软件人员完成开发工作，并使维护在系统规格说明一级进行。该模型在实施过程中要建立知识库，将模型本身、软件工程知识与特定领域的知识分别存入数据库。以软件工程知识为基础的生成规则构成的专家系统与含应用领域知识规则的其他专家系统相结合，构成这一应用领域软件的开发系统。

智能模型所要解决的问题是特定领域的复杂问题，涉及大量的专业知识，而开发人员一般不是该领域的专家，他们对特定领域的熟悉需要一个过程，所以软件需求在初始阶段很难定义得很完整。因此，采用原型实现模型需要通过多次迭代来精化软件需求。

智能模型以知识作为处理对象，这些知识有理论知识，也有特定领域的经验。在开发过程中需要将这些知识从书本中和特定领域的知识库中抽取出来（即知识获取），选择适当的方法进行编码（即知识表示）建立知识库。将模型、软件工程知识与特定领域的知识分别存入数据库，在这个过程中需要系统开发人员与领域专家的密切合作。

智能模型开发的软件系统强调数据的含义，并试图使用现实世界的语言表达数据的含义。该模型可以勘探现有的数据，从中发现新的事实方法指导用户以专家的水平解决复杂的问题。它以瀑布模型为基本框架，在不同开发阶段引入了原型实现方法和面向对象技术以克服瀑布模型的缺点，适应于特定领域软件和专家决策系统的开发。

3.2 土地管理信息系统工程

3.2.1 系统开发原则

土地管理信息系统工程建设涉及土地管理、测绘、计算机、地理信息系统及数据库等多种技术，因此，土地管理信息系统软件开发必须按照相应的规范标准，遵循系统工程的理念，做好用户分析、总体设计和详细设计方案，并逐步实施、测试和完善。在项目实施的过程中应以"实用、先进、高效、可靠"为基本准则，建立"规范、安全、开放"的土地管理信息系统。

1. 实用性原则

实用性是直接影响系统运行效果和生命力的最重要因素之一。土地管理信息系统的最终用户是各级国土资源管理部门的业务工作人员，因此，系统在功能上应紧密围绕日常的国土资源管理业务工作，针对各级国土资源管理机构在土地方面的业务特点和业务流程，建造结构合理、适合各级国土资源管理机构的实用土地管理信息系统。

2. 先进性原则

在系统的总体设计上，充分考虑已有的、正在运行的系统的情况；在技术上，采用国际上先进的且成熟的技术；在软硬件平台的选型上，选择国内外同类产品中的主流产品、成熟产品，具有一定的超前性；在软件设计思想上，严格按照软件工程的标准和面向对象的理念进行设计、管理与开发，以保证系统开发的高起点。

3. 高效性原则

土地管理信息系统建设的目的是提高国土资源管理的工作效率，使工作人员从繁重的手工劳动中解脱出来，实现国家、省、市、县、乡镇国土资源管理部门土地信息管理的自动化。因此，所开发建设的系统应该能大大提高工作效率，把人们从原来繁重的手工劳动中解放出来，使管理工作实现科学化、规范化、标准化、自动化。

4. 可靠性原则

同其他软件产品一样，土地管理信息系统软件产品要有很高的可靠性。这就要求系统在正式提交运行前应该经过反复测试，保证系统能长期正常运转；同时，系统必须有一定的安全防范措施，在发生意外的软硬件故障等情况下，能够保证系统及时恢复，防止造成重大损失。

5. 规范性原则

规范性、标准化不仅是土地管理的要求，同时也是一个大型信息系统建设的基础，是系统兼容和进一步扩充的根本保证。土地管理信息系统的建设涉及国家、省、市、县、乡镇五级部门，它们之间的协调及系统的构建都需要遵循国家、行业相应的规范标准。

6. 安全性原则

安全是系统建设的重要内容，由于土地管理数据部分属于秘密级别，而土地信息的服务对象又是政府和社会公众，这就要求系统能有效地防止外来"黑客"的攻击及内部的恶意破坏。

7. 可扩充性原则

系统建设是一个不断完善的过程，即使进行了周密的系统设计，但随着信息化进程的不断推进，需求的变化也会使系统出现部分不适应的状况。特别是土地管理工作需要适应不断变化的区域发展需求，社会对相关信息服务的需求，从而造成了系统运行流程变化、人员更替权限的变化、功能的变化等。这就要求在系统设计时，要重视数据模型的可扩展性、数据组织的灵活性，以达到数据的可定制与可配置；充分预留系统之间、模块之间的接口，以达到系统功能的可控制、可配置，从而保证系统功能的增加和数据库的更新与维护。

8. 保护投资原则

一段时间以来，国土资源管理部门在信息化建设中做了大量的工作，开发建设了不少应用系统。这些系统有的在运行，有的已被淘汰成为遗产系统。然而，这些系统及系统运行过程中所产生的数据资源有时是极其宝贵的，需要加以保护和进一步利用。因此在进行新系统的开发建设或原有系统的整合与升级时，要尽可能继承原有系统的优异功能，抽取、转换和整合相关数据，切实保护已有投资。

9. 开放性原则

系统建设的软硬件环境、网络通信环境的多样性要求系统的软硬件、网络配置选择要符合工业标准，具有良好的兼容性和可扩展性，易于系统的扩充和升级。在进行系统设计时应充分考虑系统对行业标准、技术准则的兼容性，采用面向对象的设计方法，以保证系统的开发性。

3.2.2 系统开发阶段和步骤

土地管理信息系统工程本质上是一种特殊的软件工程。土地管理信息系统工程和其他软件工程不同的是其涉及的数据类型更复杂多样，必须考虑时空数据、图形与属性数据的一体化组织方案；其技术涉及领域更广泛，系统因子之间关系更复杂。

传统的土地管理信息系统采用瀑布模型或原型模型居多，随着土地管理信息系统的日渐复杂、庞大，其开发过程已逐步被增量、螺旋等模型替代。如果是一些小型的土地管理信息系统，在人数有限的情况下，则建议采用目前比较流行的敏捷开发方式，其主要思想是以用户的需求进化为核心，采用迭代、循序渐进的方法进行软件开发。但无论如何，瀑布模型划分的软件开发的几个步骤仍然是过程改进的基础。

参考软件工程一般的过程方法，土地管理信息系统工程建设通常分为三个阶段六个步骤。三个阶段是系统定义阶段、系统开发阶段和系统维护阶段，六个步骤是系统开发计划制定、系统需求分析、系统设计、系统编码、系统测试及系统运行维护，如图3-1所示。

（1）系统定义阶段：主要是制定土地管理信息系统的开发计划。在这个阶段，首先要对系统运行所在的国土资源管理部门的信息化现状进行调研。在现状调研的基础上确定要开发的土地管理信息系统软件产品的总体目标，给出它的功能、性能、可靠性及接口方面的要求，形成可行性研究报告。然后组织有关领域的专家对系统建设的可行性进行论证，如果经论证具有可行性，则对系统软件产品提出的需求进行分析并给出详细的定义，编写出系统需求规格说明书。

（2）系统开发阶段：主要是对土地管理信息系统进行设计、开发与测试，这个阶段是土地管理信息系统工程建设最主要的阶段。

系统设计是土地管理信息系统工程的技术核心，包括总体设计、数据库设计、详细设计三部分。总体设计又称为系统初步设计，是将各项需求转换为由意义明确的各个模块组成的体系结构。数据库设计又称为空间与非空间一体化数据库设计。由于土地空间信息的特殊性，数据库的设计应从土地要素分层、图形要素编码、符号、系统表四个方面进行。数据库的设计在步骤上包括逻辑设计和物理设计两个子阶段。详细设计是对总体设计每个模块要完成的工作进行具体描述，从而为源程序的编写打下基础。

系统开发是项目的实施阶段，包括数据建库和程序编码。数据建库是为程序的开发提供数据支持，是程序正常运转的前提。程序编码是将系统设计转换成计算机可接受的程序代码的一个过程。

系统测试是项目的检查阶段，是保证软件产品质量的重要手段和步骤，主要方式是在设计测试案例的基础上检验系统的各个组成部分的合格情况。系统测试在步骤上包括α测试（内部测试）和β测试（用户测试）两个子阶段，内容分为功能测试和单元测试，方法分为黑盒法和白盒法。

（3）系统维护阶段：已交付的土地管理信息系统软件产品投入正式使用后，便进入运行维护阶段。运行阶段是软件产品真正产生价值的阶段。受多种因素影响，软件的运行可能会出现一些问题，应该及时地反映给软件开发组进行修改。系统的运行维护是一个漫长的过程，这个阶段直到软件寿命终止。

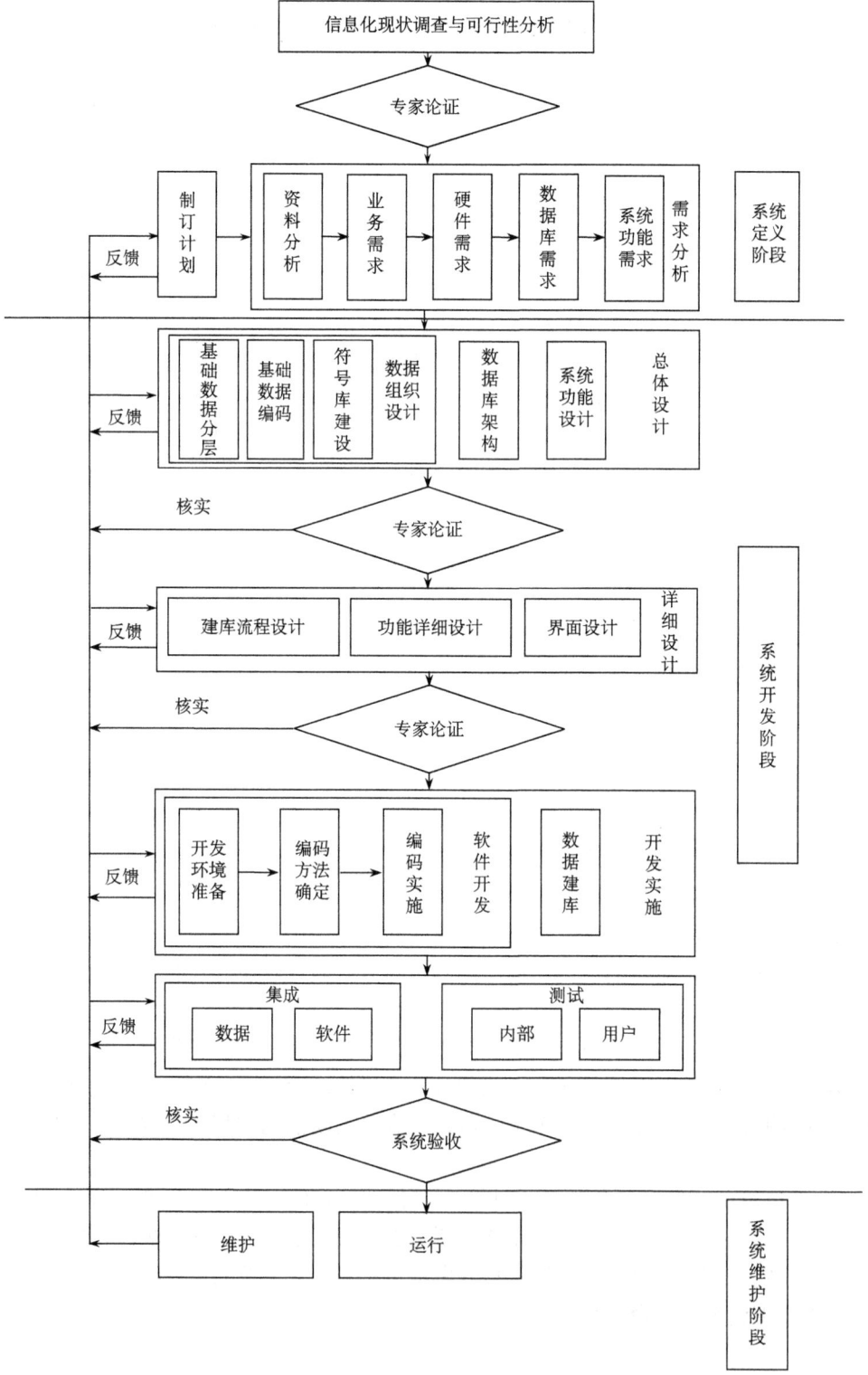

图 3-1 土地管理信息系统开发步骤

3.3 土地管理信息系统需求分析

土地管理信息系统需求分析是系统分析阶段的主要工作内容，是对整个系统工程建设周期具有决定性的一步。只有通过需求分析，才能把软件功能和性能的总体概念描述为系统建设的需求规格说明，为软件开发奠定基础，为后续开发工作提供依据。

土地管理信息系统建设的需求包括软件需求、硬件系统需求、数据库需求、其他需求等。

3.3.1 软件需求分析

1. 软件需求的定义

对一个成功的软件工程项目来说，最重要的是理解需要解决的问题及如何解决这些问题。土地管理信息系统的软件需求分析是从土地管理业务中提取出土地管理信息系统能够帮助用户解决的业务问题，通过对用户业务问题的分析，规划出土地管理业务软件产品的过程。这个步骤是对土地管理用户业务需求的一个升华，是把用户业务管理流程优化，转化为软件产品，从而提升管理而实现质的飞跃。这一步是否成功，直接关系到开发出来的软件产品能否得到客户认可、顺利交付给客户，客户能否真正运用软件产品解决业务或管理问题。

2. 软件需求的层次

根据软件工程理论，软件需求包括三个不同的层次——业务需求、用户需求和功能需求，也包括非功能需求。同样在土地管理信息系统的软件需求中也包括以上三个层次（图3-2）。

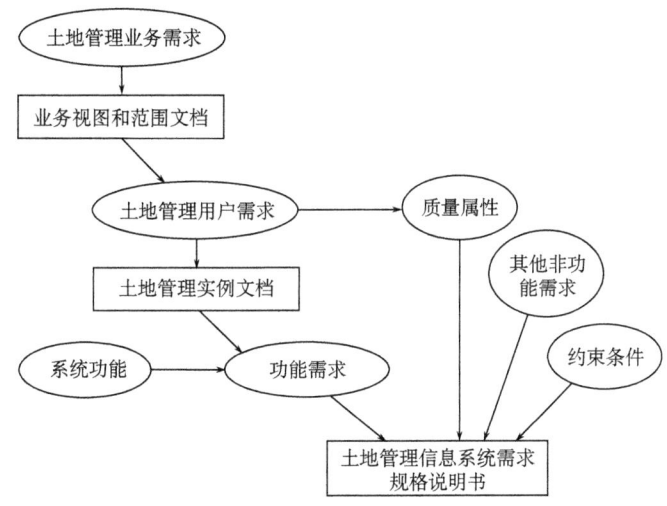

图3-2 土地管理信息系统软件需求各组成部分关系

土地管理业务需求，主要反映土地管理用户的组织机构、业务流程及对系统的高层次的目标，它们在业务视图与范围文档中予以说明。

土地管理用户需求，描述了用户在使用系统时必须要完成的任务，这在土地管理使用实例文档或方案脚本说明中予以说明。

系统功能，定义了土地管理信息系统开发人员必须实现的软件功能，使得土地管理用户能完成任务，从而满足土地业务需求；需求规格说明在开发、测试、质量保证、项目管理及相关项目功能中都起了重要的作用，在土地管理信息系统需求规格说明书中说明了功能需求、质量属性、非功能需求、约束条件等。

功能需求，充分描述了土地管理信息系统所应具有的外部行为。对一个复杂产品来说，软件功能需求也许只是系统需求的一个子集，因为另外一些可能属于软件部件。

非功能需求，作为土地管理信息系统功能需求的补充，它描述了土地管理信息系统展现给用户的行为和执行的操作等，包括产品必须遵从的标准、规范和合约，外部界面的具体细节、性能要求。

设计或实现的约束条件及质量属性，约束条件是指对开发人员在软件产品设计和构造上的限制，质量属性是通过多种角度对产品的特点进行描述，从而反映产品功能。

由此可见，需求并未包括设计细节、实现细节、项目计划信息或测试信息，它关注的是充分说明系统最终能实现什么目标。

3. 软件需求分析过程

按照软件工程对软件开发过程的描述，土地管理信息系统的需求阶段可以细分为需求调研和需求分析两个小阶段，需求调研需要认真细致地了解土地管理用户的业务目标、业务内容、业务流程等，这是一个对需求的采集过程，是进行需求分析的基础准备。软件系统的需求分析可以由产品工程师或系统分析员或两者分阶段合作完成，主要包括以下工作。

（1）提取出核心、主要、急需的业务，明晰业务流程。通过需求调研，会发现土地管理用户各方面的业务很多。从大处着眼，包括用户的各种业务项目、业务流程，再明晰到业务过程的每一个单据、每一条记录，如业务处理过程中每一个环节的记录、办公中的每一个通知。如此繁杂的各类业务，需要通过查看软件的项目规格说明书（项目合同）来了解客户对软件项目或产品最初提出的需求目标和范围，软件主要是为用户解决什么样的问题，从而从众多的业务中提取出用户核心的、主要的、急需的业务，这些是软件需求主要关心的问题。

从用户繁杂的业务中进行业务内容、业务流程的提取，把那些分布在各个部门的同一种业务提取出来。例如，建设用地审批，涉及土地勘测部门的勘测定界、规划部门的规划审核，以及土地利用部门的供地、用地等。业务需求分析阶段，需要分析用户的业务流程中哪些是系统能帮助管理的，哪些是要在系统外处理的。

（2）运用管理思想，优化业务流程。土地管理信息系统最终是帮助国土资源管理部门（用户）解决土地管理问题的，要针对现有业务流程存在的问题进行优化设计。可以采用两种方法：一是采用计算机、网络这些新的技术手段，较原先手工、电话等方式在信息传递、信息共享、数据处理等方面具有的优势改变原有的业务流程。二是根据对用户业务的理解，考虑是否可以运用先进的管理思想，进行现有业务流程的重组或优化。当然一旦牵涉业务流程的修改，就必须要与土地管理用户的中高层管理者进行充分的沟通，只有用户认同方可确定，因为这一定会在软件实施时需要相应的管理制度配套执行。

（3）进行业务分类，规划系统蓝图。在需求分析，并得到确认的基础上，就可以描绘出整个系统的蓝图了。进一步明确系统由哪几个子系统组成，每个子系统又由哪些模块组成，各个模块处理哪些业务，各系统、子系统、模块之间的接口关系怎样。这个过程需要整理、抽象用户业务，规划软件实现，规划软件系统模块间的逻辑关系。因为系统的界面实现是按照系统模块的规划，所以应尽量采用用户易理解、熟悉的方式、词语进行模块的描述。

（4）详细描述软件功能点。规划出软件的功能模块，这还只是软件的功能框架结构，紧接着就需要描述每个模块的具体内容了，包括每个模型的具体内涵，是何操作，每个功能的说明、优先级、业务规则、详细功能描述等。需求分析一般通过需求规格文档，基于 UML 语言的用例图、类图、活动图、实体关系图以及界面原型等，从不同角度来描述软件全貌。

（5）需求分析的质量控制。软件需求分析的结果直接影响软件的目标，所以需求分析的质量至关重要。需求分析的质量控制，可以采用先通过内部评审和同行评审，然后客户方评审的方法。项目组内部评审或同行评审主要是根据企业规范和评审人员本身的经验对需求分析中不明确、不合理、不符合逻辑、不符合规范的地方予以指正。而用户的评审主要是对描述的软件实现是否真正符合他们的需求，能否帮助他们解决问题等方面做出评定。

3.3.2 硬件系统需求分析

土地管理信息系统是国土资源管理部门进行土地空间数据管理、辅助业务办公、提供服务支持的一种必要技术手段和支撑。它是建立在一个分布式空间数据库、异地业务处理基础上的。能否真正实现土地管理信息的无阻共享、异地协同办公，这就决定了土地管理信息系统的建设不仅依赖于土地管理信息系统软件，也依赖于硬件系统。因为硬件是土地管理信息系统工程建设的基础和前提，硬件的换代和升级是制约国土资源信息化的瓶颈之一。要使软件和硬件达到"珠联璧合"，更好地发挥作用，就需要在进行系统软件需求分析的同时，辅以系统硬件需求分析。

硬件系统需求包括硬件配置需求和网络配置需求两方面。

1. 硬件配置需求

硬件配置需求主要是对国土资源管理部门信息化建设的硬件建设进行调研、分析，从而为建立土地管理信息系统提供依据。

土地管理信息系统工程的硬件环境一般包括基础数据服务器、共享数据库服务器、外部信息服务、数据库服务、Web 服务器、邮件服务器、网络管理服务器等服务器；网络设备主要包括交换机、路由器、防火墙等。

因为各级国土资源管理部门的信息化程度不尽相同，硬件环境也存在很大的差异，所以应该针对各个国土资源部门的实际情况进行量体裁衣，才能使建立的土地管理信息系统工程既不超出其经济承受范围，又能更好地利用现有资源，更好地为土地管理服务。

2. 网络配置需求

网络建设是为了更好地实现信息共享。在日常的土地管理业务中，涉及国家、省、市、县、乡镇五级国土资源管理部门进行协同办理的情况比较常见。因此在土地管理信息系统建设中，网络架构分析和设计要兼顾国家、省、市、县、乡镇五级国土资源管理部门的不同需求。一般主要从网络设计目标、网络布线要求、网络结构三个方面对网络配置的情况进行分析。

3.3.3 数据库需求分析

土地管理信息系统运行成功的一个关键因素就是数据的支撑，数据在土地管理信息系统工程中起着举足轻重的作用。数据按内容包括基础控制测量数据、土地利用数据、土地利用规划数据、地籍数据、地价数据、土地分等定级数据、建设项目用地数据和土地开发、复垦与整理数据等，按表现形式分为图、表、卡、文、证等。按其性质分为矢量数据、栅格数据、属性数据等。如此巨大、种类繁多的数据仅以文件形式存储是不切实际的，建立具有海量数据存储和管理的大型土地管理数据库是土地管理的必然需要。

土地管理信息系统数据库是一种存储海量土地信息的大型空间数据库，它的建立涉及土地管理的许多方面，是一项非常浩繁的工程。因此，土地管理信息系统数据库需求分析就显得至关重要。

数据库的需求分析详细过程参照本书 4.4 节。

3.3.4 其他需求分析

除了软件需求、硬件系统需求、数据库需求以外，还包括下列需求。

1. 人员培训需求

为了保障系统的正常运行，人员的必要培训是非常重要的。培训的内容要根据整个系统的运行情况来进行调研、研究。

2. 技术服务需求

应确保其技术建议及所提供的软、硬件设备的完整性、实用性，保证整个系统及时投入正常运行。

3.4 土地管理信息系统设计

完成系统分析之后，为了实现系统需求规格说明书的要求，必须将用户需求转化为对计算机的逻辑定义，这就是系统设计阶段所要完成的工作。

在土地管理信息系统工程中，土地管理信息系统设计是把用户需求说明书中的逻辑模型转换为物理模型。系统设计不仅要完成逻辑模型所规定的任务，而且要使所设计的系统达到优化。

系统设计从工程的角度分为两个阶段，即总体设计和详细设计。总体设计将系统需求转化为数据结构和软件的系统结构，然后对整个系统的总体设计进一步细化，得到软件详细的数据结构和算法。

3.4.1 系统总体设计

系统总体设计的主要步骤和方法为：首先寻找实现目标系统的各种方案，需求分析阶段得到的数据流程图是设想各种可能方案的基础，然后从这些供选择的方案中选取若干个合理的方案，为每个合理的方案都准备一份系统流程图，列出组成系统的所有物理元素，进行成本/效益分析，并且制订实现这个方案的进度计划。分析员综合分析比较这些合理的方案后，从中选出一个最佳方案向用户和使用部门负责人推荐。如果用户和使用部门的负责人接受了推荐的方案，分析员将进一步为这个最佳方案设计软件结构。通常，设计出初步的软件结构后还要多方改进，从而得到更合理的结构。同时进行必要的数据库设计，确定测试要求并且制定测试计划。系统总体设计可以站在全局高度上，从较抽象的层次上分析对比多种可能的系统实现方案和软件结构，从中选取最佳方案和最合理的软件结构，从而用较低成本开发出较高质量的软件系统。

土地管理信息系统总体设计的基本目的是回答"系统从总体上应该如何实现"这个问题。总体设计又称概化设计或初步设计，概化设计的工作是设计软件的功能结构，也就是要确定系统中每个程序是由哪些模块组成的，以及这些模块间的相互关系。

这一阶段的另一项重要任务是进行土地数据库的概化设计,其内容包括:决定数据库的数据内容,选择适当的数据模型并确定各数据内容如何在数据库中进行组织,具体内容详见本书 4.3 节。

土地管理信息系统的系统功能设计,即系统结构设计,具体做法如下:①采用某种设计方法,将一个复杂的系统按功能划分成模块。②确定每个模块的功能。③确定模块之间的调用关系。④确定模块之间的接口,即模块之间传递的消息。⑤评价模块结构的质量。

软件结构设计是以模块为基础的。在需求分析阶段,通过某种分析方法把系统分解成层次结构;在设计阶段,是以需求分析结果为依据,从实现的角度划分模块并组成模块的层次结构。通常一个模块完成一个适当的子功能,顶层模块调用它的下层模块以实现程序的完整功能。软件结构设计是总体设计关键的一步,直接影响详细设计和编程工作。土地管理信息系统的质量及一些整体特性都在软件结构设计中确定。

3.4.2　系统详细设计

土地管理信息系统详细设计是对总体设计进一步的细化,与软件工程中的详细设计的基本步骤是一致的,是软件工程在土地管理信息系统中的应用。同时,土地管理信息系统也有自己的独特之处。土地管理信息系统详细设计阶段包括数据建库、系统功能接口设计、界面设计三部分。

数据库建库流程设计详见本书 4.3 节。

系统功能详细设计阶段的根本目标是确定应该怎样具体地实现所要求的系统。也就是说,经过这个阶段的设计工作,应该得出对目标系统的精确描述,完成程序框架设计,从而在编码阶段可以把这个描述直接翻译成用某种程序语言书写的程序。

系统功能详细设计阶段的任务并不是具体地编写程序,而是要设计出程序的"蓝图",方便程序员根据这个蓝图写出实际的程序代码。该阶段要决定各个模块需实现的算法,并精确地表达这些算法,以及算法的设计和评价。

系统功能详细设计过程需要完成的工作主要是确定软件各个组成部分内的算法及各部分的内部数据结构,确定各个组成部分的逻辑过程。此外,还需要进行处理方式的设计、物理设计、可靠性设计、其他设计、编写详细设计说明书及进行详细设计的评审。

系统功能详细设计是一个细化的过程,一般需要一定的设计工具辅助完成,包括:①图形工具。把过程的细节用图形方式描述出来。②表格工具。用表来表达过程的细节,在表中列出各种可能的操作及其相应的条件,即描述输入、处理和输出信息。③语言工具。用某种高级语言(伪码)来描述过程细节。

随着软件的日益庞大,软件的设计方法也发生了巨大的变化。面向对象的软件设计是当今软件设计的主流。在面向对象分析与设计中,分析与设计采用的工具差异较小。人们采用相同的观点来考察事件,使用相同的对象层次图,在这个层次中,子类继承父类的属性和方法。面向对象的实现工具提供了支持分析所形成的模型的构造块。因此,使用面向对象的技术,分析与设计能自然转换,设计变得简单,而重点移到了分析阶段。面向对象的分析是分析系统中的对象和这些对象之间相互作用时出现的事件,以此把握系统的结构和系统的行为。面向对象的设计则将分析的结果映射到某种实现工具的结构上,这个实现工具可以是面向过程的,也可以是面向对象的。当实现工具是面向对象时,这个映射过程有着比较直接的一一对应关系，可以认为采用了相同的概念模型。面向对象设计方法主要包括以下几种。

（1）对象建模技术（object modeling technology，OMT），是采用对象模型、动态模型和功能模型等来描述一个系统。用这种方法进行系统分析与设计所建立的系统模型在后期用面向对象的开发工具实现"转换过程"是很自然的。

OMT 是一种围绕着真实世界中的概念，从三种不同的角度建立系统的面向对象模型的技术。OMT 主要有两个特点：一是使用领域专家或用户熟悉的概念和术语，有助于对问题的理解和与用户的通信交流；二是对应用域的对象和计算机域中的对象使用一致的面向对象的概念和表示法来建模、设计和实现，不必在各阶段进行概念转换，因而方便了开发工作。

（2）统一建模语言（unified modeling language，UML）是一个通用的标准建模语言，可以对任何具有静态结构和动态行为的系统进行建模，而且，UML 适用于系统开发过程中从需求规格描述到系统完成后测试的不同阶段。UML 共有七大框图，分别为 Use-Case diagrams（用例框图）、Sequence diagram（顺序框图）、Collaboration diagram（协作框图）、Class diagram（类框图）、State Transition diagram（状态框图）、Component diagram（组件框图）、Deployment diagram（扩展框图）。利用各种框图 UML 可以贯穿土地管理信息系统工程始终。

例如，在需求分析阶段，通过用例来捕获用户需求，并采用用例建模，来描述对系统感兴趣的外部角色及其对系统（用例）的功能要求，如图 3-3 所示。在系统分析阶段，主要关心问题域中的主要概念（如抽象、类和对象等）和机制，需要识别这些类及它们相互间的关系，并用 UML 类图来描述。

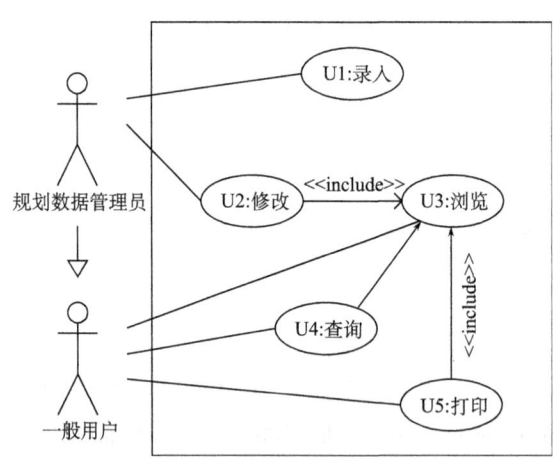

图 3-3　需求分析中的用例示意图

在土地管理信息系统设计中，通过引入 UML，使得面向对象的思想在软件设计中得以贯彻和执行。图 3-4 中，采用 UML 描述空间要素类，可以看出它清晰地描述出各要素类的接口、属性、方法等。建立使用 UML 的软件系统模型，通过模型与代码之间的映射，可以直接为不同的程序开发环境生成系统结构的框架，通过建立模型和代码间的映射，可以确保代码改进时模型也随之更新，而且通过模型与代码间的自动连接，建模工具可以确保良好的设计实施。

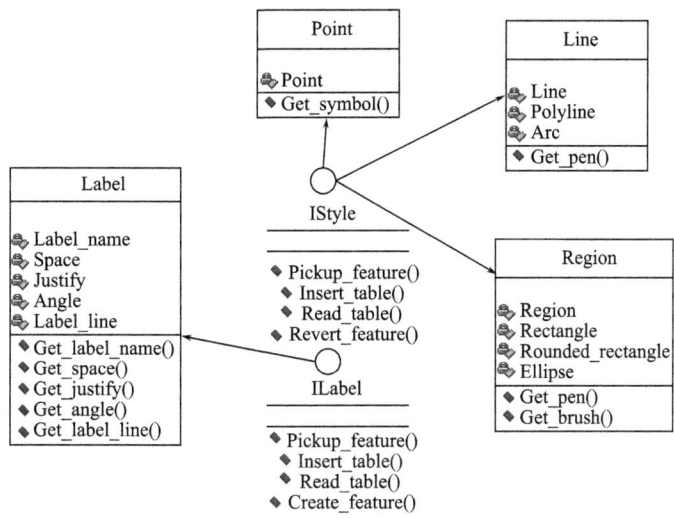

图 3-4 UML 描述的空间要素类图

同时，为了保证系统设计和开发计划的顺利实施，引入统一软件开发过程（rational unified process，RUP）方法对整个开发团队的开发活动进行组织指导、综合指导单个开发人员和开发团队、规定开发成果、提供项目开发过程中的产品和活动监控与衡量的标准。RUP 使得系统开发各个阶段的开发成果得到保证。

3.4.3 界面设计

用户界面是土地管理信息系统进行土地管理的实际体现，是系统直接面对用户的窗口，使用户与系统实现交互操作，一般在详细设计阶段完成。一个友好的用户界面可以使开发的土地管理信息系统软件产品更具生命力和竞争力。

土地管理信息系统界面设计应遵循以下原则。

（1）简单化，即界面一目了然，操作步骤简单，尽量减少用户输入参数，避免过于复杂的界面，使用户难以理解。

（2）采用土地管理术语，尽量贴近土地管理的实际。凡是与用户进行交互的图、表应当模拟真实的图形显示和表格格式，遵从用户的工作习惯。

（3）操作过程要可视化，使用户了解操作过程。例如，对于运行时间较长又不易显示过程的功能模块，可以采用进度条来显示操作的运行过程。

（4）支持用户批量作业，即将同种性质的重复性工作进行组合，一次性完成，如批量的数据转换。

界面设计必须以用户为中心，根据用户的工作习惯、喜好来进行组织，这样才能构建一个成功的用户界面。

图 3-5 是土地利用现状调查系统变更调查模块的界面，界面的配置整洁、美观、清晰、大方、主体突出、使用灵活方便。常用的图形工具都以恰当的小图标表示，放在浮动的工具栏中，变更工具箱也以浮动的方式设计，可以放在界面的任何地方，方便操作。图斑属性输入框中各属性排列的前后顺序按照土地管理工作人员习惯的顺序来摆放，整个界面让人看起来一目了然。

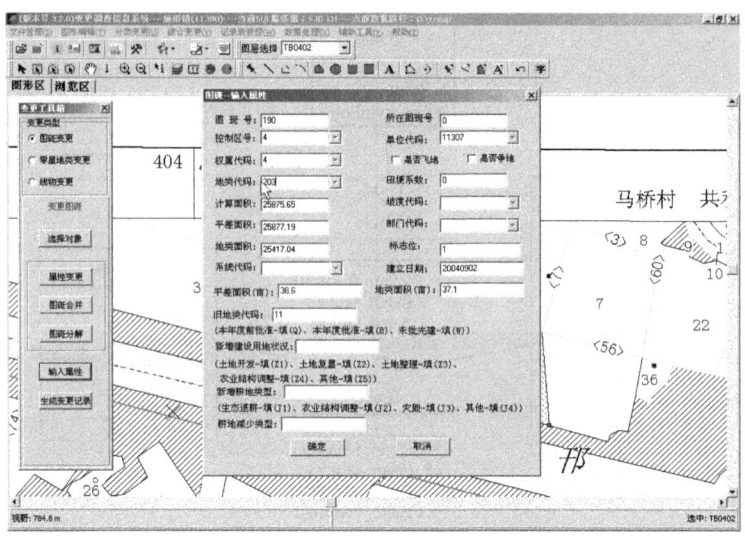

图 3-5　土地利用现状调查系统界面

3.5　土地管理信息系统软件编码

这个阶段将系统设计转换为可实际运行的物理系统。土地管理信息系统的编码开发包括软件的系统架构搭建和系统具体功能模块的编写。

3.5.1　软件开发与运行环境

土地管理信息系统工程的实施工作量大，投入的人力、物力多，技术含量高，必须运用软件工程的理论、技术、要求和管理等来规范软件开发过程中的全部活动。同时为了保障系统编程工作进展顺利，必须进行充分的准备，即条件环境，包括软件、硬件、人员、模拟的客户网络和工作模式等要素。

1. 软件环境

（1）程序语言的选择。在开发软件系统时，首先需要确定采用哪种程序开发语言来实现这个系统。适宜的程序设计语言不仅能减少编码的困难、减少程序的测试量，而且能够使得开发出来的程序易于维护。因为软件系统的绝大部分成本用在生命周期的测试和维护阶段，所以易于测试和维护是一个基本要求，一般选择 VB、VC++、C#、Java 等。

（2）平台选择。一个大型的土地管理信息系统一般是以一定的 GIS 软件平台（如 ArcGIS、SuperMap、MapGIS 等）为基础，并进行二次开发实现的。

软件环境同时还包括系统开发中的工具软件、数据库管理系统软件等。软件的配置方案已经包含在系统的总体设计方案中，应按照配置方案实施。

2. 硬件环境

硬件设备包括计算机主机输入输出设备、存储设备、网络设备、通信设备等。要按照系统设计方案配置、安装、调试这些设备。这些方面的工作要花费大量的人力、物力，持续的时间也比较长。

3. 人员组成

系统编码阶段工作量大，相对于系统分析、系统设计阶段而言，需要更多的人加入进来。系统设计人员、数据人员、网络人员、编码人员等共同参与系统的编码工作。其中，系统分析员和系统设计员有可能不参与具体的系统实施工作，主要承担组织和管理者的角色，负责系统需求和系统设计方案的实现和修改。其他人员由于没有参加前面的两个阶段，需要由系统设计人员对其进行培训，尽快熟悉系统开发的任务。编码人员严格按照详细设计的要求完成不同模块的编写。

4. 数据基础

土地管理信息系统是一种建立在数据管理基础上的信息系统，除了系统建成运行所产生的数据外，系统的主要数据是系统外提供的大量的有关土地的基础数据。一般有地形图、地籍图和一些现存的土地管理业务数据。虽然数据库设计书和数据字典中规定了数据的格式，但是系统在编程和测试过程中，需要使用真实、实际的数据，以便于编程人员对程序进行调试和测试工作。样本数据的录入、整理是一项繁琐又要确保质量的工作，需要投入大量的人力和物力。在许多应用系统的开发中，这方面的工作往往容易被忽略，导致所开发的系统无法在真实的环境中运行。

3.5.2 软件编码方法

在土地管理信息系统软件实施编码工作以前，要制定软件的编码原则、编码规范、编码方法，确保系统软件编码规范化和标准化。

1. 编码原则

（1）简明清楚，避免过分强调技巧，保证程序的可读性。
（2）避免或少用全局变量，避免副作用，不要使用过多的程序嵌套结构。
（3）编程时首先考虑程序的正确性，再考虑执行速度。
（4）采用记忆名即按意取名，一般是缩写名。
（5）程序应有充分的注释，以便了解每段代码的用途和含义。

2. 编码规范

编码规范是在编码原则的指导下制定的，它是编码的指导性文档。在规范中规定了功能模块规范、程序编码规范、界面规范。功能模块规范包括系统存放方式、模块开发人员及模块的命名规则。程序编码规范包括变量命名、组件命名、函数及过程命名、代码注释、消息框、窗体单元及代码单元文件的命名、事件说明等的规则。界面规范包括字体大小、窗体、输入框、向导、图标等方面的规定。

3.5.3 软件编码实施

编码实施是软件开发真正实施的阶段，是系统实现阶段的核心工作。为了保证系统开发的质量，该阶段应遵照编码原则、规范、方法的规定进行。

在实施过程中应注意以下几点。

（1）尽量使用 GIS 基础平台的编程资源。土地管理信息系统一般是面向一定 GIS 基础平台的应用，除了对 GIS 基础平台的功能进行定制外，还要进行大量的开发来获得系统所需的专有功能。实现这些专有功能有两种方式：一是直接利用操作系统或通过编程语言的资源进行编程；二是利用 GIS 基础平台提供的资源库进行开发。前者直接进行开发往往工作量大，且无法享受基础平台升级带来的好处，系统维护工作量大，系统生命周期受到很大的影响。后者却可以在短时间内构建专有功能，工作量会大大降低，同时也可以享受 GIS 基础平台升级带来的好处，因此在不影响执行效率的前提下尽量采用后者进行开发。

（2）关注系统配置要求。土地管理信息系统需要对海量数据进行处理、显示、查询、读写，对硬件、网络等设备有较高的要求，如具有一定仿真功能的三维 GIS，一般的 PC 机就很难满足要求；同时系统的算法、程序流程对系统的执行效率也有很大的影响，因此在开发实施的过程中尽量采用效率高的连接方式，不能为节约开发工作量而牺牲系统效率。在进行实际处理海量数据操作时，避免系统产生灾难性的后果。

（3）良好的程序设计风格。土地管理信息系统的涉及对象比较复杂，往往存在许多非流程化的过程，良好的程序设计风格可以提高程序的可读性和稳定性。

（4）程序容错性强。土地管理信息系统的专业性比较强，在系统运行过程中，可能面临许多不规范甚至非法的操作，如果程序容错性差，非常容易导致系统崩溃，因此程序的容错性至关重要。

（5）采用版本控制管理程序编码。土地管理信息系统的复杂性导致其软件开发不能一步到位，引入版本可以将复杂的系统简化。版本就是将系统划分为若干个具有一定顺序的部分。例如，首先实现系统的轮廓和框架，在此基础上不断增加新的功能，逐步完善，最后达到系统的物理实现。

同时，在软件编码实施的过程中要对编程的质量进行严格的控制。提高软件质量可以大大减少后续的运行、维护和升级的工作量。

3.6 土地管理信息系统集成与测试

土地管理信息系统软件集成与测试是对软件产品的整合和可靠性检测，是最终软件产品的质量和可靠性的保证。系统集成将从数据和软件两个方面对系统加以整合。系统软件测试将由程序员、测试人员、用户共同完成，按阶段分为 α 测试（内部测试）、β 测试（用户测试）；按内容分为功能测试、单元测试、集成测试等。

3.6.1 系 统 集 成

土地管理信息系统的集成中需要解决以下问题。

（1）集成环境的选择配置。随着 Internet/Intranet 的广泛应用，系统面对的是一个松散的开放性网络，传统局限于单机环境的系统不再适合现在的要求。

（2）已有异构多源数据的集成。包括多源数据的采集、压缩、编码、存储及数据结构在系统内的互操作。这些数据可能来源于单机上的不同软件平台或网络上的不同机器。

（3）系统功能的扩展。系统功能扩展包括与工程辅助制图软件、遥感图像处理软件、GPS 应用程序、野外数据采集软件等一些采集工具的集成及特定项目的 GIS 功能增强。

（4）系统的同步/异步控制。系统一般以 GIS 平台为基础开发平台。GIS 平台与其他应用程序间数据的交互可能在前台进行或在后台进行，在网络环境必须提供措施支持对同一数据或功能模块的多用户并发访问，这时需要同步/异步控制，以保障系统的健壮性及各应用模块间数据的顺利交互。

（5）误差模型及数据质量控制。系统数据需要在各模块间传递，不可避免会导致误差产生、传递与积累。数据质量的控制是衡量系统是否成功的重要指标之一。

对于土地管理信息系统集成所面临的问题，按性质分为数据和软件两个方面，因此在进行土地管理信息系统的集成时包括两个过程：数据集成和软件集成。

数据集成详见第4章相关内容。

土地管理信息系统的软件集成可通过以下两种方法进行。

（1）基于COM的框架紧密集成方法。采用构件技术是进行系统开发的趋势，有利于各模块之间的重新组合和代码共享，也便于系统的集成。土地管理信息系统工程建设是一项庞大的工程，不是一两个模拟就能够完成的，需要分成不同的若干模块设计和开发。基于COM要求把模块的粒度尽量降低，各模块之间必须做到轻便、易于维护和扩展，又能够互相调用。

基于框架（framework）的软件结构要求COM组件实现统一的接口，符合一定的接口定义标准，其主要目标是使系统具有良好的可复用性和动态扩充性，以便将来系统功能扩充时，能够重新组合成应用逻辑，动态地加载到系统中，便于系统的自动扩展。

（2）基于数据通信的松散集成方法。对于土地管理信息系统各个子系统之间在功能上较少交叉的，主要是利用数据的集成方式，例如，在地籍管理系统中应该可以打开基础地理图层等。基于数据通信、统一数据结构使系统间能够共享数据，达到一体化的目的。

3.6.2 系统测试

在开发大型软件系统的漫长过程中，面对着错综复杂的问题，人的主观认识不可能完全符合客观现实，与工程密切相关的各类人员之间的沟通和配合也不可能完美无缺，因此，在软件生命周期的每个阶段都不可避免地产生差错。应力求在每个阶段结束之前通过严格的技术审查，尽可能地发现并纠正差错；但是，经验表明审查并不能发现所有差错，此外在编码过程中还不可避免地引入新的错误。如果在软件投入正式运行之前，没有发现并纠正软件中的大部分差错，则这些差错迟早会在运行时暴露出来，不仅改正这些错误的代价更高，而且往往会造成很恶劣的后果。测试的目的就是在软件投入运行之前，尽可能多地发现软件中的错误。目前软件测试仍然是保证软件质量的关键步骤，它是对软件规格说明、设计和编码的最后复审。

软件测试在软件生命周期中横跨两个阶段。通常在编写出每个模块之后就对它做必要的测试（称为单元测试），模块的编写者和测试者是同一个人，编码和单元测试属于软件生命周期的同一个阶段。在这个阶段结束之后，对软件系统还应该进行各种综合测试，这是软件生命周期中的另一个独立的阶段，通常由专门的测试人员承担这项工作。

土地管理信息系统的系统测试除了包括软件测试外，还包括数据测试、系统运行测试、网络测试、硬件测试等。

3.7 土地管理信息系统运行与维护

在土地管理信息系统软件投入试运行或正式运行之后，应对国土资源管理部门业务人员进行用户培训并提供必要的技术支持，包括系统安装调试、系统升级、维护、技术咨询、疑难解答等。在维护期要对系统故障或缺陷进行详细的分析，以便于系统的改进和升级。

3.7.1 系统组织

1. 系统组织方式

土地管理信息系统建设,既要明确责任、落实分工,又要加强协作,调动各方面的积极性,充分发挥整体优势。土地管理信息系统建设,有可能涉及管理工作方式的变革,需要充分发挥行政管理人员的作用,但国土资源管理部门也不能因此陷入具体的信息系统建设事务中。国土资源管理部门应以实现管理的科学化为目的,建立规范的管理制度,提出系统建设的业务需求。行政管理要尊重信息化建设的规律和要求,信息化建设要服从行政管理的需要,二者相辅相成、相互促进。

2. 系统运行要求

系统应满足各级国土资源部门设置信息中心或相应的信息化机构的需求,保证各级数据中心的建设、管理、运行与维护,实现信息在局域网和广域网上的共享,通过对各类数据库和业务管理信息系统所生成的数据进行信息挖掘,实现基础性、公益性土地信息的社会化服务。

3.7.2 系统运行

在系统运行期间和运行后期,应给用户提供不同层次的培训,如对系统管理人员、数据库管理人员、业务操作人员、部门领导进行培训,对运行平台和应用系统操作的培训等。应根据用户的具体要求制定详细的培训计划和培训教材,由指定人员进行培训,共同目标是使系统能够以良好的状态投入使用和应用,实现其应有的价值。

首先,将软件开发成果应用于试点单位,并对上述系统整合的结果试运行。在试运行期间,注意收集用户的反馈资料,研究积累系统运行的经验模式,以便将来在更广的范围推广运用。其次,将系统交付给实际应用部门使用时,派相关技术人员进行系统现场安装,运行环境的调试,系统参数、运行参数的设定等,直到系统能正常运行为止。再次,对运行系统进行现场测试,软件功能按合同规定的内容逐条测试,使系统试运行无故障。最后,辅导相关业务人员,直到能正常操作、使用该系统为止。对用户在软件使用中碰到的操作方法或疑难问题,技术支持人员或其他相关人员应给予及时耐心解答,直到用户掌握为止。

3.7.3 系统维护

系统维护是软件生命周期的最后一个阶段,是系统稳定运行到整个生命结束的时期,它不属于系统开发过程。土地管理信息系统维护就是对用户在软件使用过程中发现、反馈的软件故障或缺陷,及时地进行分析,发现问题所在,并对问题进行解答,对于出现的较大问题进行上门维护,直到问题排除为止。对于某些性能缺陷或功能缺陷,由开发组提供系统补丁,并负责系统升级。土地管理信息系统维护工作量非常大,需要投入大量人力、物力。

土地管理信息系统维护按内容分为软件的维护、硬件的维护,按性质分为改正性维护、适应性维护、完善性维护。为了有效地进行软件维护,应事先做好组织工作。首先,需要建立维护机构,由维护机构提出维护申请报告及评价过程,为每个维护申请规定标准的处理步骤。其次,必须建立维护活动的登记制度及评价和评审的标准。需要指出,在维护过程中形成的文档为维护报告,应该用标准化的格式表达所有软件维护要求。软件组织内部应该制定出一个软件修改报告，给出下述信息：①满足维护要求表中提出的要求所需要的工作量；②维护要求的性质；③这项要求的优先次序；④与修改有关的事后数据。

总而言之，土地管理信息系统维护需要设计人员、编程人员、技术支持人员共同参与，以便使软件的寿命达到设计的时间，真正发挥系统的实际作用。

思 考 题

1. 软件工程模型有哪些？各有什么优缺点？
2. 试述土地管理信息系统工程建设的基本过程。
3. 总结土地管理信息系统工程建设与一般管理信息系统工程建设的异同点。
4. 试述面向对象技术在土地管理信息系统工程建设中的具体作用。
5. 试述土地管理信息系统软件需求分析过程。
6. 土地管理信息系统详细设计包括哪些内容？
7. 软件编码实施过程中应注意哪些问题？
8. 土地管理信息系统的集成和测试方法有哪些？

第二篇 数据篇

第4章 土地数据库建设

数据是系统的核心，在土地管理信息系统建设中起着十分重要的作用。土地管理信息系统建设的成败取决于土地数据库建设的成功与否。本章介绍了土地数据类型与编码、土地数据获取与采集方法，以及后期的数据库具体建设过程和步骤。

4.1 土地数据类型与编码

4.1.1 土地数据类型

土地数据分为两类：空间数据和属性数据。空间数据定义了地面实体特征相对于某一坐标系统所处的空间位置；属性数据定义了地面实体特征所表示的内容和时间属性特征。

1. 空间数据

土地数据的空间数据用来描述来自于现实的目标，将数据统一化，借以表明地理空间实体的形状、大小及位置和分布特征。定位是指在已知的坐标系里空间目标都具有唯一的空间位置；定性是指有关空间目标的自然属性，它伴随着目标的地理位置；时间是指空间目标随时间的变化而变化；空间关系包括拓扑关系、度量关系和方位关系。空间数据是一种用点、线、面及实体等基本空间数据结构来表示人们赖以生存的土地的数据。空间数据是土地数据的基础信息，在目前的土地数据采集中，绝大多数采集方法采集到的都是土地数据的空间数据，如遥感图像、GPS定位数据和全站仪采集的坐标数据。

2. 属性数据

土地数据的属性数据分专题属性数据和时间属性数据，专题属性数据是地理要素的描述性数据。土地信息中的属性数据不仅反映了土地的自然属性，还从社会经济的角度来描述地理实体及其相关特征，主要包括三个方面：①描述地块实体的数量、质量、权限和利用状况的数据；②描述有关地理实体的基本特征的数据；③描述地块实体与地理实体相互关系的数据。

土地属性数据作为土地空间数据的描述性数据，在土地业务（如地籍业务、土地估价和土地登记业务等）中也同样重要。有了土地属性数据的支持，土地才能体现出其社会经济属性。

土地数据的时间属性指土地数据随时间变化的特征，其作用包括体现土地实体的时间变化情况和记录数据采集、变更的时间等，是土地属性数据的重要组成部分。

土地数据的数据类型多且数量大，因此，土地数据的采集手段也多种多样且日新月异。目前土地数据的采集和获取是一个多数据源集成的过程，这些数据获取途径主要包括航测遥感、全野外数字测量和地图矢量化等。

4.1.2 土地数据编码

编码是将经过分类的信息用适当的数码（字符串或数值）来表示，也称代码化，即在信息分类的基础上，将信息对象（编码对象）赋予具有一定规律、易于计算机和人识别及处理的符号，并形成对应的代码表的过程。

代码是一个或一组有序的易于被计算机或人识别与处理的符号，是计算机的符号，是计算机鉴别和查找信息的主要依据和手段。

编码的直接产物就是代码，而分类分级则是编码的基础。土地信息分类编码的方法多种多样，如层次分类编码法、顺序分类编码法等。编码的表示方法即格式，通常有英文字母、数字或字母数字组合等种类。

土地数据一般可采用层次分类编码法。

（1）分类码：是根据土地信息分类体系设计出来的用于识别不同类别的数据，根据它可以从数据中查找出所需类别的全部数据。可以是简单的连续编号，也可划分不同层次进行顺序编码。

（2）标识码：在分类码的基础上，对每类数据设计出全部或主要实体的标识码，用以对某一类数据中的某个实体进行个别查询检索，从而弥补分类码不能进行个体分离的缺陷。标识码是联系几何信息和属性信息的关键字。

例如，我国的地籍要素编码主要是一种分类码，由大类码、小类码、一级码和二级码等组成，其分类大类采用面分类法，小类以下采用线分类法。大类码为专业代码，设定为两位数字码，其中，基础地理专业码为10，土地专业码为20；小类码为业务代码，设定为两位数字码，空位以0补齐，土地权属的业务代码为06，土地利用的业务代码为01，土地利用遥感监测的业务代码为02；一至四级类码为要素分类代码，其中，一级类码为两位数字码、二级类码为两位数字码、三级类码为一位数字码、四级类码为一位数字码，空位以0补齐。其结构如图4-1所示。

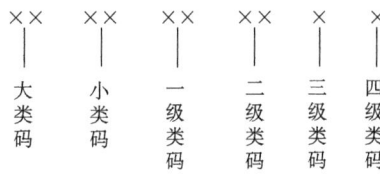

图4-1 地籍要素分类代码结构示意图

我国的宗地统一代码采用了分类码和标识码相结合的方法，宗地代码是每块土地的"身份证号"，对实施全国土地和城乡地政统一管理与全程监管具有重要作用。图4-2中的宗地代码采用五层19位层次码结构：第一层次为县级行政区划，代码为6位，采用《中华人民共和国行政区划代码》（GB/T 2260—2007）。第二层次为地籍区，代码为3位，用阿拉伯数字表示。第三层次为地籍子区，代码为3位，用阿拉伯数字表示。第四层次为土地权属类型，代码为两位。其中，第一位表示土地所有权类型，用G、J、Z表示。"G"表示国家土地所有权，"J"表示集体土地所有权，"Z"表示土地所有权争议。第二位表示宗地特征码，用A、B、S、X、C、D、E、F、W、Y表示。"A"表示集体土地所有权宗地，"B"表示建设用地使用

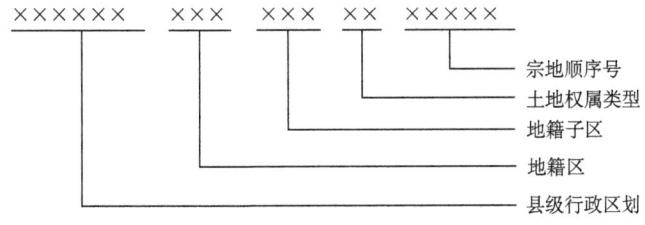

图4-2 宗地统一代码示意图

权宗地（地表），"S"表示建设用地使用权宗地（地上），"X"表示建设用地使用权宗地（地下），"C"表示宅基地使用权宗地，"D"表示土地承包经营权宗地（耕地），"E"表示林地使用权宗地，"F"表示草原使用权宗地，"W"表示使用权未确定或有争议的土地，"Y"表示其他土地使用权宗地，用于宗地特征扩展。第五层次为宗地顺序号，代码为5位，用00001—99999表示，在相应的宗地特征码后顺序编码。

4.2 土地数据获取与采集方法

4.2.1 野外实测

1. 传统测绘方法

早期传统的测量方法包括经纬仪测图法、大平板仪测图法和经纬仪配合小平板仪测图法等，这些方法获得的土地数据具体、准确，但花费的人工多，工作周期长，目前已基本不采用。

2. 全球定位系统（GPS）

1）GPS在土地数据获取中的应用

GPS技术是依靠导航卫星来确定地球上某一位置坐标的技术，它已经成为既便宜又精确的一种数据采集技术。目前的GPS技术精度已经可以达到毫米级。它具有定位精度高、观测时间短、执行操作简便、全球全天候作业、功能多、应用广、抗干扰性能好、保密性强等特点。

GPS所采集的坐标点X、Y、Z的信息可以以文本的形式存储，然后根据数据库的要求，使用一些简单的程序就可以将其转换成有拓扑关系的图形。

GPS技术在土地业务各个领域都有广泛的应用，特别是在地形测图和地籍测量中。与传统的测量方法相比，GPS具有更高的精确度，且不需要在完全通视的条件下就能完成点与点之间的测量工作，精确度能达到厘米级。例如，现今GPS技术已成为土地开发整理过程中获得空间数据的最重要手段，尤其是在大比例尺的土地开发管理工作中，运用该技术可以实时准确获得地物信息与地界或权界等信息。

2）RTK在土地数据获取中的应用

载波相位动态实时差分（real-time kinematic，RTK）定位技术是基于载波相位观测值的实时动态定位技术，它能够实时地提供测站点在指定坐标系中的三维定位结果，并达到厘米级精度。

在RTK作业模式下，基准站通过数据链将其观测值和测站坐标信息一起传送给流动站。流动站不仅通过数据链接收来自基准站的数据，还要采集GPS观测数据，并在系统内组成差分观测值进行实时处理，历时不到一秒钟。流动站可处于静止状态，也可处于运动状态；可在固定点上先进行初始化再进入动态作业，也可在动态条件下直接开机，并在动态环境下完成整周模糊度的搜索求解。在整周未知数解固定后，即可进行每个历元的实时处理，只要能保持四颗以上卫星相位观测值的跟踪和必要的几何图形，流动站就可随时给出厘米级定位结果。这可较好地满足对精度和速度要求较高的地籍测量的需要。

3）CORS在土地数据获取中的应用

近年来，动态实时差分GPS-RTK技术已完全成熟，测绘成果的精度、实用性和高效性都得到大幅度提高,但 RTK 也存在其自身的使用限制:用于单基站作业模式,每次测量都要重复地架设基站求取参数,而且测量的精度和可靠性也会随着作业半径的增大而降低。为了克服 GPS-RTK 技术上的缺陷,近几年,一种新的动态 GPS 技术——连续运行卫星定位系统(continuously operating reference stations,CORS)在各地陆续建立。它具有操作简便、成本低、精度高、实时性强、覆盖率广等优点,特别是 CORS 系统内网络 RTK 测量功能的实现改变了传统测量作业模式,较大地提高了测绘工作的效率,在测绘中得到越来越多的应用,正逐步取代传统单基站 RTK 技术。

在土地数据的获取中,CORS 能兼顾不同层次的用户对定位精度的要求,可以提供米级、分米级、厘米级的差分数据。例如,在土地测量中,就必须要厘米级的精度,所以要用实时载波相位差分型的数据。而在土地执法的过程中就可以利用分米级的差分数据。而且 CORS 覆盖范围广,作业效率高,一次投资长期受益。目前我国多个省份已经建立了覆盖全省的 CORS 系统。

4.2.2 航测遥感

1. 航空摄影测量

1)航空遥感技术简介

航空遥感是指从飞机、飞艇、气球等空中平台对地进行观测的遥感技术系统。航空遥感常用的传感器记录方式有胶片、像片和数码存储三种。按照航摄仪获取影像的方式,航空摄影可分为两种:一种是传统的航空摄影,利用感光胶片特性来承载地物信息,经冲洗后,以扫描数字化的方式获取数字影像;另一种为数码航空摄影,利用线阵或面 CCD 将光学信号直接转化为电信号,获取的数字影像直接存储。航摄数据大多是国内具有测绘航空摄影资质的单位采集的,一般集中在城市、重点地区、经济发达地区或者卫星难以获得影像的地区。航空摄影测量主要使用航摄飞机或者无人机搭载光学、数码或者 LiDAR 航摄仪获取高分辨率影像数据,普遍的分辨率在 0.5m 以下,或者制图比例尺在 1∶5000～1∶2000。

2)航空摄影在土地数据获取中的应用

航空摄影测量已普遍用于地图的制作。早期经过专门训练的操作可以用一种称为立体解析测图仪的光学、电子仪器,直接在航空照片上读取坐标,传输到计算机中。后来采用数字摄影测量系统取代立体解析测图仪,这种技术目前已大量应用在土地调查数据采集工程中。

2. 卫星遥感

1)卫星遥感技术简介

卫星遥感技术是指利用遥感仪器不直接接触被研究的目标,感测目标特征(一般指反射或发射电磁波)信息的技术。除可见光外,卫星遥感还可以利用其他波段的电磁波(如红外线)或人工发射电磁波对地球表面进行远距离遥测,遥测的结果如果是记录在照片上,就得到光学图像;如果是以数字方式记录下来(一般是把模拟信号转换成数字信号),就得到数字图像。无论是光学图像还是数字图像都必须经过处理才能获得所需要的信息。

卫星数据采用国外的比较多,SPOT5(法国 2.5m)、QuickBird(美国 0.61m)、WorldView(美国 0.5m)、IRS-P5(印度 2.5m)、ALOS(日本 2.5m),近些年还常使用 RapidEye(德国 5m)。国产卫星数据近两年使用的比例也渐渐增高,空间分辨率在 2～3m。目前各类遥感卫星及其影像信息如表 4-1 所示。

表 4-1 遥感卫星及其成图精度一览表

卫星影像名称	地面分辨率	最大成图比例	一般判读的成图比例尺
MSS	全色 79m	1：50 万	1：25 万
TM	多光谱 30m，全色 15m	1：10 万	1：5 万
ASTER	多光谱 30m，全色 15m	1：25 万	1：25 万
SPOT 1-4	多光谱 20m，全色 10m	1：5 万	1：2.5 万
RapidEye	全色 5m	1：5 万	1：5 万
SPOT 5	多光谱 10m，全色 2.5m	1：2.5 万	1：1 万
IRS-P5	全色 2.5m	1：2.5 万	1：1 万
ALOS	多光谱 10m，全色 2.5m	1：2.5 万	1：1 万
IKONOS	多光谱 4m，全色 1m	1：1 万	1：5000
QuickBird	多光谱 2.44m，全色 0.61m	1：5000	1：2000
Geoeye-1	多光谱 1.65m，全色 0.41m	1：5000	1：2000
WorldView	多光谱 1.8m，全色 0.5m	1：5000	1：2000
资源三号	多光谱 5m，全色 2.5m	1：2.5 万	1：1 万

对收集到的遥感图像需要进行辐射校正和几何纠正、图像整饰、投影变换、镶嵌、特征提取、分类及各种专题处理等一系列操作，以达到数据运用的初步要求。遥感数字图像处理的内容主要有：①图像恢复，即校正在成像、记录、传输或回放过程中引入的数据错误、噪声与畸变，包括辐射校正、几何校正等；②数据压缩，改进传输、存储和处理数据效率；③影像增强，突出数据的某些特征，以提高影像目视质量，包括彩色增强、反差增强、边缘增强、密度分割、比值运算、去模糊等；④信息提取，从经过增强处理的影像中提取有用的遥感信息，包括采用各种统计分析、集群分析、频谱分析等自动识别与分类。遥感数字图像处理通常利用专用数字图像处理系统来实现，且依据目的不同采用不同算法和技术。

2）卫星遥感在土地数据获取中的应用

卫星遥感技术获取信息有范围大、速度快、应用广的特点，长期在地球轨道上运行的遥感卫星可以时时刻刻地向地面传送探测到的信息。遥感信息中既有空间位置信息，又有属性信息。大范围的资源、环境调查，遥感信息往往是主要信息源。在土地、地质、水文、土壤、植被、气象、数字地面高程等调查中，已有很多成功的实例。土地管理部门已成功地将卫星遥感技术运用于土地利用现状调查和土地利用动态监测中。

20 世纪 80 年代到 21 世纪初，我国先后利用航空遥感和卫星遥感信息完成了全国土地概查，1：1 万、1：5 万、1：10 万和 1：20 万的土地利用调查。在全国第二次土地调查中，也充分利用了遥感技术，利用航空像片或卫星影像的正射影像，通过内业判读和实地调绘相结合的方式，对耕地等面积进行调查。

同时，随着遥感技术的发展和土地业务的需要，高分辨率遥感技术在土地利用调查和动态监测中的应用越来越普遍。土地利用遥感动态监测是基于同一区域不同年份的图像间存在着光谱特征差异的原理，来识别土地利用状态或现象变化的过程。土地利用动态监测包含监测区域内的全部土地资源，能提供各土地利用类型的数量、质量、空间分布等动态信息。我国目前主要是对耕地和建设用地等土地利用变化情况进行及时、直接、客观的定期监测，检查土地利用总体规划及年度用地计划执行情况。重点是核查每年土地变更调查汇总数据，为国家宏观决策提供比较可靠的依据；对违法或涉嫌违法用地的地区及其他特定目标等进行日常快速监测，可为违法用地查处及突发事件处理提供依据。

相比于高分辨率的卫星遥感影像的应用，近些年低空遥感开始越来越多地运用在土地动态管理中。其获取的数据与卫星数据相比具有成本低、精度高、速度快和超灵活的特点，低空遥感系统弥补了卫星遥感在有云覆盖地区上空不能有效采集数据，以及常规航空遥感在成本和机动性等方面的不足。例如，近年来出现了将无人机应用于村庄地籍调查，以及采用无人机倾斜摄影技术进行地表三维数据建模等。

从目前实际应用的工作情况看，通过高分辨率遥感采集的一季度一次的影像比对，采取三级网络巡查，结合低空遥感和手持端的执法巡视等三种工作机制情况看，基本上实现了"天上看、地上查、网上管"，满足了实时监控土地利用的动态变化情况的需要。

4.2.3 地图矢量化与数字测图

地图矢量化是重要的地理数据获取方式之一。地图矢量化，就是把栅格数据转换成矢量数据的处理过程。当纸质地图经过计算机图形、图像系统光-电转换量化为点阵数字图像，经图像处理和曲线矢量化，或者直接进行跟踪数字化后，就可生成被地理信息系统显示、修改、标注、漫游、计算、管理和打印的矢量地图数据文件，这种与纸质地图相对应的计算机数据文件称为矢量化电子地图。扫描矢量化在土地数据的获取中也有着重要的应用，当数据源是纸介质图件时，可对其进行预处理、扫描、纠正、矢量化等处理。早期对图形数据的采集一般使用扫描矢量化方法实现。

数字测图是指对利用全站仪、全球定位系统接收机等仪器采集的数据及其编码，通过计算机图形处理而自动绘制地形图的方法。地面数字测图基本硬件包括：全站仪、全球定位系统接收机、计算机和绘图仪等。数字测图软件基本功能主要有：野外数据的输入和处理、图形文件生成、等高线自动生成、图形编辑与注记和地形图自动绘制。目前全野外数字测图方法广泛应用于测绘1∶500、1∶1000、1∶2000的比例尺地籍图。

4.3 土地数据库建设概述

4.3.1 土地数据库的分类

数据分类是认识数据本质、盘点数据资源的最佳方法。因此，针对土地数据来源广、类型多、数据海量和用户范围广等特点，需要在深入分析并考虑需求的基础上，对土地数据进行合理、有效的分类。这里，将土地数据大致分为四类：基础类数据、专业类数据、管理类数据及辅助类数据。

1. 基础类数据

土地数据中的基础类数据主要指各级基础地理数据、遥感影像数据等。其中，基础地理数据主要是指与国家基本地形图相关的数据。我国基本地形图含1∶1万、1∶2.5万、1∶5万、1∶10万、1∶25万、1∶50万、1∶100万几种比例尺地形图，这几种比例尺地形图构成了国家基本地形图的完整系列。基础地理数据也包括基础地理信息描述、等高线、高程点、注记等。土地管理业务中所需要的更大比例尺的数据如1∶500、1∶1000、1∶2000也需要与基础地理数据联测，便于与我国的基础地理数据库相统一。另外，地形数据所包含的自然地物、境界线、控制点等地形要素保证了建库的准确性和完整性。影像数据是由影像获取设备得到的栅格数据，其中，栅格的行和列规定了实体所在的坐标空间，而数字矩阵本身则描述了实体的属性，其快速、实时和大面积获取地面信息的能力使其成为土地管理信息系统最重要的数据来源之一。

在土地业务中可直接利用基础数据成果，提取相应要素数据，为土地业务服务。以城镇土地调查为例，现势性较好的1∶500和1∶1000比例尺的相关基础地理数据，城镇土地调查时可直接利用，但必须进行全面核对，特别是对权属核查中发现叠加图权属界线落位与原地籍图或登记宗地图界址线落位不一致的；主城区以外1∶500或1∶1000航测解析法测量的地图数据可作为工作底图，再实地测量邻近界址线或界址线依附的地物，以确定权属信息和宗地界址点、线的准确性，按照这样的直接利用和补测、修正方法可灵活地将基础地理数据利用整合到土地业务中去。

2. 专业类数据

专业类土地数据是开展土地业务工作的根本，它包括了土地利用现状数据、土地权属（地籍）信息数据、土地利用总体规划数据、基本农田数据、农用地分等定级数据、城镇土地定级估价数据等。其中，土地利用现状数据包括土地利用现状图及其属性、分类面积、乡镇土地利用现状分类、权属性质、面积表、权属界线协议书等；土地权属（地籍）信息数据包括宗地权属状况、面积位置、四至、用途、价格、利用状况等；城镇土地定级估价数据包括城镇建成区范围内土地级别、基准地价、标定地价及商服中心作用范围、道路作用范围等专题图数据等。具体内容参见第5章。

3. 管理类数据

管理类土地数据包括土地登记、建设用地审批数据、建设用地供应数据、土地整治项目数据等。土地登记紧紧围绕土地权属这一主题，数据主要包括土地的所有权性质和使用单位、他项权利和权属范围（土地的坐落、四至、地号等）、使用权面积、地类面积、土地等级、土地使用期限等；建设用地审批是土地政务工作的一项内容，其管理数据包括项目流程、勘测定界数据、用地批文、用地测算等方面的内容；建设用地供应和土地整治项目数据也是在土地利用和土地整治项目审批活动中产生的业务过程数据。具体内容参见第6章。

4. 辅助类数据

辅助数据包括编码数据（如数据分层，要素的编码、注记等信息）和其他相关数据（如元数据等）。编码是人为建立一种数字或符号的组合，沟通人与计算机，用来表达某种特定的事务，如宗地界址点、宗地、土地利用分类、土地所有制类型、行政区划等都有相应的编码，这些编码将每一个界址点、每块宗地、每种地物的各种属性，包括自然属性与社会属性都表达得非常清楚。元数据是关于数据仓库的数据，指在数据仓库建设过程中所产生的有关数据源定义、目标定义、转换规则等相关的关键数据。

4.3.2 土地数据库的建设目标

概括而言，土地数据库建设目标就是建设准确、动态、高效的共享型数据库。土地数据库建设不仅要满足土地管理的需要，也要为其他政府部门、企事业单位提供基础和现势的地理空间数据，成为各行各业信息系统的空间定位基础，以及"数字城市"的基础设施。

1. 建立标准的土地数据库

数据共享是建立土地数据库的重要目的之一，这就要求土地数据必须按照统一标准建立，而且这个标准必须贯穿整个建库流程，这样才能实现数据在国民经济各部门之间的共享。

2. 建立共享的土地数据库

土地管理信息系统建设需要巨大的投入，牵涉各行各业。一个区域、一个城市各相关部门的应用 GIS 系统必须建立在公共的空间地理定位基础上，直接或间接地在基础地理数据之上叠加各行业的专业地理数据，扩展业务应用功能而形成专业应用系统，它们对建立一个共享的土地数据库的需求是非常迫切的。

3. 建立安全的土地数据库

这里的"安全"包括两方面的内容：一是数据库本身的安全，主要通过商业数据库本身的机制来保证；二是对于土地基础信息中涉及国家安全的部分，在数据共享的同时要保证这些数据的安全，主要依靠设置用户权限予以保证。

4.3.3　土地数据库的建设步骤

土地数据库建设一般包括以下四个步骤：数据库建设需求分析、数据库设计、数据建库、数据库管理与维护。

因为数据库总是与具体的应用相关，所以在建设数据库之前必须明确其应用目的，对数据库建设的具体目标和内容进行需求分析，仔细理清数据之间的关系，消除对数据库建设不利的隐患。在设计阶段也应考虑用户的需求，设计是否合理、完备将直接影响数据库建设成果质量的好坏。在实际的数据建库实施过程中，则必须严格按照设计的流程进行。最终在数据库建设完成后，进入后期的管理与维护阶段。

4.4　土地数据库需求分析

4.4.1　需求分析任务与方法

数据库建设的第一个阶段是确定建立数据库的目的和收集数据，也就是需求分析。数据库建设的需求分析是在土地管理信息系统工程建设总的规划下进行的，它是土地管理信息系统软件需求的一个重要组成部分。

需求分析的任务是：对现有国土资源管理部门的土地信息数据拥有现状进行调研、统计，对国土资源管理部门的土地数据的应用需求进行分析，在两者基础上提出土地管理信息系统数据库建设的可行性方案；通过业务处理对象的详细调查来明确用户的各种需求，通过调查、收集和分析数据库的相关信息，了解数据库中需要存储哪些数据，以及要完成什么样的数据处理功能。这一过程是数据库设计的起点，它将直接影响后面各个阶段的设计，并影响设计结果是否合理和实用。以江苏省为例，依托省国土资源业务网和省、市、县三级数据中心，基于统一地理空间参考，以遥感监测影像和基础地理信息为数据底图，通过地理信息系统技术整合以空间数据为主体的地政管理及面向国土资源主业务流程的业务专题数据，建立统一管理的江苏省国土资源"一张图"核心数据库，形成全省范围内平面上无缝拼接、垂直方向上能相互叠加的数据库系统。

确定目的之后就要调查用户的实际需求，然后分析与表达这些需求，并根据这些需求结合数据库的建库目的收集数据。调查用户需求的方法有很多,如查阅记录、访谈、开调查会、设计调查表请用户填写或回答相关问题等。通过充分交流,可以了解用户平时是如何使用数据库的,以及对当前数据库信息的要求,进而设计满足用户需求的数据库。

4.4.2 需求分析过程

1. 土地数据库建设现状分析

土地数据库建设现状分析指的是在建设数据库之前,充分了解土地数据库建设地区的现状或实际情况,收集与之相关的数据和资料,分析数据库建设的条件是否已经具备、存在的问题等,这是土地数据库建设需求分析必备的准备工作,可为数据库建设的实施提供重要的参照。

2. 分析整理资料

对土地数据的分析与抽象是土地数据库设计的基础。数据分析和抽象可以同时进行,这个过程往往是与土地数据库的逻辑设计联系在一起的。例如,在建立土地利用现状数据库的过程中,对所收集的资料主要从以下几个方面进行分析整理:①资料内容,包括内容的详尽性、完整性和权威性;②资料精度,包括图面质量、接边情况、坐标系统及属性数据库质量等;③资料的现势程度;④图、表资料的匹配程度;⑤资料处理的难易程度。

通过对所收集的资料进行以上几个方面的整理分析,确定在土地利用现状调查成果建库工作中,进行数据处理的基础资料、补充资料及参考资料。其中,基础资料包括土地利用现状调查图形成果、土地利用现状更新调查面积量算数据和外业手簿等;补充资料包括土地利用现状变更图、土地勘界资料、土地利用现状变更调查记录表等;参考资料包括土地边界图幅接合表、统计台账、统计簿、地类变化平衡表等统计表、土地利用现状更新调查报告、变更调查报告、土地志及其他文字资料。

3. 编制需求分析说明书

土地数据库建设需求分析的最终成果是提交需求分析说明书。需求分析说明书是阶段性的成果,应该包括以下几方面的内容:①用户基本情况,如数据库的使用者及其权限、数据库最大用户数等;②运行环境,包括建立数据库所需的硬件环境和软件环境;③数据需求,具体包括数据来源、需要的成果数据等;④业务情况,即用户基于基础数据的业务流程;⑤应用系统需求,即应用系统对数据库建设的需求。其中,④⑤是数据库设计的关键所在。

4.5 土地数据库设计

4.5.1 设计方法

数据库设计是指对于一个给定的应用环境,构造出最优的数据库模式,建立数据库及其应用系统,使之能够有效地存储数据,满足各种用户的应用需求。

土地数据库设计应该和土地管理信息系统设计相结合,即整个设计过程中要把结构设计和行为设计密切结合起来。数据库的设计应该尽量减少空间数据存储的冗余量,提供稳定的空间数据结构,在用户需要改变时,该数据结构能迅速做相应的变化,能够满足用户对土地空间数据即时访问的需要,并能高效地提供用户所需要的空间数据和属性数据的查询结果;应该在数据元素间维持其联系,以反映数据空间关系的复杂程度;应支持多种多样的决策需要，具有较强的应用适应性。

土地数据库的设计必须遵照一定的标准和规范，特别是国家、行业已有的一些标准；设计过程应遵循 GIS 空间数据库的设计过程，即通过对土地地理现象和过程的抽象，形成描述土地地理现象和过程的概念模型，然后将概念模型转换为计算机数据库系统所能够支持的土地数据逻辑模型，最后通过映射形成计算机物理存储介质中的数据组织方式，即土地数据存储模型。

4.5.2 设计标准

信息技术标准化是围绕信息技术开发、信息产品的研制和信息系统建设、运行与管理而开展的一系列标准化工作。标准化是信息化的首要问题，具有在信息化过程中"统一度量衡"的重要意义。土地数据库建设所依据的标准是土地管理相关科学和信息技术的原理与实践，是对土地管理信息的生成、表述、识别、提取、检测、分类、编码、存储、交换、传输、加工、显示和利用等技术进行统一的规范化处理的结果，是土地调查评价信息系统、政务管理信息系统与信息服务系统建设一致性和协调性的基础，是形成科学的、规范的、信息化的土地管理模式，实现信息资源共享和软件互操作的基本保证。因而，土地数据库标准在设计时应遵循以下标准内容：①数据库分类标准，包括数据库名称的制定、数据库包含内容的设计等；②数据分层分类标准；③空间信息编码规则；④空间信息分类与代码标准；⑤土地利用现状信息分类与代码标准；⑥土地利用规划信息分类与代码标准；⑦数据文件命名规则；⑧数据采集标准；⑨数据质量控制标准；⑩数据转换标准；⑪元数据标准等。

土地数据库建设标准基于土地管理制度、土地管理名词术语和分类体系，以及国内外相关领域的技术标准。为了保证数据库建设的规范性，在标准的制定过程中，除了遵循数据库设计的共有的范式标准之外，还必须充分考虑现行土地管理制度的需要，与土地管理相关的术语和分类相一致，遵循现有的国家、行业标准。

（1）国家标准如《基础地理信息要素分类与代码》（GB/T 13923—2006）、《中华人民共和国行政区划代码》（GB/T 2260—2007）、《国家基本比例尺地形图分幅和编号》（GB/T 13989—2012）、《国家基本比例尺地图图式 第 1 部分：1∶500 1∶1000 1∶2000 地形图图式》（GB/T 20257.1—2017）、《国家基本比例尺地图图式 第 2 部分：1∶5000 1∶10000 地形图图式》（GB/T 20257.2—2017）、《国家基本比例尺地图图式 第 3 部分：1∶25000 1∶50000 1∶100000 地形图图式》（GB/T 20257.3—2017）、《国家基本比例尺地图图式 第 4 部分：1∶250000 1∶500000 1∶1000000 地形图图式》（GB/T 20257.4—2017）、《土地利用现状分类》（GB/T 21010—2017）、《土地基本术语》（GB/T 19231—2003）等。

（2）行业标准如《第二次全国土地调查技术规程》（TD/T 1014—2007）、《地籍调查规程》（TD/T 1001—2012）、《基本农田数据库标准》（TD/T 1019—2009）、《国土资源信息核心 元数据标准》（TD/T 1016—2003）、《城镇地籍数据库标准》（TD/T 1015—2007）、《土地利用数据库标准》（TD/T 1016—2007）、《县级土地利用总体规划数据库标准》（TD/T 1027—2010）等。

例如，其中的《城镇地籍数据库标准》规定了城镇地籍要素的分类代码、几何特征、数据分层、属性数据结构、数据交换格式等，适用于城镇地籍数据库建设及数据交换。《土地利用数据库标准》规定了土地利用要素的分类代码、数据分层、数据文件命名规则、空间几何数据与属性数据的结构交换格式等，适用于土地利用数据建库及数据交换。《县级土地利用总体规划数据库标准》包含县级土地利用规划数据库内容、存储方式、交换格式，规定了土地利用规划信息的分类与代码、规划数据文件的命名规则、规划要素的分层、数据结构及元数据，适用于县级土地利用规划数据库建设等。

4.5.3 设计步骤

数据库设计是研制数据库及其应用系统的技术，是指对于一个给定的应用环境，构造出最优的数据库模式，建立数据库及其应用系统，使之能够有效地存储数据，满足应用需求。通常数据库设计分为以下几个步骤，如图4-3所示。

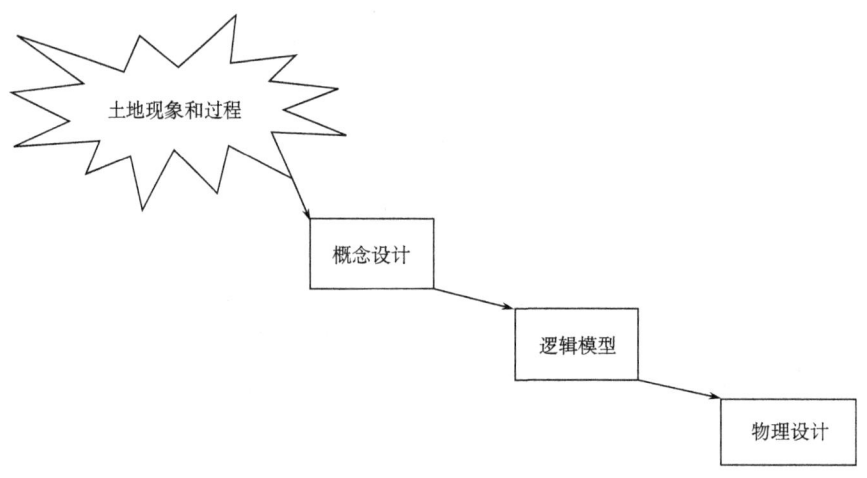

图4-3 土地数据库的设计步骤

1. 概念设计

概念设计是整个数据库设计的关键。概念结构是独立于数据库逻辑结构、独立于支持数据库的DBMS。概念设计是以需求分析得到的数据字典为基础，以面向现实世界和用户的数据模型为工具，经过分类归纳、抽象整理，建立比较规范的、易于向实际DBMS转化，同时便于用户理解的数据模型。

常用的概念设计的策略有以下两种。

（1）自顶向下，首先定义全局概念结构，然后逐步细化。

（2）自底向上，首先定义各局部应用的概念结构，然后将它们集成，得到全局概念结构。

目前在实际应用中被广泛使用的概念数据模型是实体-联系（entity-relationship, E-R）模型。E-R模型是对现实世界的一种抽象，主要有四种形式，如图4-4所示。

（1）分类：定义某一概念作为现实世界中一组对象的类型，这些对象具有某些共同的特征和行为，它抽象了对象值和类型之间"is member of"的语义。例如，地块可以分为宗地、图斑等面状要素。

（2）聚集：定义某一类型的组成成分。它抽象了对象内部类型和成分之间"is part of"的语义。例如，宗地可以由宗地号、单位代码、权利人等聚合而成。

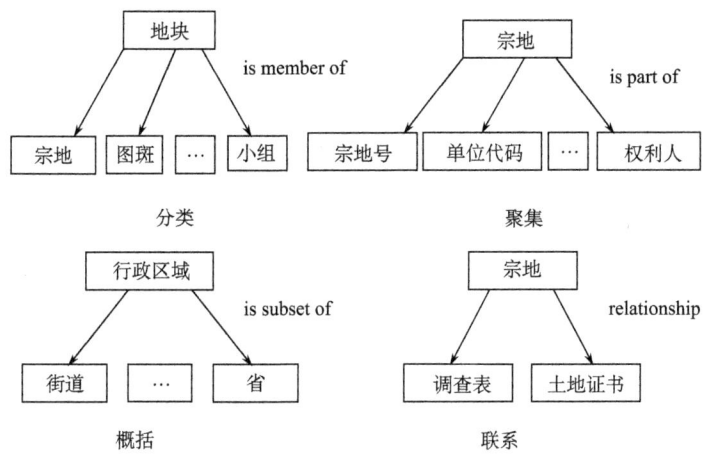

图 4-4 E-R 模型的四种抽象

（3）概括：定义类型之间的一种子集联系。它抽象了类型之间的"is subset of"的语义。例如，行政区域是一种抽象的意义，街道、乡镇、省等都是行政区域。

（4）联系：relationship，实体与实体之间存在的各种关系，两个实体之间的联系称为二元联系，三个以上的实体发生联系，称为多元联系。例如，宗地与调查表和土地证书之间存在着对应关系。

2. 逻辑设计

在概念设计中用 E-R 图所建立的概念模型是独立于任何实际 DBMS 的，逻辑设计的任务就是把概念模型转换为某一 DBMS 所支持的数据模型。

目前绝大部分 DBMS 是关系型的，同时关系模型有较完善的理论支持，因此这里主要讨论关系模型的逻辑设计，如图 4-5 所示。

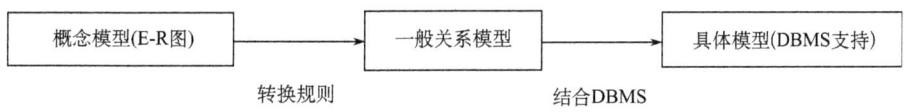

图 4-5 逻辑设计的内容

E-R 模型向关系模型转换的基本原则有两个：一是将实体型转换为关系模式，实体的数据就是关系的属性，实体的标识就是关系的主码。二是将联系转换为关系模式，联系的标识为关系主码，联系的属性为关系属性。

数据字典是概念设计的阶段性成果，在数据库设计过程中会不断修改、充实和完善。为了以后新实体的加入，设计时应充分考虑将来可能的扩充和改变。数据字典是各类数据描述的集合，它通常包括以下五个部分。

（1）数据项，数据项描述={数据项名，数据项含义说明，别名，类型，长度，取值范围，与其他数据项的逻辑关系}。

（2）数据结构，数据结构描述={数据结构名，含义说明，组成：{数据项名}}。

（3）数据流，数据流={数据流名，说明，流出过程，组成：{数据结构或数据项}}。

（4）数据存储，数据存储={数据存储名，说明，输入数据流，输出数据流，组成：{数据结构或数据项},数据量,存取方式}。

(5)处理过程,处理过程={处理过程名,说明,输入:{数据流},输出:{数据流},处理:{简要说明}}。

面向对象的统一建模语言(UML)是目前数据库逻辑设计的主要方法,具体参见本书3.4节。

3. 物理设计

数据库物理设计的任务是将逻辑设计中产生的数据库逻辑模型结合指定的DBMS,设计出最适合应用环境的物理模型。物理模型就是数据库在物理设备上的存储结构和数据存储方法。

物理设计主要包括以下几方面内容。

(1)确定数据的存储结构,从DBMS所提供的存储结构选择合适的加以实现。确定存储结构的主要因素是存取时间、存储空间利用率和维护代价。

(2)存取路径的选择和调整。数据库必须支持多个用户的多种应用,因而必须提供对数据库的多个存取入口。

(3)确定数据存放位置。首先按数据的应用情况划分为不同的组,然后确定存放位置。一般应把数据的易变部分和稳定部分分开,把经常存取和不常存取的数据分开,同时考虑降低磁盘的读取冲突(I/O)。

(4)确定存储分配。主要是设置DBMS的一些存储参数。

数据库的设计在数据库应用系统的开发中占有很重要的地位。只有设计出合理的数据库,才能为建立在数据库上的应用提供方便。一般数据库设计可以通过一些数据库设计工具(如Power Designer等)进行,在完成土地数据库的设计之后,可以利用该工具根据字段来创建数据库结构,然后将相关数据按设定的模式导入数据库中。这时候就可以试运行基于该数据库的应用系统,如果数据库运行很成功,则表明数据库设计任务基本结束,以后的重点就是数据库的维护工作,包括数据库的备份与恢复、数据库的安全性和完整性调整、改善数据库性能等。

4.6 土地数据建库流程

在完成土地数据库设计,确定了土地数据库的存储模式(集中式或分布式)后,接下来便是具体的建库流程。包括:

(1)数据管理系统架构确定。从数据管理软件发展来看,采用关系型数据库是当今的主流,目前较为流行的大型商业型数据库有Oracle、SQL Server等。在充分分析各个数据库管理系统稳定性、安全性、价格,以及与相关GIS平台的结合程度,同时考虑国土资源管理部门实际情况的基础上确定使用哪种数据库管理系统。

(2)数据建库流程。数据建库是将采集数据转入数据库中的过程。由于数据采集格式的多样化、数据质量的参差不齐,数据建库是一个非常复杂的工程。土地管理信息系统的数据建库流程按性质可以分为图的入库和表的入库,建库流程如图4-6所示。

数据采集一般由数据采集单位实施,从某种意义上与土地管理信息系统开发单位是一种合作关系。土地管理信息系统开发单位的主要工作是对数据采集单位提交的数据进行转换、检查、入库。因此,土地管理信息系统的数据建库一般包括数据采集、数据转换、数据检查、数据入库几个阶段。

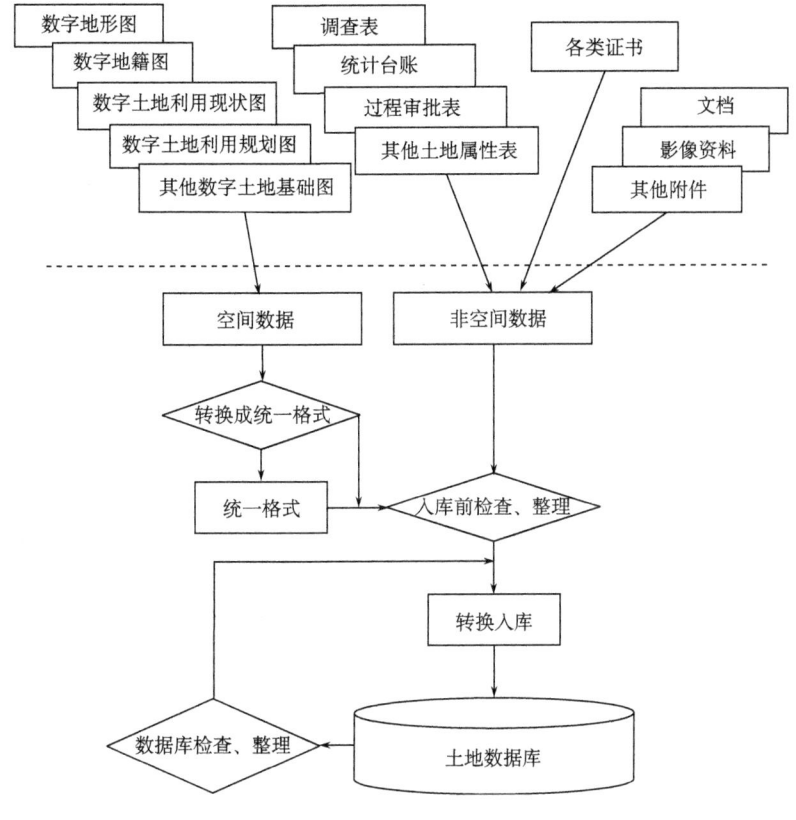

图 4-6　土地数据库建库流程

4.6.1　数据采集

数据采集过程是一个多源数据集成的过程。外业数据的采集方法在 4.2 节中已做了详细的介绍，除了通过 GPS、航测法、数字测图和传统的测绘方式采集土地数据外，将原有纸质的地形图通过地图扫描、图像增强、几何纠正的方式进行分层数字化形成电子地形图，然后通过修改、编辑进入土地数据库的数字化方式也被广泛应用。采集的外业数据还需要通过严谨的内业处理进行数字化加工才能输出最终的成果。

在数据采集时，作业单位不论采用何种数据采集平台，都必须按照建库的分层标准进行图形的分层，同时要素编码要与建库的要素编码进行严格的对照，从而保证两套符号库是严格对应的，这样才能保证入库后的数据在输出时的正确性。

4.6.2　数据转换

由于历史原因，国土资源管理部门存在着不同时态和不同格式的数据，造成多源异构数据并存的状况。这种状况下，要构建一体化的土地数据库，首先必须解决如何兼容这些多源异构数据的问题，把它们变为同种数据并导入数据库。因此，在建库之前要明确数据库需要兼容哪些格式的数据，并分别针对各个不同的数据格式选择合适的数据转换工具，或者开发出一个适合具体应用的数据转换模块。

4.6.3 数据检查

在数据转换之后，数据入库之前必须进行数据的质量检查，以保证数据库数据的正确性。数据检查包括图形检查、属性检查、风格检查、拓扑检查等方面，如图 4-7 所示。

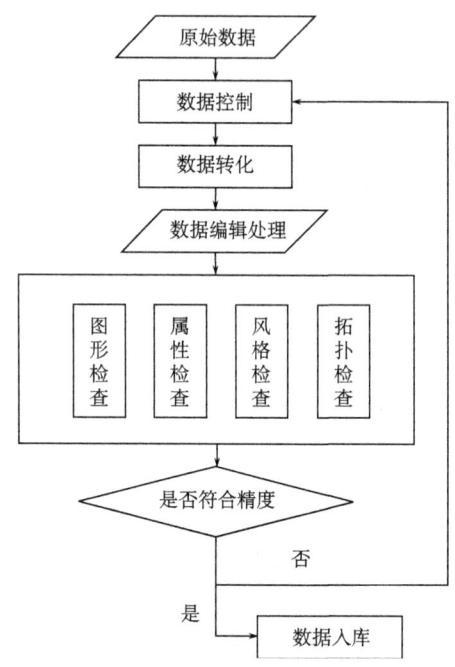

图 4-7 数据检查流程

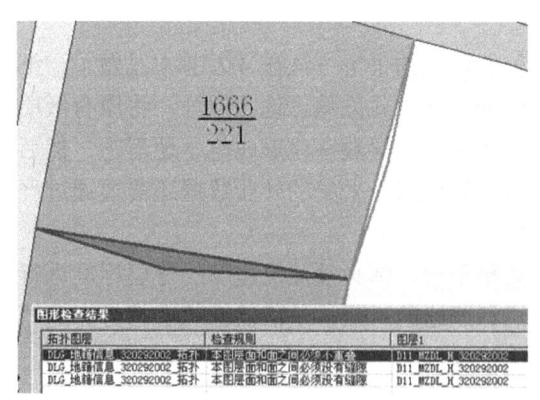

图 4-8 图形检查结果

1. 图形检查

不同格式的数据在转换的过程中可能会产生各种各样的错误（悬点、缺边等），使得图形在进行拓扑运算的时候出现错误，所以必须进行图形检查，如图 4-8 所示。具体的图形检查包括以下几个方面。

（1）错误图形记录检查：检查图层中是否存在如悬点、缺边等错误的图形记录。

（2）环状图形面积检查：检查图斑的面积和图斑与自身相交结果的面积不等的情况。

（3）面积检查：检查每个行政区域内部的图斑面积与该行政区域面积之间的误差是否在容许范围之内。

（4）其他检查，如重叠检查、缝隙检查、自相交检查和线闭合检查等。

2. 属性检查

属性检查主要是检查属性数据是否丢失或者不完整，具体包括以下几个方面。

（1）表结构检查：检查图层的表结构和数据库中相应的表结构是否相同。

（2）字段值非空检查：检查特定字段是否被赋值。
（3）重复编号检查：检查某个字段值是否有重复的编号。
（4）字段值范围检查：检查字段值是否在设定的范围内。
（5）枚举检查：检查字段值是否在设定的枚举表中。

3. 风格检查

图形风格化问题即符号化问题，是数据转化过程中最棘手的问题之一。不同平台下图形数据的符号（如颜色、线宽、线型等）是不能兼容的，这是因为每个 GIS 软件的符号库和符号化方式是不同的，所以要解决不同平台之间的数据转换中风格的丢失问题，只有通过要素编码将不同要素对应起来，也就是将符号库对应起来，才能实现风格的转换，即对要素编码的检查。

4. 拓扑检查

一些数据模型支持拓扑关系（如 Geodatabase），而另一些数据模型则不支持拓扑关系（如 shapefile），而且不同 GIS 软件支持的拓扑关系也可能不一致。当从支持拓扑关系的数据模型向不支持拓扑关系的数据模型转入数据时，拓扑关系会丢失；当从不支持拓扑的数据模型向支持拓扑的数据模型转入数据时，必须重新建立拓扑关系。重建的拓扑关系是否正确、是否有所丢失，都要通过拓扑检查来获得。

4.6.4 数 据 入 库

转换后的数据经过数据检查合格后，就进行入库操作。入库时不同格式的数据应根据预先设定的模式入库，如数字线划图（digital line graphic，DLG）数据需要根据点、线、面和注记来分别入库；而影像数据根据实际需要，可以在入库的过程中建立影像金字塔，这样可以大大提高影像数据的读取速度。

4.7 土地数据库更新

4.7.1 数据更新模型

空间、属性、时间是地理现象的三个基本特征，也是土地数据库的三种基本数据成分。这里的"空间"指空间位置数据及其派生数据；"属性"指与空间位置无派生关系的专题属性数据；"时间"则指空间和属性状态的时变信息。

随着近年来以空间数据库为基础的 GIS 研究和应用的不断深入，随时间而变化的信息越来越受到人们的关注，因而提出了时态 GIS（temporal geographic information system，TGIS）的概念。时态 GIS 的组织核心是时空数据库，时空数据模型则是时空数据库的基础。但是由于空间、属性、时间三者之间的关系和结构组织非常复杂，理想的时空数据库和时态 GIS 系统目前还没有出现。目前采用的数据更新模型有以下几种。

（1）时空复合模型。将每一次独立的叠加操作转换为一次性的合成叠加，变化的累积形成最小变化单元，由这些最小变化单元构成的图形文件和记录变化历史的属性文件联系在一起表达数据的时空特征。最小变化单元即一定时空范围内的最大同质单元。其缺点在于多边形碎化和对关系数据库的过分依赖，随着变化的频繁会形成很多的碎片。

（2）连续快照模型。连续快照模型在数据库中仅记录当前数据状态，数据更新后，旧数据变化值不再保留，即"忘记"过去的状态。连续的时间快照模型是将一系列时间片段快照保存起来，以反映整个空间特征的状态。由于快照将对未发生变化的所有特征重复进行存储，会产生大量的数据冗余，当事件变化频繁，且数据量较大时，系统效率急剧下降。

（3）基态修正模型。为避免连续快照模型将未发生变化部分的特征重复记录，基态修正模型只存储某个时间点的数据状态（基态）和相对于基态的变化量。只有在事件发生或对象发生变化时才将变化的数据存入系统中，时态分辨率刻度值与事件或对象发生变化的时刻完全对应。基态修正模型对每个对象只存储一次，每变化一次，仅有很少量的数据需要记录。基态修正模型也称为更新模型，包括矢量更新模型和栅格更新模型。其缺点是较难处理给定时刻时空对象间的空间关系，且对很远的过去状态进行检索时，几乎对整个历史状况进行阅读操作，效率很低。目前，这种模型在地籍管理信息系统应用中非常普遍。

（4）时空立方体模型。时空立方体模型用几何立体图形表示二维图形沿时间维发展变化的过程，表达了现实世界平面位置随时间的演变，将时间标记在空间坐标点上。给定一个时间位置值，就可以从三维立方体中获得相应截面的状态，也可扩展表达三维空间随时间变化的过程。缺点是随着数据量的增大，对立方体的操作会变得越来越复杂，以至于最终无法处理。

（5）时空对象模型。时空对象模型认为世界是由时空原子（spatio-temporal atom）组成的，时空原子为时间属性和空间属性均质的实体。在该模型中，时间维与空间维垂直，可表示实体在空间和属性上的变化，但未涉及对渐变实体的表示。缺点是随着时间发生的空间渐进的变化不能在时空对象模型中表示，没有一个描绘变迁、过程的概念。

（6）面向对象的时空数据模型。面向对象方法是在节点、弧段、多边形等几何要素的表达上增加时间信息，考虑空间拓扑结构和时态拓扑结构。一个地理实体，无论多么复杂，总可以作为一个对象来建模。缺点是，没有考虑地理现象的时空特性和内在联系，缺少对地理实体或现象的显式定义和基础关系描述。

（7）基于事件的时空数据模型。事件是物质变化的驱动力，或者是在两个状态临界点引起物体质变的动作。一个事物的发展经过若干事件序列，并假定一个事件的完成持续在一个时间区间内，直到下一个事件开始，是一个长事务。以土地为例，其事件有土地征用、土地划拨、土地查封、使用权转让、使用权分割、道路拓宽等。

4.7.2 数据更新技术

目前 GIS 数据的更新主要有如下三种模式。

1. 定期更新

定期更新，就是指对 GIS 数据以某个固定的时间为周期进行版本替换式更新。例如，荷兰 1∶10000 数据根据区域特点更新周期分为 4 年、6 年、8 年；日本 GSI 采用基于栅格的更新方法，城市地区每 3 年更新一次，郊区每 5 年更新一次，山区每 10 年更新一次；我国上海市确定 1∶10000 数字线划地图的更新周期为 5 年，1∶2000 数字线划地图的更新周期为 4 年，1∶1000 数字线划地图的更新周期为 3 年，而中心城区 1∶500 数字线划地图的更新周期为 2 年。

2. 固定变化程度的更新

固定变化程度的更新，是指 GIS 数据的变化达到一定的变化程度后，对 GIS 数据内容进行一次全面的更新,也是版本替换式更新。与定期更新不同之处在于版本替换的周期是根据变化程度决定的,而不是定周期。例如,美国国家海洋局在地图上的变化部分达到一定程度(如超过 300 个/幅)时即出版一张新的地图。

3. 增量式更新

增量式更新是一种动态数据更新方式,即 GIS 数据的变化一经发现便立即更新主数据库内容,并将更新内容连续提供给用户使用的更新模式。增量式更新由于其方式灵活而且能够更好地保证空间数据的现势性,是未来数据库更新的主要趋势,也是目前研究的重点。

1) 增量信息的识别

增量信息文件是用来记录相对于历史数据发生变化的那部分信息,如何获取这部分增量信息是进行更新的第一步,也是至关重要的一步。根据地理信息数据的来源方式,可以将增量信息的获取方式分为以下三种。

(1) 外业采集设备(PDA 等)现场采集的变化信息,此时外业采集设备上往往装有同内业处理设备相同类型的软件,因此该方法获取的变化信息格式与要求基本一致,可直接作为增量信息文件。

(2) 采用其他数据源(地籍图、规划图等)与历史数据进行空间叠加分析,从而获取变化信息,此种方式获取的变化信息存在异构数据的问题,需要对源数据进行相关处理(坐标转换、配准等),才能获取准确的增量信息。选取数据源进行叠加分析的前提条件:一是源数据必须与目标数据比例尺相同;二是源数据必须与目标数据坐标系统一致;三是源数据必须与目标数据坐标规范相同。因此,在进行空间叠加分析前,需要对其他来源数据进行预处理,以得到符合标准的源数据。

(3) 当存在上下级关系的管理系统(如土地调查数据库等)更新时,下级系统将每年变化的信息作为增量信息包直接汇交给上级系统进行自动更新,这种更新方式直接快速,但是要求同时存在上下级系统。

2) 变化类型的判定

空间对象的变化类型主要分为分割、合并、修改和转换四种,其中转换可拆分成新增和灭失的组合。对于矢量地图数据而言,更新实质上可以归结为三种操作类型:①增加,新建一个地物要素对象,包括空间属性和语义属性;②删除,将一个地物要素从数据集中删除;③修改,对一个地物要素的空间属性或非空间属性进行一定的处理,包括位移、旋转、缩放、变形、属性变化等。这三种操作造成的要素的变化信息就是"增量",自动更新的关键也在于如何识别这些增量内容,并将这部分内容融合到空间数据库中。因为"修改"操作具有较高的计算复杂性,不便于处理和控制,所以可以将这一过程分解为"增加"和"删除"两个过程来实现。也就是说,增量模型可以整合为两部分内容:增加和删除。假设集合 A 表示更新前数据集合:$A=\{x\,|\,x$ 为更新前数据对象$\}$,集合 B 表示更新后数据集合:$B=\{y\,|\,y$ 为更新后数据对象$\}$,集合 C 表示两者的并集:$C=A\cup B$,那么,增加内容的集合可以表示为 $M=\{\alpha\,|\,\alpha\in C,\ \alpha\in B,\ \alpha\notin A\}$,删除内容的集合可以表示为 $N=\{\beta\,|\,\beta\in C,\ \beta\in A,\ \beta\notin B\}$。最后得出增量内容为删除部分 N 和新建部分 M。

在将最新数据源与历史数据进行空间叠加分析时,检测和处理这几种类型是进行增量更新和跟踪查询的关键。根据图斑之间的空间拓扑关系、地块更新类型和实际操作方法三者之间的关系,可将增量更新模型表示为图 4-9。

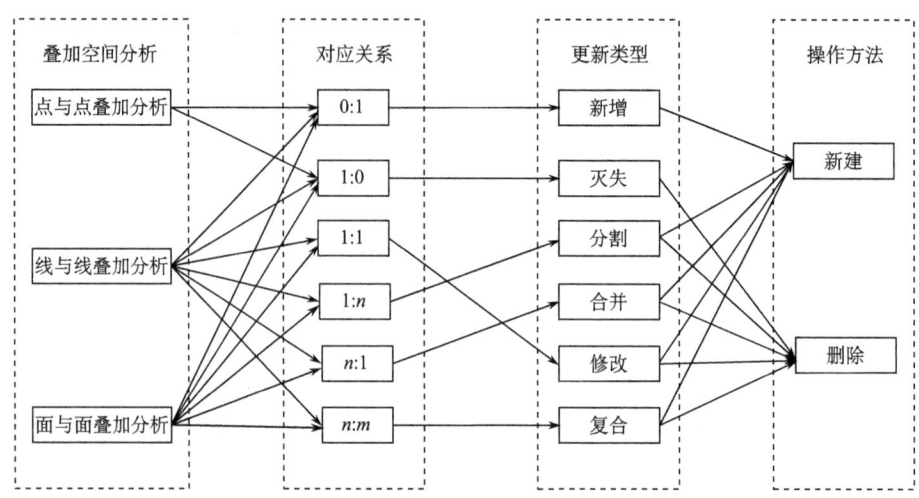

图 4-9 更新类型和操作方法的判定

3）更新操作的执行

执行增量更新操作是进行更新的最后一步，它是完成将增量信息写入现势数据库，将历史数据从现势数据库移存到历史数据库的过程。数据库更新操作是通过更新操作算子来实现的。

4.7.3 历史数据管理

在土地管理信息系统建设过程中，为满足国民经济建设和生产单位的需要，必须定期更新数据，保持基础数据的现势性。在保存现势资料的同时保存历史资料具有十分重要的意义，如分析地域的动态变化情况、预测未来发展趋势、辅助决策等，因此建立一套有效的数据版本管理机制，不仅可以确保有效数据长期保存，而且能够避免不必要的数据冗余。

空间数据库分为现势库和历史库两部分，现势库反映了图层的最新变化现状（即历史库的最新版本），系统初始化时最先浏览的是现势库；历史库通过图层的 ID 号与当前库相关联，记录了对当前库地图要素的添加、删除等行为，继而保存为版本，版本之间是串行的，即下一版本拥有对上一版本的部分或全部数据，但是上一版本不会拥有下一版本中新添加的要素。用户需要查看历史数据时，可以通过版本名称查看任一版本的相应信息。

时空对象的历史数据回溯包括历史数据正向回溯和历史数据反向回溯。时空对象的历史数据正反向回溯是指在对象关系时空数据模型存储结构的数据范围内，以结构中任何一期数据为起点，在时间维上向前（一期或多期）或向后进行空间和属性数据的地图可视化，即再现的过程。回溯可以分为整体回溯和部分回溯。整体回溯即再现单一历史时期全部空间实体的组成方式和地图可视化；部分回溯即再现某一时空对象在各历史时期的变化过程和地图可视化。历史数据回溯是时态 GIS 的一个重要环节。对时空对象历史数据进行正反向回溯来实现空间数据和属性数据的历史回顾和再现，是实现数据动态管理的关键内容之一。

空间数据往往是海量的，因此，针对历史数据回溯问题，不仅仅要考虑实现的方便与否，还要考虑实现方法的效率和数据冗余度的问题。目前，在历史数据的管理和回溯方面，普遍采用以下几种方式。

（1）定时或随时备份数据，根据时间顺序回溯。该方式把不同时段的数据以"快照"（snapshot）的方式存储和管理，根据需要对指定时间片断的历史数据进行回溯。该方法的实现方法比较简单：根据所有不同的时间值进行顺序排序，即可得到不同时期的历史状态。

（2）记录父子关系，通过属性字段查询进行历史数据回溯。在这种方法中，历史数据采用记录时间标记的方式进行管理，然后根据时间字段通过属性查询父 ID 的方式来实现历史数据的回溯。

（3）基于空间查询方法的历史数据回溯。根据空间实体变更的空间约束条件，得知子地理实体和它的父地理实体之间总是相交的。综合这一特点和常用的通过父子关系的历史数据回溯方法，可以提出一种利用空间查询进行筛选，利用属性字段进行回溯父实体的方法。具体方法是：确定想要进行回溯的单个地理实体，利用它的几何形状，在历史库中进行一次空间查询（筛选），获取所有相交的地理实体，而这些筛选出来的实体中，包含了所有的父实体和所有的直系祖先。然后针对这些地理实体采用属性查询来查找，即可获取所要查询的地理实体的历史树。这样，在用户允许的范围内，可以在一定程度上减少查询的次数，提高效率，并且能够得到用户想要的历史状态。

4.8　土地数据库管理与维护

4.8.1　元数据管理

元数据（metadata）最本质、最抽象的定义为：关于数据的数据（data about data）。它是描述数据及其环境的数据。一般来说，它有两方面的用途：①元数据能提供基于用户的信息，如记录数据项的业务描述信息的元数据能帮助用户使用数据；②元数据能支持系统对数据的管理和维护，如关于数据项存储方法的元数据能支持系统以最有效的方式访问数据。

空间元数据用于描述地理空间信息中地理数据集的内容、质量、表示方式、空间参考、管理方式及数据集的其他特征，是实现地理空间信息共享的核心标准之一。

1. 空间元数据标准

第一层是目录信息，主要用于对数据集信息进行宏观描述，适合在数字地球的国家级空间信息交换中心或区域及全球范围内管理和查询空间信息时使用。

第二层是详细信息，用来详细或全面描述地理空间信息的空间元数据标准内容，是数据集生产者在提供空间数据集时必须要提供的信息。

国家"九五"科技攻关计划 97-759 项目"国土资源环境和区域经济信息系统（NREDIS）"及"国家空间信息基础设施关键技术研究"提出了进行信息共享元数据内容的标准草案，这里以该草案为基础，结合土地信息的特点对此标准进行部分修改，给出了国土资源（土地）空间元数据标准框架，如图 4-10 所示。

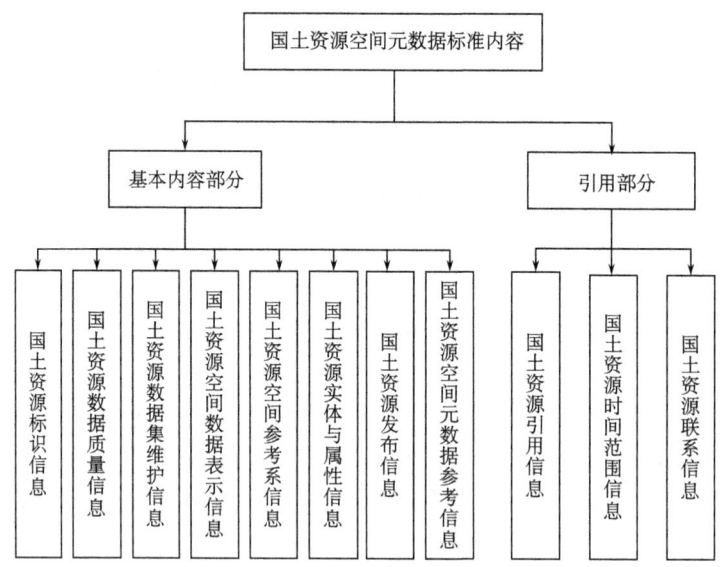

图 4-10 国土资源空间元数据标准内容

2. 空间元数据建库

（1）元数据采集。元数据的来源多样，包括空间数据的生产者生成的元数据、其他元数据库导入的元数据、数据用户手工输入的元数据、数据管理员输入的元数据、本身系统自动生成的元数据、地学相关分析生成的元数据等，因此元数据的采集方式和处理方式也是多样的。

（2）元数据存储。整个元数据的存储采用层次鲜明的层状结构。不同层次的国土资源空间元数据存在的状况是有差异的，系统层次和数据集层次元数据随数据库存在，且由建立在分布式网络的数据库管理系统统一管理；数据特征层次的元数据库随数据集存在。

3. 空间元数据作用

（1）用来组织和管理空间信息，并挖掘空间信息资源。

（2）帮助数据使用者查询所需空间信息。

（3）组织和维护一个机构对数据的投资。

（4）用来建立空间信息的数据目录和数据交换中心。

（5）提供数据转换方面的信息。

4.8.2 安全管理

数据库的安全管理是指保护数据库，以防止不合法的使用造成数据泄密、被更改或破坏。其中不合法的使用是指不具有数据操作权的用户进行了越权的数据操作。安全保护措施是否有效是衡量数据库系统优劣的主要性能指标之一。

在计算机系统中，安全是逐级控制的，如图 4-11 所示。

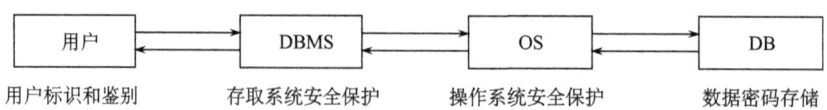

图 4-11 数据库逐级安全控制模型

有关操作系统安全保护可参考相应的操作系统方面的书籍，在此主要讨论用户标识和鉴别、存取安全保护、视图和密码存储等。

1. 用户标识和鉴别

用户标识和鉴别是系统提供的最外层安全保护措施。由系统提供一定的方式让用户标识自己的名字或身份。系统内部记录着所有合法用户的标识，每次用户要求进入系统时，由系统将用户提供的身份标识与系统内部记录的合法用户标识进行核对，鉴定正确后才提供机器使用权，可以通过用户名和口令来鉴定用户，也可以采用更复杂的方法，根据实际的需要做相应的选择。

2. 存取安全保护

在数据库系统中，为了保证用户只能访问他有权存取的数据，必须预先对每个用户定义存取权限。存取权限由两个要素组成：数据对象和操作类型。定义一个用户的存取权限就是给该用户授权，包括授予数据对象和操作类型。这些授权定义被存放在系统表中。对于获得上机权后又进一步发出存取数据库操作的用户，DBMS查找系统表，根据其存取权限对操作的合法性进行检查，若用户的操作请求超出了定义的权限，系统将拒绝执行此操作。授权在数据库中通常通过角色来实现，首先定义一些角色并授予相应的权限，然后在定义用户权限时，将某一角色赋予该用户，用户即获得角色所具有的权限。

3. 视图和密码存储

视图的一个优点就是可以对机密的数据提供安全保护。在系统中，可以为不同的用户定义不同的视图。通过视图把数据对象限制在一定范围内，从而实现对数据提供一定程度的安全保护。

对于高度敏感的数据，如财务数据、土地涉密数据，可以采用数据加密技术。数据加密是防止数据库中的数据在存储和传输中失密的有效手段。加密的基本思想是根据一定的算法将原始数据变为不可直接识别的格式，从而使不知道解密算法的人无法获得数据的内容。

4.8.3 完整性约束

数据完整性是指数据的正确性和相容性。DBMS必须具有完整性检查的功能，完整性约束的条件将作为模式的一部分存入数据库中。

数据的完整性和安全性是不同的概念，但两者是密切相关的。数据的完整性是为了防止数据库中存在不符合语义的数据，防止垃圾进出所造成的无效操作和错误结果。

4.8.4 并发控制

并发控制是指用正确的方式调度并发操作，避免数据的不一致性，即一个用户事务的执行不受其他事务的干扰，对数据库的应用有时允许某些不一致性。

并发控制的主要方法是采用封锁机制，基本的封锁类型有两种：排它锁和共享锁。若事务对数据加上了排它锁，则其他事务不能对该数据进行读写；若事务对数据加上了共享锁，则其他事务可以读数据，但不能写数据。

4.8.5 备份与恢复

尽管系统中采取了各种保护措施来防止数据的安全性和完整性被破坏，保证并行事务的正确执行，但计算机系统中软硬件错误、操作员的失误及故意的破坏有时候是不可避免的。

这些故障轻则影响数据库中数据的正确性，重则破坏数据库，使数据库中数据部分或全部丢失，因此数据库系统必须具有把数据库从错误状态恢复到某一已知正确状态的功能，这就是数据库的恢复。

数据库恢复的常用方法是转储和日志文件相结合。利用转储技术建立后备副本，当数据库毁坏后可重新装入后备副本把数据库恢复到转储结束时刻的正确状态，然后利用日志文件，把已经完成的事务进行重新处理，对故障发生时尚未完成的事务进行撤销处理，这样可以重建数据库，如图 4-12 所示。

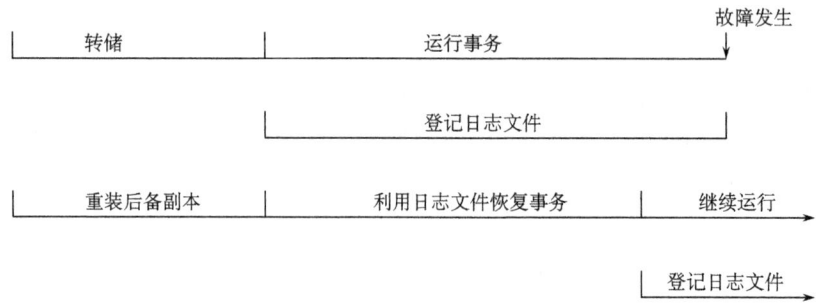

图 4-12　利用后备副本和日志文件恢复数据库

思 考 题

1. 土地数据的获取来源及方法有哪些？
2. 土地数据库建设的主要内容和意义是什么？
3. 土地数据库建设的一般步骤是什么？
4. 简要描述土地数据库更新的主要方法。
5. 土地数据库在设计时一般要遵循哪些标准？
6. 土地数据库设计包含哪些内容，每一部分的具体内容又是什么？
7. 数据检查包括哪几个方面？每个方面的检查内容是什么？
8. 土地数据库的数据备份与恢复如何进行？
9. 可以从哪些方面来对土地数据库的性能进行调整？

第5章 专业类数据库

上一章中介绍了土地数据库可以分为基础类、专业类、管理类和辅助类数据库。由于基础类数据库可参见测绘、城市地理信息系统等同类教材，本书不再详细介绍；辅助类数据库较为简单，也不在本书中介绍。本章重点介绍包括土地调查、土地评价、土地规划专业类数据库的数据采集与建库流程，其中，土地调查包括土地利用现状调查和土地权属（地籍）调查，土地评价包括城镇土地分等定级估价、农用地分等定级估价、土地集约利用评价，土地规划包括土地利用总体规划、土地整治规划、基本农田保护规划。

5.1 土地调查数据库

5.1.1 土地利用现状数据采集

土地利用现状调查工作可分为四大阶段：准备阶段、外业工作阶段、内业整理阶段、成果检查验收阶段。准备阶段主要是收集材料、人员培训和仪器的准备，并将收集来的数字正射影像（digital orthophoto map，DOM）进行精度的检查，符合标准后，将 DOM 和原有数据库底图套合，勾绘出需要调查的区域，这些区域主要是发生变化的区域、需进行权属调查的区域和内业无法确认的区域，从而制作出外业调绘底图。外业工作阶段是调查人员持调绘底图到实地进行地类的确认，当然，也可以同时进行集体土地所有权和城镇以外的国有土地使用权的权属调查。调查人员需要将调查成果材料进行填写，以备内业数据整理。内业整理阶段即将外业调查回来的数据绘制到底图上，对变更的部分进行修改，并进行数据检查，检查数据成果的准确性。成果检查验收阶段是对土地利用现状调查项目的汇交成果进行验收，检查验收方法有自检、互检、抽检等。图 5-1 为土地利用现状调查流程图。

土地利用现状分类在土地利用现状调查过程中起到了关键的作用，分类的标准也随着社会的发展进行了调整。土地利用现状分类指依据土地的用途、经营特点、利用方式和覆盖特征等因素进行的土地分类。目前，土地利用现状分类被广泛运用在土地管理中。土地利用现状分类制定要符合科学性、实用性、开放性和继承性原则。随着我国土地管理建设的不断发展，土地利用现状分类依据其分类原则，经过了调整变化。

1984 年 9 月，全国农业区划委员会颁布了《土地利用现状调查技术规程》，规定了土地利用现状分类体系。这种分类的基础思路是先将城乡分开，将农村地区按照实际用途、经营特点、利用方式和覆盖特征等因素进行分类，而城镇和村庄范围先圈起来，再对其进行分类。该分类体系为一级地类 8 个，二级地类 46 个。1989 年 9 月，国家土地管理局以行业标准《规程》发布城镇土地分类体系，该分类是以土地用途为主要依据，将城镇土地分为 10 个一级类，该分类沿用到 2001 年 12 月。2001 年 8 月，国土资源部发布《全国土地分类（试行）》，采用三大类和三级分类法，3 个一级类、15 个二级类、71 个三级类。《全国土地分类（试行）》是城乡统一的土地分类体系，之所以提出该过渡分类，是为了满足市场经济的发展，实施统一土地管理。2007 年 8 月，国家标准化管理委员会发布了《土地利用现状分类》(GB/T 21010—2007),"新分类"包括一级类12个,二级类57个。该分类被原国土资源部指定为第二次全国土地调查采用的分类标准,实现城乡用地统一分类。最新发布的土地利用分类标准《土地利用现状分类》(GB/T 21010—2017)变更为12个一级类,73个二级类,以满足生态用地保护、新兴产业用地的新需求,用于第三次全国国土调查中。

5.1.2 土地权属调查数据采集

地籍调查的主要内容是土地权属数据的获取,因而也称为土地权属调查。土地权属数据是土地管理数据的重要组成部分,其记录的是土地所有者或使用者的土地权源及其权利所在的位置、界址、数量和用途等基本情况。从空间角度上来看,土地权属数据获取可以包含在农村土地调查和城镇土地调查过程中;从时间角度上来看,土地权属数据获取可以包含在地籍总调查和日常地籍调查过程中。例如,我国开展的第二次全国土地调查工作中,农村土地调查中权属调查的对象包括集体土地所有权宗地和国有土地使用权宗地,而城镇土地调查的对象是国有土地使用权宗地,两者是统一的。随着社会的发展,集体土地使用权的确权登记已经逐步开展,这为进一步完善土地作为生产资本提供了权属基础。

土地权属调查是对土地所有者或使用者的土地权源及其权利所在的位置、界址、数量和用途等基本情况的调查工作,土地权属调查包括土地权属总调查和变更土地权属调查。通过土地权属调查,形成基本的权属信息,之后进行地籍测量,最终形成土地权属数据。

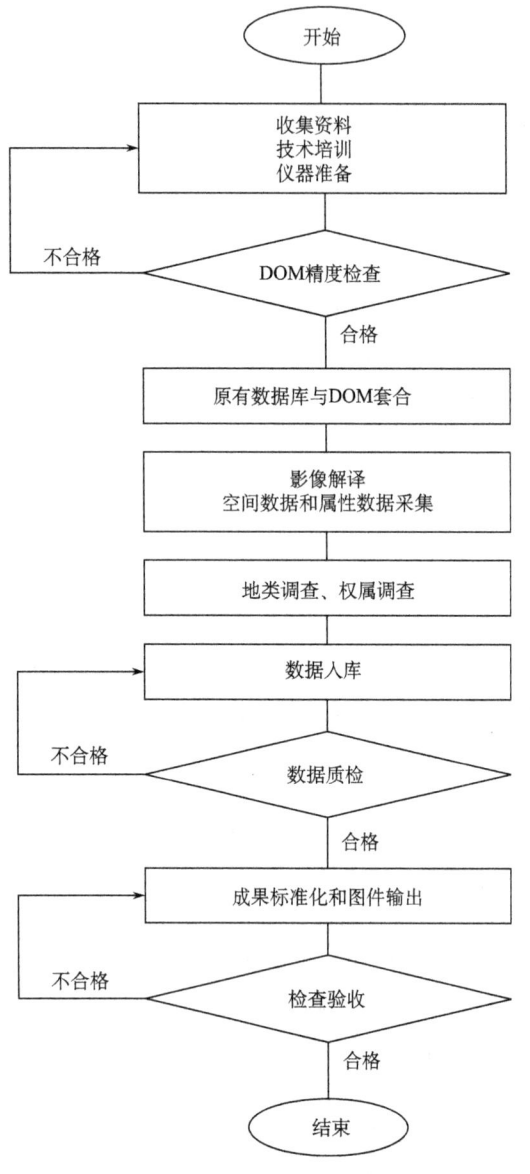

图 5-1 土地利用现状调查流程图

初始土地权属调查是初始地籍调查的重要程序,是对行政辖区内申请登记的全部宗地进行的全面现场调查,调查的基本单元是宗地。初始土地调查的基本工作程序是:准备工作、实地调查、现场绘制宗地草图、调查文件的整理。日常地籍调查是维持地籍调查成果的重要工作,通过对日常土地权属变更的记录,实现对土地的管理。

根据初始土地权属调查(地籍调查)数据库建立所采用的技术手段的不同,可采用图5-2所示的三种途径进行初始土地权属调查数据库的建立工作。

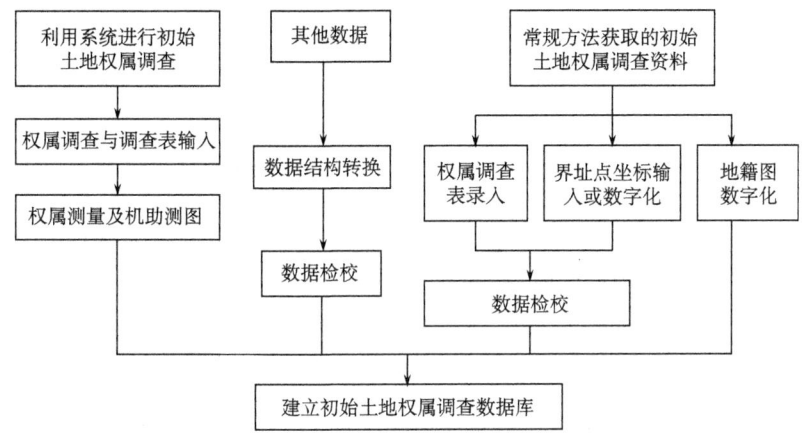

图 5-2 初始土地权属调查数据库的建立途径

图 5-3 为土地权属数据变更处理流程。首先确定变更区域，输出变更区域权属调查表、地籍图、界址点坐标等；变更权属调查与变更地籍测量，取得变更调查表与变更权属测量数据；变更区域原权属调查表、地籍图及土地登记表、卡、证，标注变更日期；变更权属测量数据输入，变更区域新图形构筑，形成现势的地籍图；自动生成变更权属调查表，补充权属调查表有关内容，形成基础调查数据库；自动进行变更登记资料生成、补充，形成变更后的表、卡、证、图等数据。

土地权属调查一般可以与土地利用现状调查同时进行，然后一并建立土地调查数据库。

5.1.3 数据库设计

土地调查结束后，应将成果资料按照土地调查数据库建设的要求入库。土地调查数据库是根据数据库建设规程，按照一定的数据模型对土地调查数据内容进行有效的组织和管理，并为土地管理提供数据信息支持。首先必须明确数据库的组成结构并进行逻辑设计。

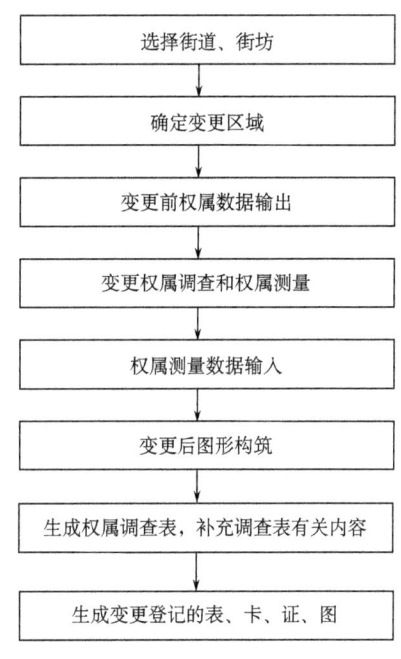

图 5-3 土地权属数据变更处理流程

1. 数据库组成结构

土地调查数据库按要素类型包括地籍区、地籍子区、土地权属、土地利用、基础地理等数据。

（1）土地权属数据主要包括宗地的权属、位置、界址、面积等。

（2）土地利用数据主要包括行政区（含行政村）图斑的权属、地类、面积、界线等。

（3）基础地理数据主要包括数学基础、境界、交通、水系、居民地等。

土地调查数据库按几何类型由主体数据库和元数据组成：主体数据库由空间数据库、非空间数据库组成；元数据由矢量数据元数据、数字正射影像图（DOM）元数据和数字高程模型（digital elevation model, DEM）元数据等组成。土地调查数据库逻辑结构如图 5-4 所示。

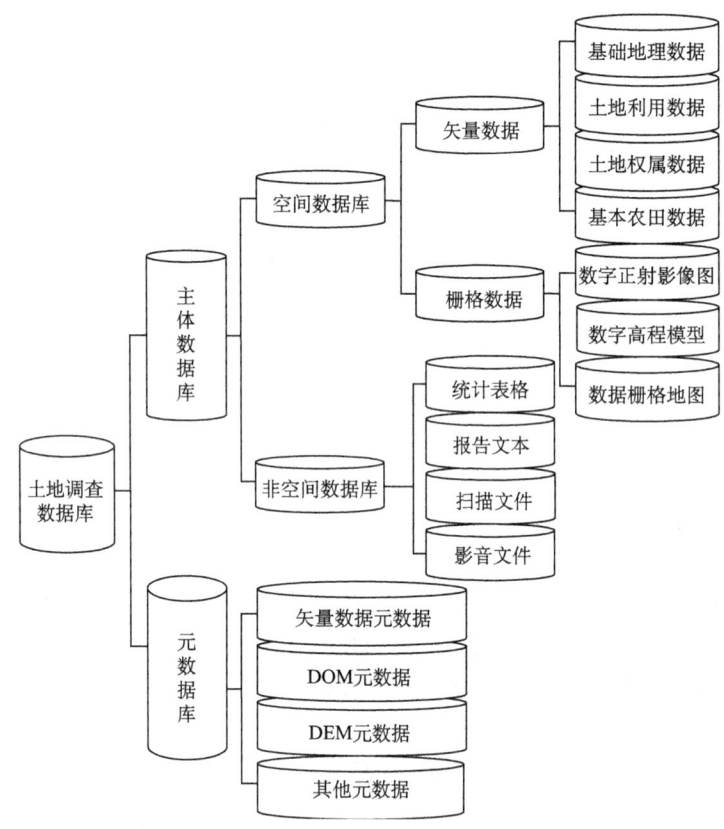

图 5-4　土地调查数据库逻辑结构图

2. 数据库逻辑设计

（1）土地利用现状要素逻辑模型。按照土地利用现状调查所采集的土地信息特征，土地利用现状调查数据包括地籍区、地籍子区、图斑、线状地物、零星地类、地类界等要素。土地利用现状要素数据对象模型如图 5-5 所示。

（2）土地权属要素逻辑模型。按照土地权属（地籍）调查需采集的信息特征，土地权属调查数据包括行政区划要素、宗地要素等。宗地要素包括宗地图形和权属等子要素，宗地图形要素又包括界址线、界址点等子要素。土地权属要素数据对象模型如图 5-6 所示。

5.1.4　数据库建设流程

如图 5-7 所示，土地调查数据库建设主要分四个阶段。

第一阶段为准备工作阶段：主要包括建库方案制定、人员准备、数据源准备、软硬件准备、管理制度建立等。

第二阶段为数据采集与处理阶段：主要包括基础地理、土地利用现状、土地权属等各要素的采集、编辑、处理和检查等。

第三阶段为入库阶段：主要包括矢量数据、栅格数据、属性数据及各元数据等的检查和入库。

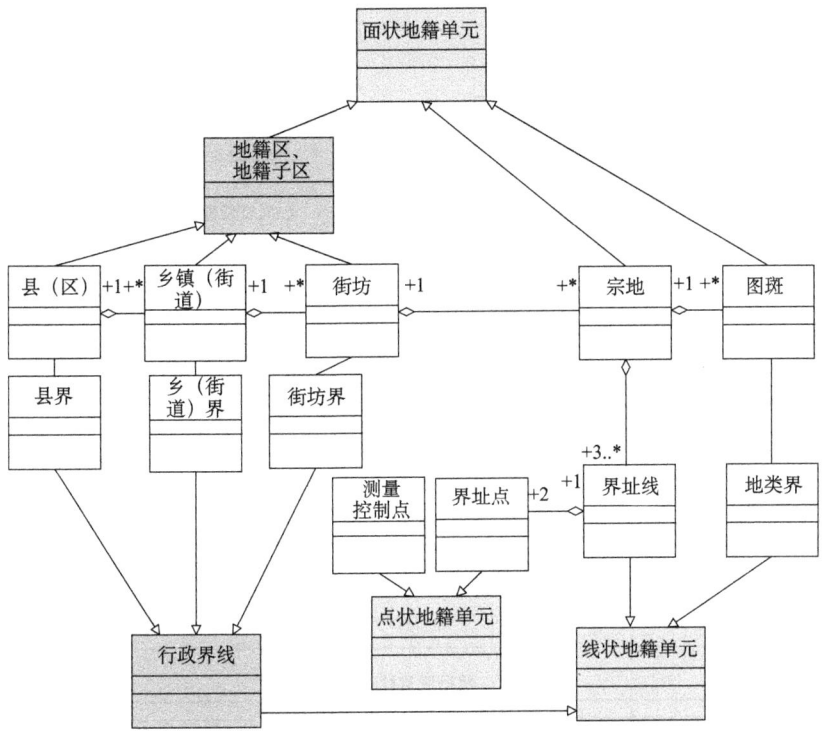

图 5-5　土地利用现状要素数据对象模型图

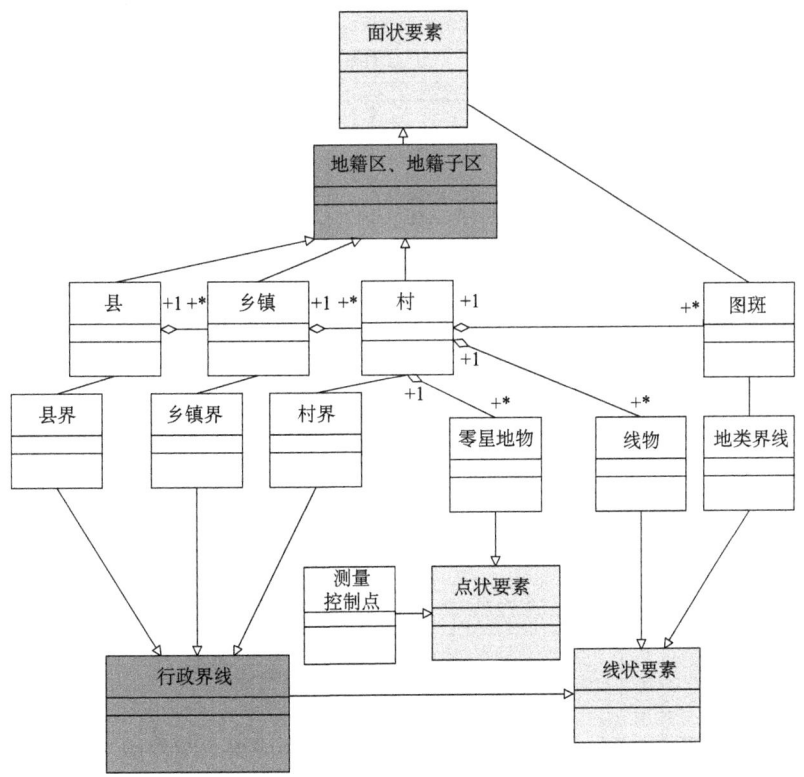

图 5-6　土地权属要素数据对象模型图

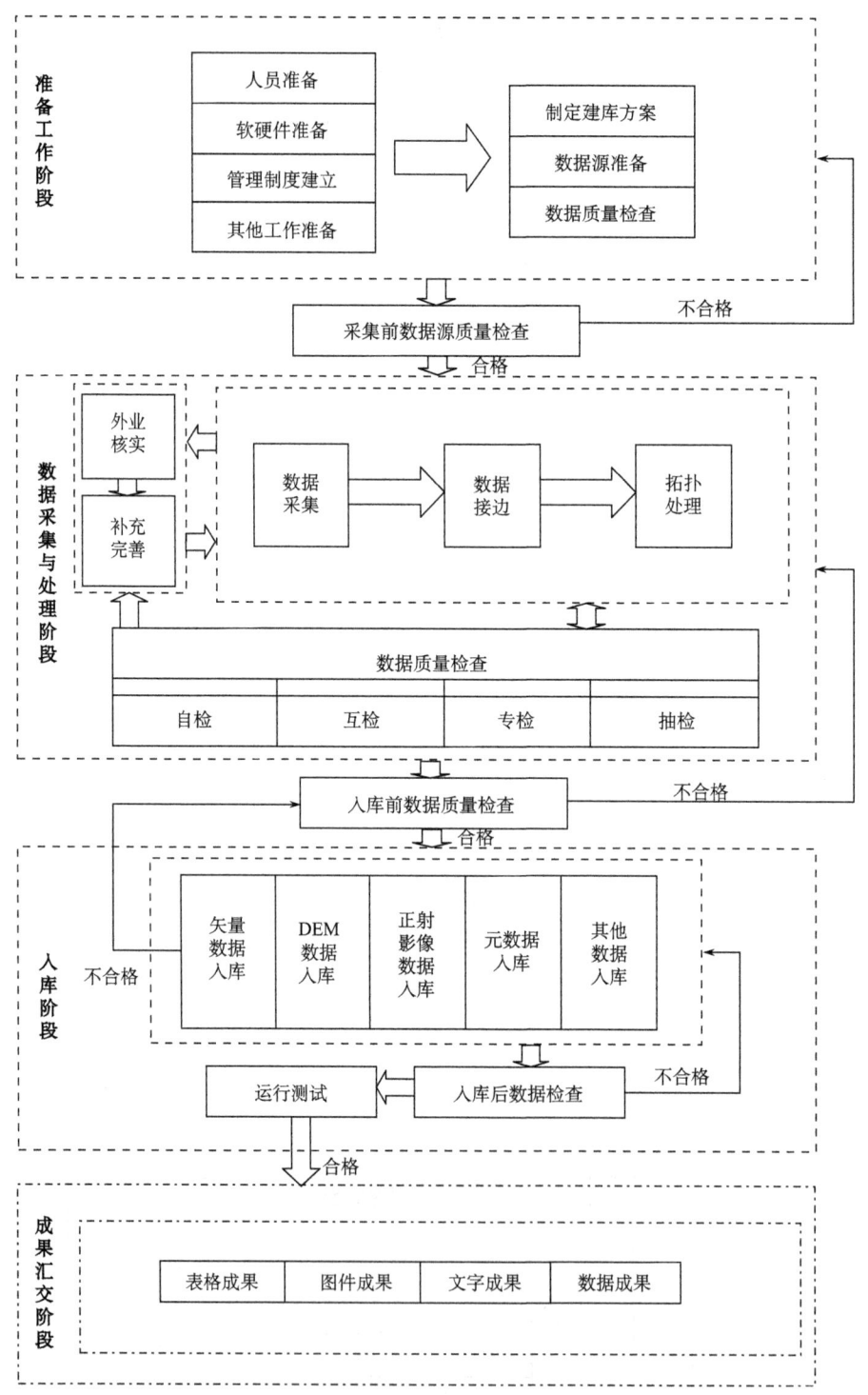

图 5-7 土地调查数据库建设步骤

第四阶段为成果汇交阶段：主要包括数据成果、文字成果、图件成果和表格成果的汇交。

5.1.5 数据库更新

土地调查数据库作为土地资源基础数据库的核心，直接为地籍管理、用地审批、土地利用规划等工作提供数据支撑。土地调查数据库的现势性是其基本的质量特性。我国正处于经济高速发展时期，保证土地调查数据库的现势性尤为重要，因此要不断地进行数据库的更新和维护。

按照土地调查数据库更新标准的要求，利用日常地籍调查所产生的变更数据对数据库成果进行更新，保持土地调查数据库成果的现势性，满足土地调查成果为政府机关、企事业单位和社会公众应用的需要。自第二次土地调查后，我国目前土地调查数据库一般采用增量更新方式，具体参见本书 4.7 节。

5.2 土地评价数据库

5.2.1 城镇土地分等定级估价数据库

1. 业务概述及数据来源

1）城镇分等定级估价概述

在土地管理工作中，城镇土地分等定级估价是土地利用管理的一个重要组成部分。土地分等是城镇之间土地质量的比较，土地等反映城镇之间土地质量的地域差异；土地定级是一个城镇内部土地质量的比较，土地级反映城镇内部土地的区位条件和利用效益的差异；土地估价是在科学划分土地等级、综合考虑影响土地价格的各种因素的基础上进行的一种地价评定和估算。

2）城镇分等定级估价数据来源

用多因素综合评定法初步划分土地的等别和级别，以级别来控制基准地价；利用企业效益资料，采用级差收益法测算级别土地收益；利用市场交易资料，采用收益还原法、剩余法、成本逼近法和市场比较法计算样点地价，进而计算区段地价；以样点地价和区段地价调整初步划分的土地级别，最后综合确定土地级别及其基准地价，并在级别基准地价的基础上，分商业、住宅、工业三大类用地建立宗地地价修正系数体系，用以评估宗地地价。

城镇土地定级考虑的因素主要包括繁华程度、交通条件、基本设施状况、环境条件四个方面。其中，繁华程度主要指商服繁华影响度；交通条件包括道路通达度、公交便捷度、对外交通便利度；基本设施状况包括基础设施完善度、公用设施完备度；环境条件主要指环境质量优劣度、绿地覆盖率、自然条件优劣度等。

2. 城镇定级估价数据库建设

城镇土地定级估价信息系统的基础是要有良好的数据库支持。在进行数据库设计时，通过数据分层、图块管理、属性编码和空间索引设计，建立空间数据库，然后根据数据流程图的分析，建立概念数据库模式，并将其转换成逻辑数据库模式，进行非空间数据库设计，最后建立空间数据库与非空间数据库的连接关系。城镇土地定级估价数据库建设流程如图 5-8 所示。

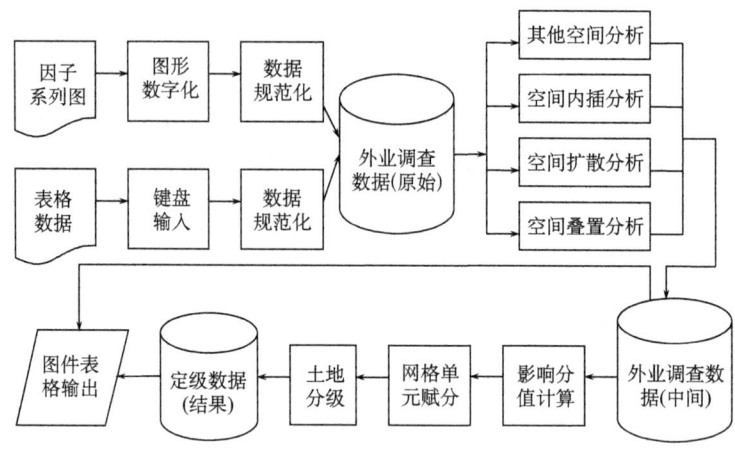

图 5-8 城镇土地定级估价数据库建设流程图

根据空间数据与属性数据的特性及土地定级估价对数据的基本要求，系统所建立的数据库应是一个融基础数据与专业数据、属性统计数据与空间图形数据为一体的综合性数据库，具有结构合理、质量可靠、运行效率高的特性。其基本结构如图 5-9 所示。

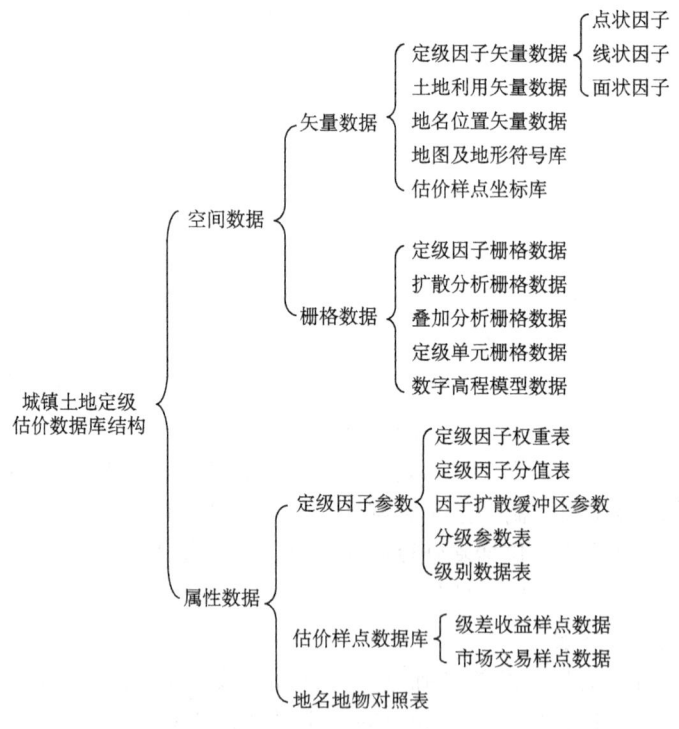

图 5-9 城镇土地定级估价数据库结构图

分等定级估价所使用和形成的数据，包括：①分级别分用途的基准地价数据表、商业路线价数据表、标准宗地数据表、各类因素修正系数表、修正系数说明表、估价所收集各种原始数据表等；②当地的一些经济方面的统计数据，如人均耕地等；③为了减少土地估价师的工作量，实现估价报告的自动生成时所用的估价报告的模板，也作为一种数据存放；④每次宗地估价的结果和相关信息存储到数据库中,作为估价库资料的积累,方便宗地估价工作的管理,同时也为以后的估价工作积累资料。

城镇土地定级估价数据库的更新和维护的一种主要方法是以样点地价评估来更新级别基准地价。根据城镇用地功能分区选取一定的交易样点(交易样点要覆盖整个区域),以样点地价的平均值作为该功能分区级别或均质地域的基准地价。

城镇定级数据由基础地理数据和土地定级要素组成;在基础数据里主要考虑行政区域对象,在特定的行政区域内进行定级估价;土地定级要素由土地级别和定级因素构成,在定级因素里主要考虑对土地级别有重大影响,并能体现土地区位差异的经济、社会、自然条件。城镇分等定级要素数据对象模型见图5-10。

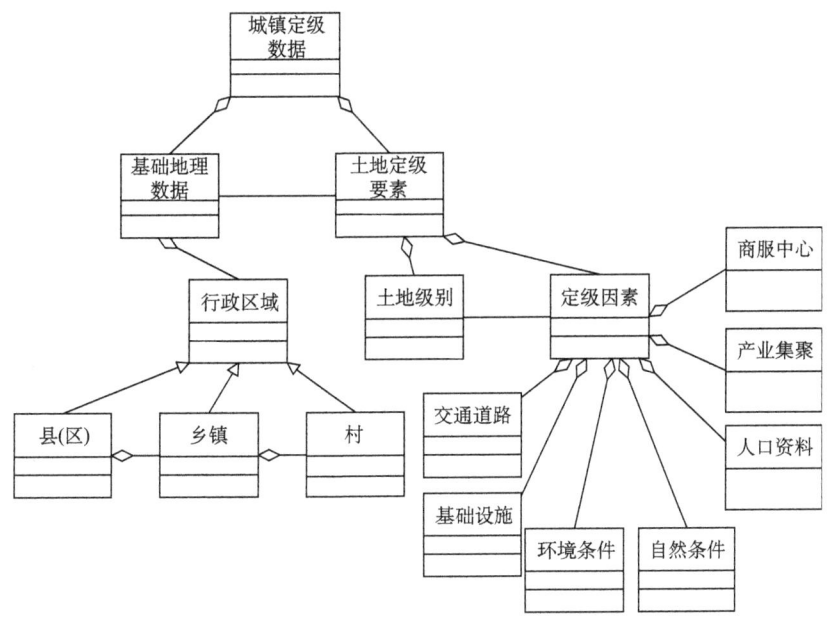

图5-10 城镇分等定级要素数据对象模型图

5.2.2 农用地分等定级估价数据库

1. 业务概述及数据来源

1)农用地分等定级估价概述

农用地分等定级估价是在特定目的下,根据农用地的自然和经济两方面属性及其在社会经济活动中的地位、作用,综合评定农用地土地质量的优劣并划分等级,估价是在分等定级工作的基础上对其经济价值的量化和评价。

农用地估价是在农用地定级的基础上,通过对农用地价值的综合评定而形成的地价体系。农用地地价体系包括基准地价、宗地地价两个层次。基准地价是指针对农用地不同级别,按照农用地不同利用类型,分别评估确定的某一估价期日的单位土地使用权平均价格。农用地的基准地价按土地利用类型可划分为粮田(旱地、水浇地、望天田、水田)、菜地等类别。宗地地价是农用地某一宗地土地使用权(目前主要为承包权、租赁权)的评估价格,它是与基准地价相对应的地价层次。

2）农用地分等定级数据来源

（1）农用地自然条件资料：气候、水文、土壤、地貌、农田基本建设等。

（2）农用地利用资料：主要农作物的面积、单产、总产的统计资料，样点土地利用条件，农业生产实测资料，农业技术实验资料等。

（3）农用地经济资料：人均耕地、亩均资金投入、亩均纯收益、农民人均收入、农村道路网分布、道路级别标准、距区域经济中心距离、耕作距离、田块分散程度等。

（4）图件资料：土地利用现状图、土壤图、地形图、土地利用规划图及其他相关图件。

（5）其他资料：农业区划资料、土壤普查资料、土地利用现状调查资料、土地利用规划、土地利用变更资料、农业统计资料、当地市场价格资料等。

2. 农用地分等定级估价数据库

农用地分等定级估价数据库的数据种类多、数量大，因此数据组织及数据结构就显得格外重要。

农用地分等定级估价数据库建设的总体思路是：以《农用地分等定级规程》《农用地估价规程》等为技术依据，充分利用最新农村地籍调查成果资料和实地调查资料，借助先进的计算机技术和地理信息系统技术，先分等，再定级，最后估价，农用地分等、定级与估价有机结合，相互校验，科学、客观地评价农用地等别、级别和基准地价，设立评定标准宗地，建立农用地地价体系。系统用到的数据量大且种类繁多，因此需要对数据进行有效的处理。农用地分等定级估价数据库结构如图5-11所示。

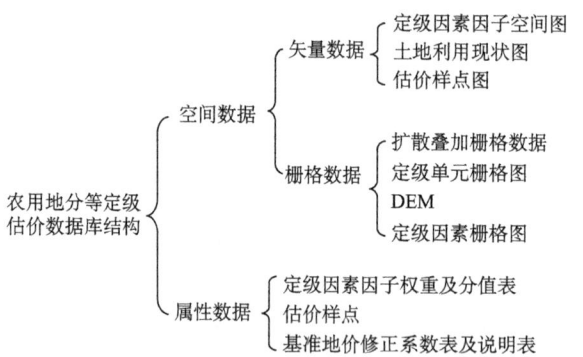

图 5-11 农用地分等定级估价数据库结构图

5.2.3 土地集约利用评价数据库

土地集约利用实质上是土地投入产出的关系，即以在土地上最少的投入获得最高产出。其内涵扩展包括以下三层含义：

（1）土地地块集约利用，是指区域某一土地利用类型的地块集约化利用。

（2）土地类型集约利用，是指区域同一土地利用类型土地集约化利用。

（3）区域土地集约利用，主要是根据有限土地资源自然属性（土地经济、生态、适用性）和社会属性（市场供求关系、城市发展需求、社会经济发展需求）对土地资源利用的优化配置。

当前国内的土地集约利用评价主要包括农用地集约利用评价和城市建设用地集约利用评价。其中，在建设用地评价中，开发区土地集约利用评价是最重要的一种。

开发区土地集约利用是在有限的土地利用总面积和建设用地供应总量上，通过宏观调控，科学合理地安排土地资源，优化配置土地资源，以坚持节约用地、高效用地、科学用地、提高土地效益为主旨，最大限度地提高土地利用率和单位面积的土地投入产出率，促进土地作为生产要素的市场、行政的最佳配置，促进经济发展，走内涵式发展和可持续发展道路，达到社会价值和经济价值的最大化。

根据开发区土地集约利用评价的需要，主要收集相关的地理空间数据和属性数据。地理空间数据主要包括：开发区土地利用现状图、宗地红线图、地籍图、城市规划相关图件、遥感影像图等。属性数据主要包括：各宗地审批时间、使用年限、权属名称、各工业企业相关经济统计数据、各宗地建筑情况、工业企业内部用地结构、各宗地出让方式、招拍挂情况等。资料收集完成后，对其进行筛选与预处理。

开发区土地集约利用评价的主要评价内容即对开发区的基础地理信息要素、土地信息要素、其他信息要素分别进行评价，并按类别输入数据库。表 5-1 是开发区土地集约利用评价的数据库内容要素。

表 5-1　开发区土地集约利用评价的数据库内容要素表

基础地理信息要素	定位基础	测量控制点、测量控制点注记、数学基础（内图廓线、坐标网线）
	水系	河流、河流注记、沟渠、沟渠注记、湖泊、湖泊注记、水库、水库注记、海洋要素、海洋要素注记、其他水系要素、其他水系要素注记、水利及附属设施、水利及附属设施注记
	交通	铁路、铁路注记、城际公路、城际公路注记、城市道路、城市道路注记、乡村道路、乡村道路注记
	境界与行政区	行政区、行政区界线、行政区注记
	地貌	等高线、高程注记点
土地信息要素	开发区基本信息要素	基本信息面状要素（面状图斑、面状图斑注记），基本信息线状要素（线状地物、线状地物注记），基本信息点状要素（点状地物、点状地物注记）
	开发区土地利用状况要素	已建成城镇建设用地（地类图斑、地类图斑注记），未建成城镇建设用地（地类图斑、地类图斑注记），不可建设土地（地类图斑、地类图斑注记），典型企业用地（地类图斑、地类图斑注记）
其他信息要素	文本要素	文本数据
	表格要素	表格数据
	图件要素	图件数据
	其他数据要素	其他数据

根据开发区土地集约利用评价建库工作程序和技术步骤要求，对应设计软件建库功能和功能之间的使用顺序。

开发区土地集约利用评价的建库流程一般包括以下步骤（图 5-12）。

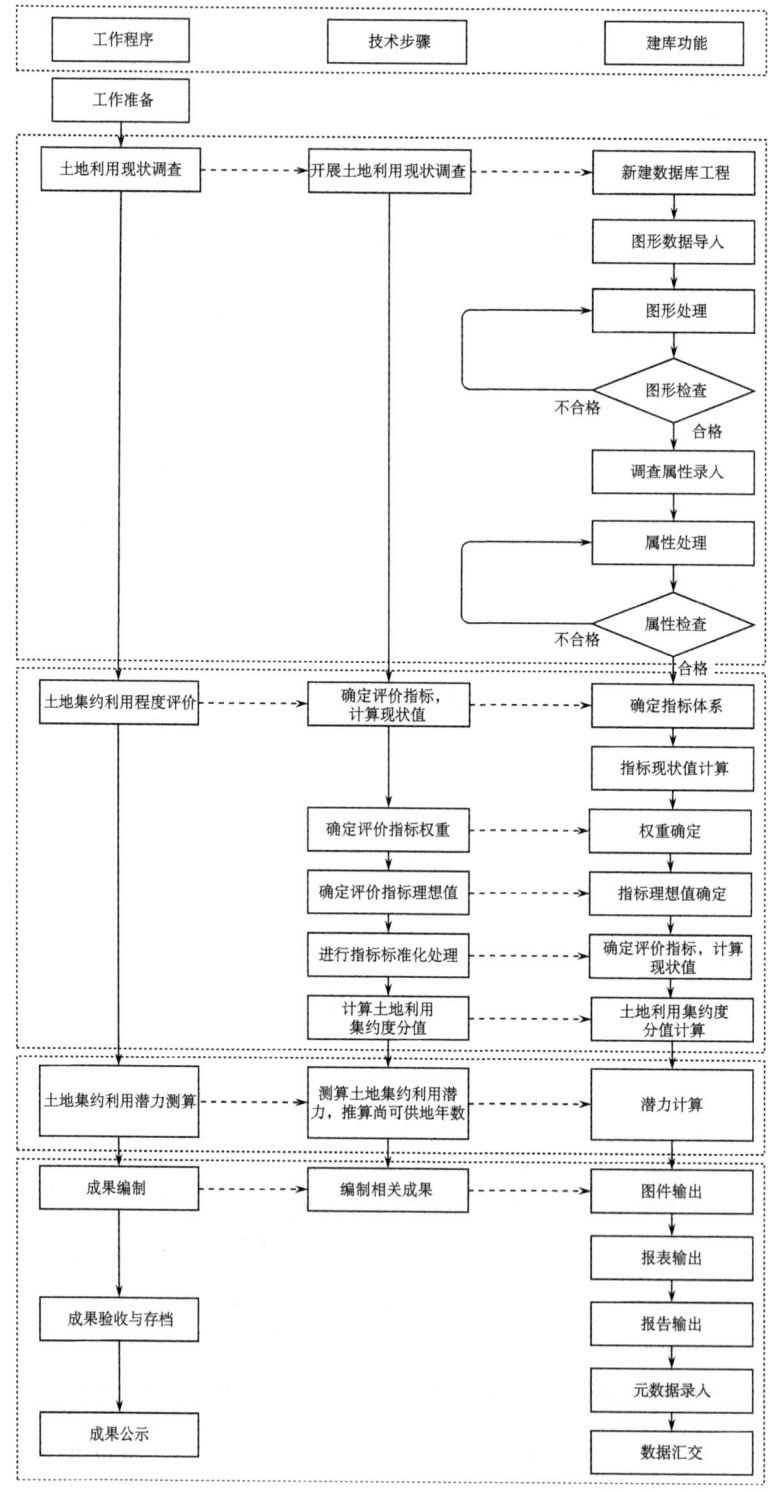

图 5-12 开发区土地集约利用评价的建库流程

(1) 做好准备工作,开展土地利用现状调查,新建数据库工程,将采集到的符合数据库建库标准的土地利用的图形数据和属性数据导入数据库中。

(2) 开展土地集约利用程度评价,确定评价指标,计算现状值,确定指标体系,进行指标现状值计算;确定评价指标权重、评价指标理想值,进行指标标准化处理,计算土地利用集约度分值。

(3) 开展土地集约利用潜力测算,测算土地集约利用潜力,推算尚可供地年数。

(4) 开展成果编制工作,编制相关的文字、图、表成果,并输出图件、报表、报告成果,录入相关的元数据。

(5) 进行成果公示。

开发区土地集约利用数据库的更新根据开发区土地利用变更调查数据,按照土地集约利用指标重新测算,获得新一轮的更新数据。

5.3 土地规划数据库

5.3.1 土地利用总体规划数据库

1. 土地利用总体规划业务概述

1) 土地利用总体规划概述

土地利用总体规划是国民经济和社会发展计划的重要组成部分,同时也是国土规划的重要专项规划之一,是各级人民政府贯彻执行国家的土地利用政策的重要手段。总体规划具有综合性、长期性、战略性、指导性、动态性和控制性的特征,其目标是在土地利用结构研究的基础上,根据国民经济发展的长期规划对土地资源的需求、土地资源的供给状况、土地的人口承载潜力和土地利用战略的研究成果,提出规划年所应实现的土地利用目标。

2) 土地利用总体规划成果

土地利用总体规划成果主要包括图件成果、文档成果和指标成果。

(1) 图件成果包括土地利用现状(基期)图、土地利用总体规划图、土地利用规划专题图或专项规划图及土地利用规划管理中产生的其他图件、影像资料等。①土地利用现状(基期)图:包括基础地理要素、现状(基期)地类要素、注记要素等;②土地利用总体规划图:包括基础地理要素、用途分区、重点建设项目、注记等;③土地利用规划专题图或专项规划图由各地根据实际需要增加,如土地用途分区图、重点建设项目用地规划图、基本农田保护区图、生态整治与保护规划图、土地整理复垦开发规划图。

(2) 文档成果包括土地利用总体规划文本和说明、土地利用规划专题研究报告及规划管理中产生的相关文字资料及扫描图件等。

(3) 指标成果包括总体规划指标、年度计划指标、控制指标的台账等。

2. 数据建库

土地利用总体规划数据库建设贯穿于整个规划工作过程之中,前与规划修编保持同步与一致,后与规划管理信息系统精密衔接;既是规划修编的重要成果,又是土地利用总体规划信息系统的基础数据和核心管理对象。

土地利用规划数据库是在土地利用现状数据库的基础上建立的。在省域内,按照土地利用规划相关标准、规程、规范的要求,以土地调查数据库为基础,收集新一轮规划修编产生的土地利用总体规划成果,开展市、县、乡三级土地利用总体规划成果的集成整合,组织市级数据接边、数据汇总和省级专题图件编制。按照《土地利用规划数据库标准》,根据土地利用规划数据库建设过程和方法进行数据库建设,包括信息提取、数据转换、数据录入等。数据库建设内容主要包括基期土地利用现状信息入库、土地利用规划信息入库、土地开发整理规划信息入库、基本农田信息入库、基期环境信息入库等,从而建立覆盖市、县、乡三级的土地利用总体规划数据库。

1)数据库体系结构

规划修编工作是按市、县、乡自上而下开展,修编工作完成后(或同时)进入土地利用规划数据库建设和成果编制阶段,土地利用规划数据库按市、县、乡分别建设,只是其建库的比例尺不同,以二次调查成果数据为基期数据,在此基础上进行规划编制工作与规划数据库建设工作。数据库建设以后,可自下而上整合汇总至上级国土资源管理部门。

由于土地利用规划数据库是在土地利用现状数据库的基础上建立的,对于已经建立土地利用现状数据库的,只需要在已有的土地利用现状数据库的基础上建立规划数据库。对于未建立土地利用现状数据库的,需要同时建立土地利用现状数据库与规划数据库。

土地利用规划数据库及规划管理系统横向包括土地利用规划管理业务工作,纵向涵盖各级国土资源管理部门。

2)数据库建设目标

根据土地利用总体规划相关标准、规范和要求,利用先进的计算机技术、网络技术和GIS技术,建立覆盖市、县、乡三级的统一标准、统一质量、统一时点、能互联共享的土地利用总体规划数据库,从而对规划编制形成的规划图件成果、规划文本成果、规划指标成果等规划成果数据统一集中管理,满足对土地利用规划成果进行全面管理和应用的目标。同时建立长效的数据更新和上报机制,保持数据库的现势性。

3)数据库逻辑结构设计

土地利用规划管理数据库由应用数据库和元数据组成。应用数据库由空间数据库和非空间数据库组成,其中包括规划矢量数据、规划图件成果、规划文本成果、规划指标成果。图 5-13 展示了土地利用规划数据库的逻辑结构。

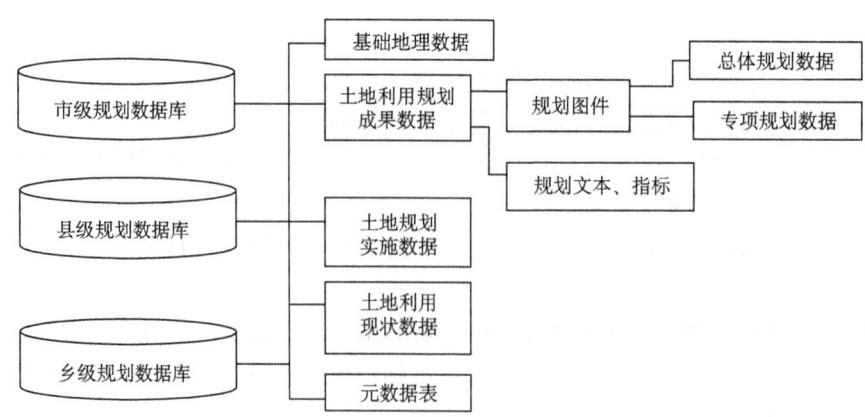

图 5-13 土地利用规划数据库逻辑结构图

按照土地利用总体规划的类型和特征，土地利用总体规划数据由基础地理数据、土地利用基期数据和土地利用规划期数据三部分组成。土地利用总体规划中的基础地理数据主要为行政区域数据，按行政级别分为县（区）、乡镇（街道）和村（街坊）数据；土地利用基期数据包括农用地、建设用地和未利用地；土地利用规划期数据由土地用途分区数据、基本农田保护区数据、土地开发数据、土地复垦数据、土地整理数据、建设项目数据等组成，其中建设项目数据又可分为点状建设项目数据、线状建设项目数据和面状建设项目数据。土地利用总体规划要素数据对象模型见图5-14。

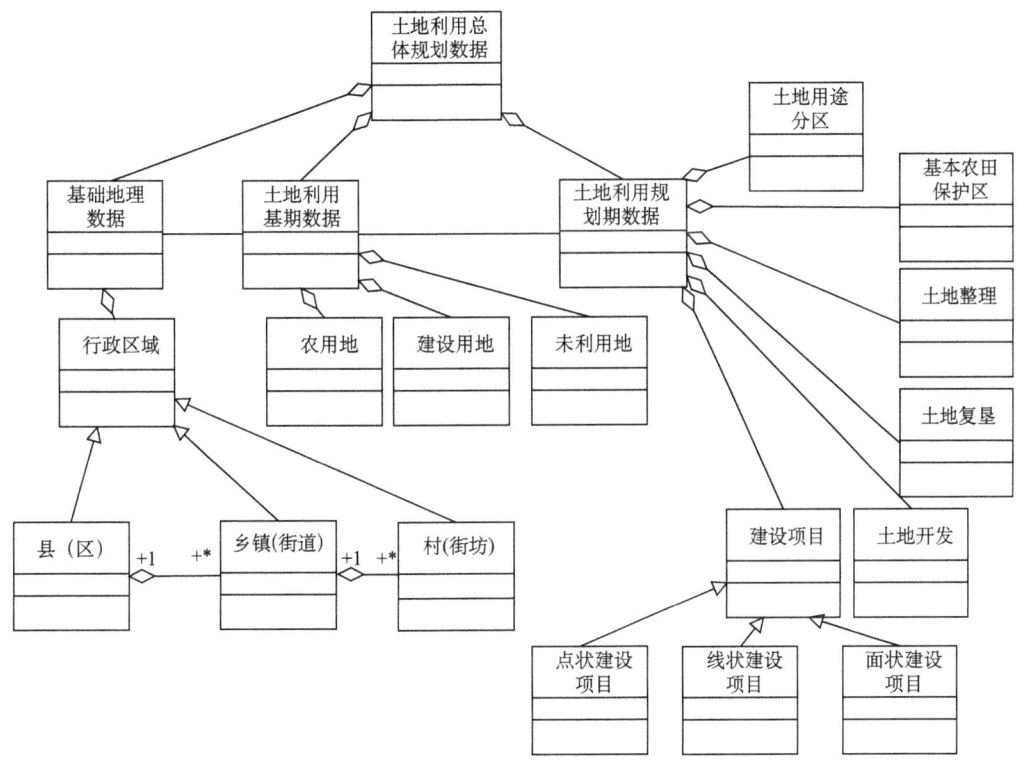

图5-14 土地利用总体规划要素数据对象模型图

4）数据库入库内容

数据库入库内容和分层的依据是市（地）级土地利用规划管理信息系统、县级土地利用规划管理信息系统和乡（镇）级土地利用规划管理信息系统及当地对规划数据库建设的特殊要求。

各级数据库的建库内容大体相同，都包括基础地理信息要素、基期现状要素、规划基本农田要素、建设用地空间管制要素、土地整治要素、重点建设项目要素、规划基础信息要素、规划文档资料要素、规划表格要素、规划栅格图要素等。市级数据库还包括土地利用功能区要素，县级数据库还包括土地用途区要素，乡级数据库则还包括土地用途区要素和规划地类要素。

基础地理信息要素主要包括行政区、行政区界限、等高线、高程注记点等；基期现状要素主要包括基期地类图斑、基期线状地物、基期零星地物；土地利用功能区要素主要包括土地利用功能区；土地用途区要素主要包括土地用途；规划地类要素主要包括土地规划地类；规划基本农田要素主要包括规划基本农田集中区和规划基本农田调整；建设用地空间管制要素主要包括建设用地管制边界和建设用地管制；土地整治要素主要包括土地整治重点区域、面状土地重点整治项目、线状土地重点整治项目和点状土地重点整治项目；重点建设项目要素主要包括面状重点建设项目、线状重点建设项目和点状重点建设项目；规划基础信息要素主要包括风景旅游资源、基础设施、主要矿产储藏区、蓄滞洪区、地质灾害易发区及其他规划基础信息要素；规划文档资料要素主要包括规划文本、规划说明、规划专题报告及其他规划文档；规划表格要素主要包括土地利用主要调控指标表、土地利用结构调整表、耕地保有量、基本农田保护面积指标表、建设用地指标表、新增建设占用耕地及补充耕地表、重点建设项目用地规划表、中心城区建设用地管制分区表及其他规划表格；规划栅格图要素主要包括土地利用现状图、土地利用规划图、建设用地管制分区图、基本农田保护规划图、土地整治规划图、重点建设项目用地布局图、中心城区土地利用现状图、中心城区土地利用总体规划图及其他规划图件。

5）数据库建设流程和方法

土地利用总体规划数据库建设工作流程如图 5-15 所示。

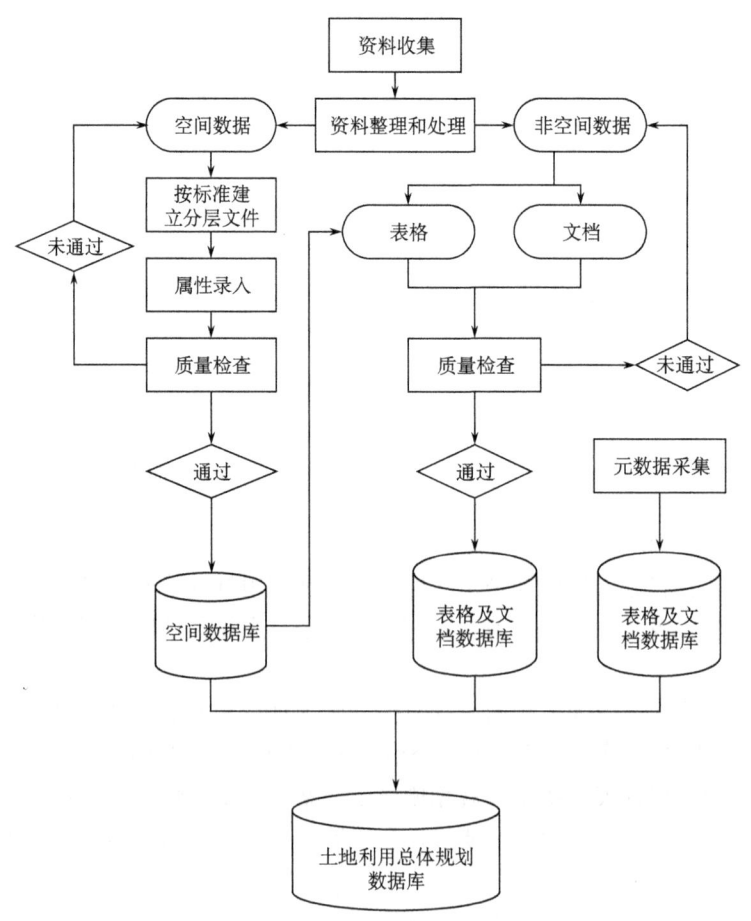

图 5-15 土地利用总体规划数据库建设工作流程图

（1）资料收集和处理。资料获取是数据建库的基础，依据相关的土地利用总体规划数据建库的要求，主要收集基础地理数据、土地利用现状数据、土地利用规划成果图件、指标、文本以及影像等数据资料。如果有电子数据，尽可能收集电子数据，而且优先选择易于转化成系统平台能够打开的格式的数据。如果没有数字化资料的，力求原始纸图完整清晰，图表齐全，精度符合要求。

在全面收集资料的基础上，要对数据源进行分析、筛选、整理和评价。重点检查以下几个方面：土地利用现状图件、台账是否完整；是否提交批而未用和违法用地的资料，以便在土地利用现状图上标注信息；提供规划成果图件、指标、文本等信息是否完整，数学基础是否正确。当然最好还要根据源数据的具体情况，制定具体的数据建库实施方案。

（2）空间数据分层。空间矢量数据按照市、县、乡三级土地利用总体规划数据库标准建立分层文件。对于不同格式、不同坐标系源数据经过数据采集提取、处理、转换、实体属性信息录入补充等工序，按照标准中的分层、属性信息要求，建立分层要素并标准化命名。对缺失的数据可通过扫描数字化、补充收集资料等方式获取。

土地利用现状数据根据相关规定要求，将土地利用分类标准转为土地规划分类。空间数据需要采用统一的数据格式和数学基础。

（3）拓扑关系建立及属性输入。对空间数据图层要建立正确的拓扑关系，要求不存在悬结点；一条线上不存在重复点；多边形必须封闭，且只有一个标识点；不存在线自相交与多边形自相交等。可以通过相关软件平台提供的功能建立和检查拓扑关系。

属性数据录入要根据图面内容，按照土地利用总体规划数据库标准的要求进行输入。输入属性数据时要注意一些问题，例如，针对基本农田保护区安排建设的项目清单，在填写时要保证关键关联字段（保护区编号）的完整性、准确性。

（4）规划指标表建立。规划指标表是县级土地利用总体规划成果的一个重要组成部分。规划指标成果表按照市、县、乡级土地利用总体规划编制规程的成果要求整理。同时为了便于指标数据在规划实施管理过程中应用，将规划指标表进行结构化处理，录入或转入规划指标属性表中，建立指标数据库。

指标表分两个层面：一个层面是纯指标的，与空间信息没有直接关联，通过数据录入方式建立；另一个层面是与空间数据关联的，如统计汇总表，直接从空间属性表导出稍做整理便可得到指标数据，不必重复录入。

（5）元数据数据库建设。在空间数据库和表格、文档数据库完成后，进行元数据采集，形成元数据数据库。

（6）规划图件制作。规划图件包括土地规划现状图、影像图、土地利用总体规划图、土地用途分区图、建设用地空间管制图、基本农田保护规划图（成果图、基本农田调整图）、重点建设项目示意图、土地整治规划图等。

（7）规划成果质量检查。土地利用总体规划数据库质量的好坏直接影响规划成果的后续应用，可以通过开发土地利用总体规划数据库成果质量检查软件来辅助进行数据库的质量检查。规划数据质量检查内容主要包括数据完整性检查、空间数据基本检查、空间数据标准符合性检查、空间拓扑检查、表格数据检查、规划内容检查、空间逻辑一致性检查和底图检查。

6）成果汇交

（1）市（地）、县两级规划数据库成果以本级行政辖区为组织单元；乡（镇）规划数据库成果以县级行政辖区为组织单元，数据必须进行行政区拼接，无拓扑错误。中心城区规划数据库与市域（或县域）规划数据库一并汇交。

（2）报送的规划数据库成果以文件夹的形式组织。

（3）《市、县、乡（镇）土地利用总体规划数据质量检查细则》。

3. 更新与维护

数据库更新工作任务是将规划执行和修改情况更新到新一轮土地利用总体规划成果数据库中，形成现势的规划数据库。更新范围包含已批农转用项目及有条件建设区土地规划用途调整和预留指标落实。以合法的项目批文为依据，遵循规划控制指标平衡和符合规划用途管制的原则，并以此进行数据质量检查。具体更新内容包括以下几项。

（1）已追加省预留规划指标，落实到具体地块，将相关的地块变更为建设用地，涉及基本农田的地块须将基本农田调出。

（2）原规划已实施，但实际坐标错位或者线型发生改变的项目，可直接更新数据库。但涉及突破原规划新增建设用地指标的，须在数据库更新时用预留指标扣减或置换；当占用基本农田时须扣减预留指标或补足。

（3）允许建设区内，面积较小的未安排新增建设用地规划指标的河流、水面、道路等，农转用时先挂台账，数据库更新时用预留指标扣减或置换。

5.3.2 土地整治规划数据库

1. 土地整治规划业务介绍

土地整治是以提高土地利用率、保障土地资源可持续利用为目的，对未合理利用土地的整理，因生产建设破坏和自然灾害损毁土地的修复，以及未利用土地的开发等活动。国家实行土地整治制度，是对低效利用、不合理利用和未利用的土地进行治理，对生产建设破坏和自然灾害损毁的土地进行恢复利用，提高土地利用率，包括农用地整理、土地开发、土地复垦、建设用地整治等。

土地整治规划是土地利用总体规划的专项规划，是对土地利用总体规划的深化与补充。土地整治规划既要以土地利用总体规划为依据，落实土地利用总体规划确定的土地整治目标任务，又是对土地利用总体规划的集成与发展。土地整治规划类型可分为农用地整理规划、农村建设用地整理规划、土地复垦、土地开发。

2. 数据库建设

土地整治规划数据库建设是实施土地整治规划及战略的工具和手段，也是推行信息公开制度的重要保障。土地整治规划数据库应与土地利用总体规划数据库相衔接。土地整治规划数据库应包括符合土地利用总体规划数据库标准的规划图件的栅格数据和矢量数据、规划文档、规划表格、元数据等，数据库内容应与纸质的规划成果内容一致。

1）数据库内容

土地整治规划成果一般包括规划文本、规划图件、规划说明、规划数据库和其他材料。其中，土地整治规划数据库是规划成果数据的电子形式，包括规划空间要素、规划文档、规划表格、规划图件的矢量数据和栅格数据，以及元数据等。具体内容包括如下几点。

(1) 规划空间要素：①土地整治潜力要素，如农用地整理潜力、高标准基本农田建设潜力、农村建设用地整理潜力、城镇工矿建设用地整理潜力、土地复垦潜力、宜耕后备土地资源开发潜力；②土地整治布局，如高标准基本农田建设项目、高标准基本农田保护示范区注记、土地整治重点项目、土地整治重点项目注记。

(2) 规划文档要素，包括规划文本、规划说明及其他文档。

(3) 规划表格要素，包括土地利用现状表、土地整治规划控制指标表、土地整治规划指标分解表、土地整治潜力汇总表、高标准基本农田建设项目表、土地整治项目表、其他规划表格。

(4) 规划图件要素，包括土地利用现状图、农用地整治潜力分布图、农村建设用地整理潜力分布图、土地复垦潜力分布图、宜耕后备土地资源开发潜力分布图、高标准基本农田建设项目规划图、土地整治项目规划图、其他规划图件。

2）数据库设计

土地整治规划数据库由应用数据库和元数据组成。应用数据库由空间数据库和非空间数据库组成，其中包括土地整治矢量数据、图件成果、文本成果、指标成果。图 5-16 展示了土地整治规划数据库的逻辑结构。

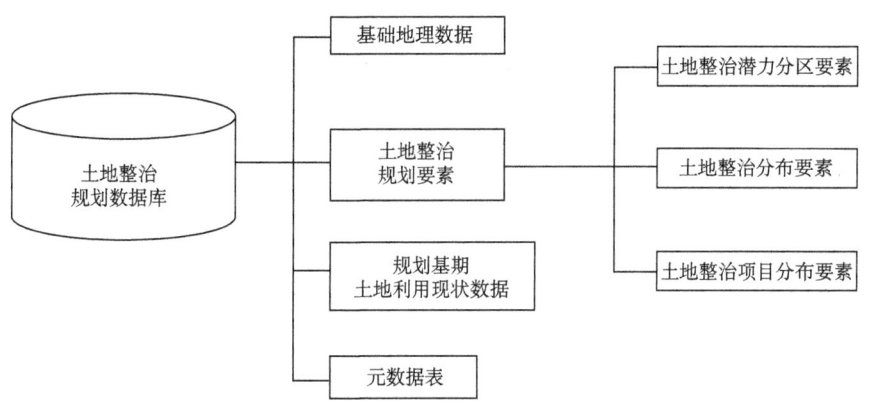

图 5-16　土地整治规划数据库逻辑结构图

土地整治专题规划数据对象模型如图 5-17 所示。

土地整治规划数据库的建设流程与土地利用总体规划数据库较为类似，在此不再赘述。

5.3.3　基本农田数据库

1. 基本农田划定业务概述

1）基本农田划定目的和内容

(1) 基本农田划定目的。基本农田划定的目的是保护基本农田，实现规划布局合理化、农田建设标准化；基础工作规范化，监督管理信息化；用地审查严格化，保护责任社会化，保护制度长效化，激励机制多样化。

(2) 基本农田划定内容。基本农田划定的内容主要有：以县、乡级土地利用总体规划成果和基本农田上图成果为基础，将土地利用总体规划确定的基本农田逐图斑落实到地块，明确基本农田地块边界、地类、面积、质量等级，以及区、片（块）编号等信息；全面落实

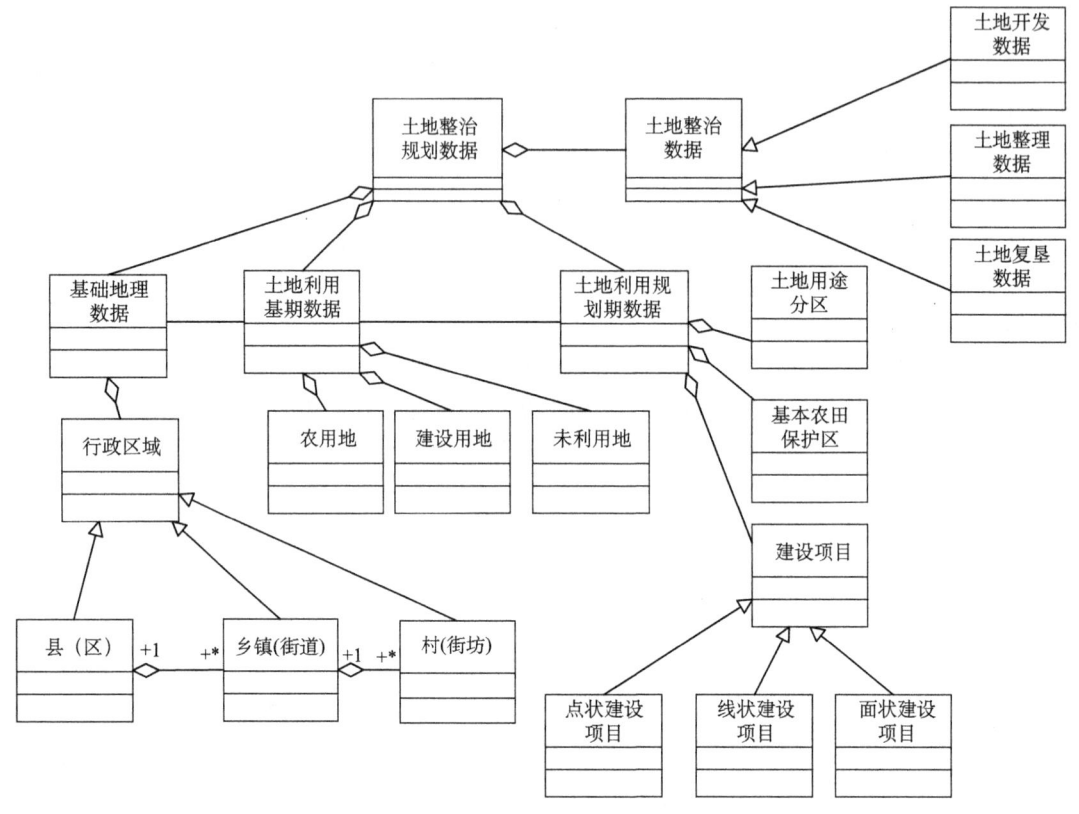

图 5-17 土地整治专题规划数据对象模型图

规划基本农田保护任务；编制标准分幅基本农田保护图、乡级基本农田保护图、县级基本农田保护区分布图和基本农田调整划定分析图；填写基本农田调整划定平衡表、现状登记表、保护责任一览表，并形成相应统计汇总表；设立统一规范的基本农田保护标志牌；分解落实基本农田保护责任；建立基本农田数据库，加强信息化建设，推行网络化报备制度。

2）基本农田划定成果

（1）基本农田数据库。

（2）图件成果：标准分幅基本农田保护图、乡级基本农田保护图、县级基本农田分布图、县级基本农田调整划定分析图。

（3）表册：基本农田现状登记表、基本农田现状汇总表、基本农田保护责任一览表、基本农田划定平衡表等。

（4）文字成果：基本农田划定方案、工作总结报告、检验分析报告、数据库建设有关情况记录、说明、报告等。

（5）其他资料：基本农田保护责任书、设立的基本农田保护标志资料、重要的过渡性资料等。

2. 基本农田数据建库

基本农田数据库是基本农田划定成果之一，建立基本农田数据库，是以基本农田上图成果和县、乡土地利用总体规划数据库为基础，根据划定的基本农田成果，建立基本农田数据库，将基本农田保护图、表、册的内容纳入数据库管理。基本农田数据库在土地调查中基本农田上图数据库的基础上，增加了基本农田划定信息及保护责任信息，全面反映了基本农田面积、地类、质量、位置和划定信息、保护责任等，完成了土地利用调查基本农田上图数据和基本农田划定成果的"合二为一"，实现了基本农田"以图说数""数出一门"，实现了各地基本农田保护情况"有图可依""有据可查"。

（1）数据库内容及获取。基本农田数据库管理系统主要存储基本农田划定形成的基本农田数据，包括基础地理信息数据、土地利用信息数据、基本农田保护区数据、基本农田划定数据、基本农田质量等级信息。

对于土地利用等基础数据库，通过新建和整合两种方式建库，一般可通过三种形式建立基础数据库：第一，在已经完成的土地调查数据库基础上，对专题数据进行提取入库；第二，对尚未建立的数据库，需要进行数据采集与建库；第三，对已有基础数据库，按统一数据格式、统一标准、统一数据编码对其进行重新整理、转换，重新入库，对基本农田变化信息，按历史变化关系计入基本农田变化层。

（2）数据库设计。基本农田数据库在逻辑上按每个市作为一个数据库来存储各市及所辖区县的数据，矢量数据按区县建立要素集，图层存放在各区县的要素集中，成果资料存放在规定的数据表中。

（3）数据库建设的内容及步骤。基本农田数据库建设主要分五个阶段：第一阶段为资料收集与核实，主要包括资料收集与选用、资料核实与资料补充；第二阶段为数据采集与处理，主要包括图形数据采集、存档资料采集及属性资料采集；第三阶段为数据确认，确认采集到的图形、属性、存档数据是否通过法定认可；第四阶段为数据入库，先检查空间数据分层、图形数据位置精度、图形数据和属性数据逻辑结构等是否符合要求，再将这些数据入库；第五阶段为成果汇交，汇交成果包括基本农田保护现状图、标准分幅基本农田现状图、后备资源分布图及开发复垦专题图。

3. 更新与维护

基本农田划定工作验收后形成的基本农田数据库成果作为新的基本农田本底数据，其数量、质量、分布等内容的更新工作纳入年度变更调查工程。地方通过日常监管工作对基本农田进行日常更新，将基本农田更新成果随年度变更调查工作一同上报。基本农田数据更新将采用增量更新的方式。

基本农田初始划定数据库建成后，作为本底纳入变更调查数据库，通过变更调查工作对基本农田数量、质量、分布等进行年度更新。基本农田数据库建设中，要确保基本农田调查更新工作不间断，保障基本农田调查数据的连续性。结合建设用地审批，对基本农田占用与补划、保护责任、质量等级等变化信息进行日常更新。

思 考 题

1. 专业类数据库包含哪些内容？与其他类数据库的关系是什么？
2. 土地调查数据库建设流程是什么？如何更新？
3. 简述城镇土地分等定级估价和农用地分等定级估价数据内容。
4. 开发区土地集约利用数据库的建设流程是什么？
5. 简述土地利用总体规划数据库对土地利用规划修编和成果管理的作用。

第 6 章 管理类数据库

第 5 章介绍了专业类数据库的采集与建设方法，与专业类数据不同，管理类数据是土地管理业务日常办理过程中产生的，是直接用于土地行政审批和其他管理事务的。本章主要介绍政务（主要是地政）类数据库和档案数据库的建立和更新方法。

6.1 政务类数据库

6.1.1 业务概述

政务类数据库是国土资源电子政务系统运行过程产生的业务流数据集，初次建立时可从建设用地预审管理、建设用地审批管理、土地供应与利用、建设用地跟踪管理、土地登记、土地整治项目管理、土地执法监察等七类业务中获取数据并建库。

建设用地预审管理主要指建设项目在可行性研究阶段，由建设用地单位提出预审申请审批。审查内容包括项目是否符合土地利用总体规划、是否列入土地利用年度计划、投资强度和用地规模是否符合规定及项目是否符合产业政策等。

建设用地审批管理包括对单独选址、城市分批次和增减挂钩项目三种类型的建设用地的审批管理。审批内容包括一书三方案（或一书四方案）、勘测定界材料、征地调查材料、安置补偿材料等。报件一般由用地单位向市、县国土资源管理部门提出申请，国务院或省级国土资源管理部门最终形成对申请单位（政府）的批复。同时，市级国土资源局还承担所辖县级国土资源管理部门的上报建设用地报件的市级审批功能，流程相对简单。

土地供应与利用包括一级市场土地交易（国有土地划拨、国有土地出让、国有土地租赁及集体土地流转）与二级市场土地转让（国有土地转让和抵押）等审批业务，其中一级市场的土地交易还包括出让调整及补办出让业务等。

建设用地跟踪管理指在供地项目审批后，进入项目的跟踪管理阶段。在这个阶段，主要是对项目的实施情况，包括投资强度、容积率、开工情况、空置时间等内容进行跟踪。

土地登记是依据土地登记办法和实际情况，实现初始登记、变更登记、抵押登记、注销登记、查封和解封等各种登记类型的土地登记业务流程。土地登记发证审查办理过程中，需要与图形数据的管理和编辑结合起来，大多数登记类型需要在登记前完成地籍调查工作，待完成宗地上图操作后，再进行土地登记的发证审批流程。

土地整治项目管理包括土地开发、复垦、整理和挂钩项目立项、实施和验收等审批工作，除挂钩项目外，开发、复垦、整理项目审批后，进入占补平衡项目库，其中也包括异地调配的土地整治项目。

土地执法监察依据案件的立案线索来源分为信访举报案件、遥感监测与执法检查案件、例行巡查违法案件等。

6.1.2 业务关联分析

地政数据的关联主要包括建设用地的批（建设用地审批数据）、供（土地供应与利用数据）、补（土地整治项目数据）、查（执法监察数据）等业务之间的关联，如图6-1所示。

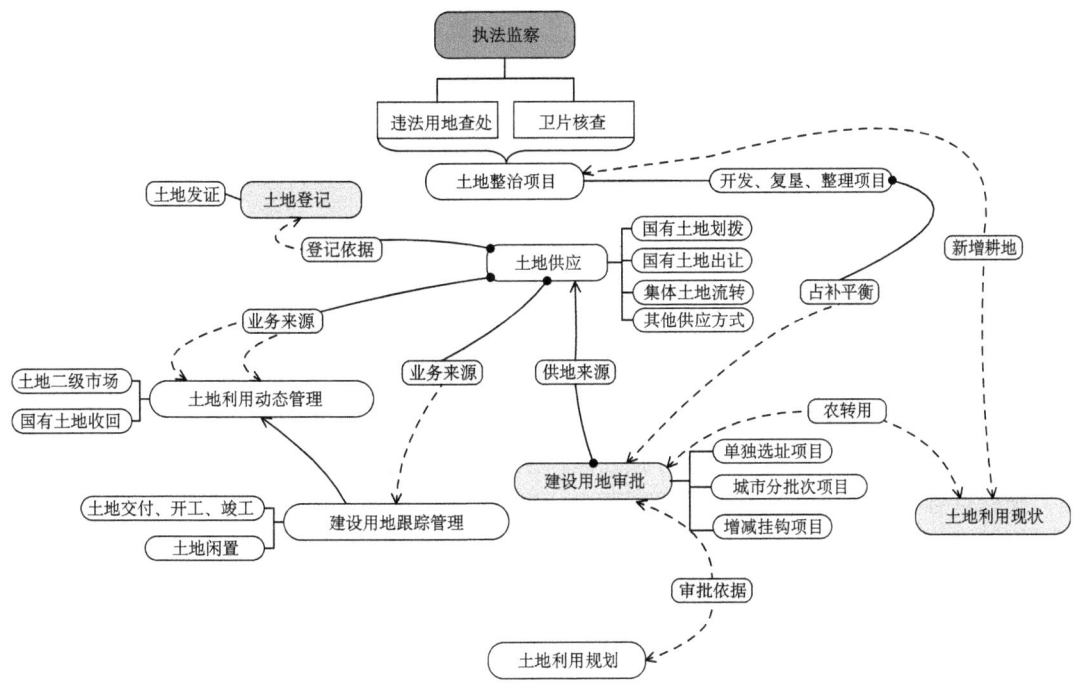

图 6-1 业务关联模型图

6.1.3 数据内容与来源

政务类数据以基础类数据（基础地理等）和专题类数据（土地利用现状、土地利用规划等）为基础和支撑，主要来源于行政审批事项的管理数据（建设用地批、供、用、补、查等数据），总计5类，详见表6-1。

表6-1 数据内容与来源

序号	数据类型	包含内容	数据来源
1	建设用地预审与审批数据	建设项目用地审批空间范围信息	建设项目用地审批系统
2	土地供应、利用与跟踪管理数据	土地征收、供应等项目空间范围信息	建设项目用地全程跟踪管理系统
3	土地登记数据	土地属性和空间信息	土地登记发证系统
4	土地整治项目	土地整治项目信息，含项目位置图层	农村土地整治监测监管系统
5	执法监察数据	监测图斑、违法用地等空间和属性信息	土地执法监察系统、年度遥感监测数据

6.1.4 建设方法

1. 资料收集与分析

分析政务数据的源数据。政务管理数据在电子政务系统和软件系统之内,并与其业务管理数据紧密相连,因此需对数据进行分析和抽取。

2. 数据与项目关联

在所有单体政务数据库建立完整后,需要针对国土资源政务数据库进行政务关联,即不只是简单地将所有数据进行整理入库,同时需要对各类关联的政务数据库中相关要素进行关联,关联的过程中可以同时对数据进行双向校验,以提高数据的应用效果。

3. 数据检查

对收集到的数据进行完整性检查、空间参考一致性检查、格式检查。其中,完整性检查是指检查必选的图层是否齐全、必填的属性数据项是否不为空值,针对检查结果进行相应的修复处理,如创建图层、属性录入等;空间参考一致性检查是指检查矢量数据空间参考是否满足标准的要求。

4. 数据预处理

数据在使用程序处理前需要进行预处理,主要检查 X、Y 坐标的合理性,检查坐标点个数、坐标点号和套环级别是否符合成图要求,剔除问题坐标。

5. 空间数据生成

对于有电子数据的部分,首先利用界址点坐标生成地块,然后叠加最新的土地利用现状图、遥感影像等底图,结合档案材料中的土地利用现状局部图、勘测定界图等数据,进行位置的调整和确认。

对于没有电子数据的部分,首先录入界址点坐标信息,然后利用录入的坐标信息生成地块,叠加最新的土地利用现状图,结合档案材料中的土地利用现状局部图、勘测定界图等,进行位置的调整和确认。

确认完成后通过导入坐标的方式进行空间数据的生成工作。

6. 转换入库

在核心数据库中建立政务管理数据的用户及方案,存储各政务管理数据的空间信息及属性信息,研发利用数据入库的工具,将数据按统一的组织、统一的分层与命名等规范录入到数据库中。

6.1.5 更新方法

政务类数据库采用日常的增量更新的方式,当数据应用接口通过检测、识别发现数据的变化部分后,对变化部分的数据进行检测,将符合要求的数据更新入库,具体更新方法参见 4.7 节。

6.2 档案数据库

6.2.1 数据来源

1. 纸质文档资料扫描

将反映土地、地质矿产资源调查、评价与管理的职能活动和基本历史面貌的,对管理和历史研究具有利用价值的，土地管理工作活动中形成的在维护国家、集体和公民权益等方面具有凭证价值的，其他对土地调查、评价与管理工作具有查考价值的表、卡、册、簿、台账等纸质文档资料扫描成电子文档。

2. 电子档案归档

档案部门将文件形成部门或信息管理部门定期移交的经过鉴定符合归档条件的电子文件，按档案管理要求的格式将其存储到符合保管期限要求的脱机载体上。

电子文件的归档，按照鉴定标识进行。电子文件的归档可分两步进行，对实时进行的归档先做逻辑归档，然后定期完成物理归档。归档时，充分考虑电子文件的技术环境、相关软件、版本、数据类型、格式、被操作数据、检测数据等技术因素。

逻辑归档可实时进行，物理归档应按照纸质文件的规定定期完成。逻辑归档是将电子文件的管理权从网络上转移至档案部门，在归档工作中，存储格式和位置暂时保持不变；凡在网络中予以逻辑归档的电子文件，均应定期完成物理归档。

3. 政务系统成果转化

土地管理部门在日常的土地管理工作中，依托政务平台（参见第8章）产生的统计、分析、预测等成果，经过整理和分类，可直接归档到档案数据库中。

6.2.2 数 据 内 容

档案数据一般包括目录数据、元数据和内容数据等。

目录数据是反映档案特征的规范数据，依照一定的字段要求存入计算机中，通过系统的排序等处理，形成由计算机检索的目录数据体系。

元数据是描述电子文件数据属性的数据，包括文件的格式、编排结构、硬件和软件环境、文件处理软件、字处理和图形工具软件、字符集等。保存档案元数据是保证档案可靠和可用的一项重要措施。元数据采集方式主要是通过对电子文件或数字档案的背景、结构和管理过程信息进行自动生成和适当人工添加。

内容数据是档案数据的主体，包括三大类、十一亚类、二十六小类，即土地资源类（地籍管理数据、建设用地管理数据、耕地保护数据、土地利用数据）、地质矿产资源类（地质勘查管理数据、矿产资源储量管理数据、矿产开发管理数据、地质环境管理数据）、综合业务类（规划数据、执法监测数据、科技数据）。一般通过与目录数据挂接的方式实施有效管理，随着信息技术，特别是检索技术的发展，将来也会采用其他技术方法对内容数据进行有效管理。对于由电子文件归档形成的电子档案，其内容数据还应与其元数据建立持久有效的联系，防止非法修改，采取技术措施，确保其可靠和可用。

6.2.3 建 设 方 法

档案数字化工作是一项系统工程，涉及档案保管、保护、整理、鉴定、转换、存储、利用等多个环节，统筹规划，分步实施。通过数字化工作，对馆藏档案进行全面的梳理。档案整理、鉴定、保护等基础工作为数字化工作提供高质量的来源。如果对馆藏档案无法一次性全面数字化，可以按照特殊载体优先、重要程度优先、共享性强优先等原则分步实施。

目录数据库的建立主要有两种基本途径：一是通过传统载体档案数字化采集的档案目录数据库，一般是通过人工录入建库方式建立；二是通过接收电子文件方式形成的数字档案，一般通过档案管理系统（参见 9.5 节）自动采集生成或从数字档案元数据库中提取而形成，经过数据整理规范审核与补充完善后建立。元数据库建设按照数字档案元数据采集规范要求建立。

针对土地档案数据种类众多的特点，土地档案数据库采用动态建库结构的方式，并允许用户自行设定管理各类档案的数据库结构，这样可以满足用户不断发展和变化的档案管理要求。

思 考 题

1. 政务类数据库的内容及来源是什么？
2. 档案数字化的意义和方法是什么？
3. 电子档案数据包含哪些？如何分类？

第三篇 软 件 篇

第7章 土地调查评价信息系统

土地调查评价主要包括三方面内容：土地调查、土地评价和土地利用规划，是土地信息获取和管理的基础。土地调查、土地评价和土地利用规划的概念可以参考1.1节。

随着信息化社会的建设，人们对各类土地信息的需求日益增长，新的土地调查评价技术保证了信息的现势性、准确性和完整性。利用常规地籍测量技术、GPS测量技术及航天航空遥感技术采集现势性强的土地利用现状信息、地籍信息和土地质量信息并通过土地调查评价信息系统对这些土地信息进行存储管理、分析提取及网络共享，从而提高政府部门、企业、个人等对信息的利用效率，由此可见，通过土地信息的调查与评价，建立起土地管理的基础数据，是实现高效土地管理的基础。而土地调查评价数据库的建立也是信息系统开发和应用的基础。有关调查评价数据采集、处理、数据库建立的过程参见第5章，本章主要介绍土地调查评价信息系统的设计、功能和实例。

7.1 土地调查评价信息系统概述

7.1.1 系统建设过程

土地调查评价信息系统的建设过程与地理信息系统建设的一般过程一致，依次围绕数据采集、数据整理、数据管理、数据分析运用的流程实现，但各子系统的侧重点是不同的。土地调查和土地评价是解决国土信息化进程中基础数据和评价标准数据从无到有的过程，意义在于将原有空白或时态陈旧的土地资源基础数据进行采集、统一建库及统一管理，简称为"获取"和"评价"阶段。土地规划是指导国土利用方式的政府管理行为，是将"获取"和"评价"阶段生成的国土基础数据加以运用、产生价值的过程。同时，需要指出的是，不同行政级别的国土资源管理部门所从事的土地调查评价工作是不同的，国家级和省级主要以汇总和管理土地调查评价成果数据工作为主，市、县级主要围绕土地数据采集、土地各评价数据建立、土地规划编制工作实施。

7.1.2 系统组成

土地调查评价信息系统包括地籍管理信息系统、土地分等定级系统和土地利用总体规划管理信息系统。其中，从土地分等定级的空间区域的角度，土地分等定级系统包括：农用土地分等定级估价子系统、城镇土地分等定级估价子系统；地籍管理信息系统按照所管辖区域也可分为城镇地籍管理信息系统和农村地籍管理信息系统。但是最新的土地调查规程，已逐步打破城乡的界线，而采用城乡统一调查和数据管理的模式。据此，地籍管理信息系统又可划分为：土地利用现状管理信息系统、土地权属管理信息系统。值得注意的是，土地登记发证管理系统也是传统地籍管理信息系统的一个组成部分，但不属于土地调查评价信息系统的组成部分。图7-1为土地调查评价信息系统的组成结构。

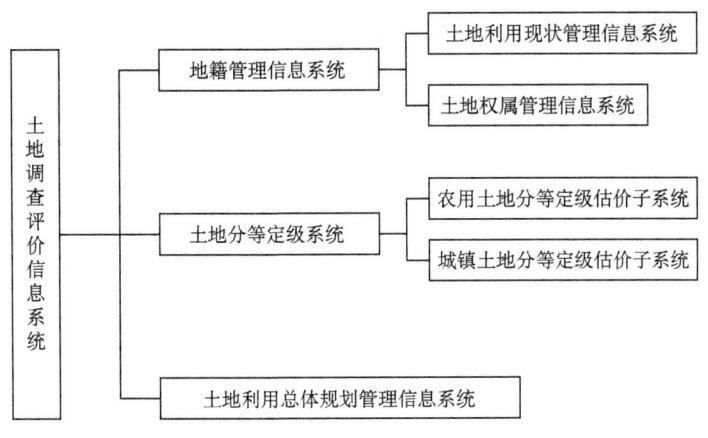

图 7-1 土地调查评价信息系统的组成结构

7.2 土地调查评价信息系统需求分析

土地调查评价信息系统是一个综合性土地系统,其各个子系统虽然是针对不同的土地业务需要而建立的,却具有共性化的需求。因此,本节结合土地调查评价业务及 GIS 的特点,对土地调查评价信息系统的通用性需求加以分析。

7.2.1 多源、异构数据管理的需求

由于历史原因和区域特殊性,各级各地区的土地管理部门所采用的土地数据生产标准各不相同,同时,采用的软件平台繁多,这直接导致了多数据标准、多数据格式的现象,如数据分类标准不一致、属性编码多样性、自定义数据结构、多数据格式。这为土地数据集成带来了巨大的困难。因此,在土地调查评价信息系统需求分析的过程中,要进行信息需求分析。根据系统所运用的区域特征(如林区、牧区、山地地区等)、系统的目标功能(如土地利用现状管理系统实现的是土地利用现状栅格影像数据的管理和土地利用现状矢量数据的管理)、系统需要管理的时间跨度(如从第一次全国土地详查以来所形成的所有土地利用现状数据和变更数据),以及系统需要支持的数据格式(如 ESRI 的 shapefile 格式、CAD 的 dwg 格式),来确定所需管理的多源、异构的土地数据,从而设计出相应的系统数据导入、导出及分析的接口。

7.2.2 数据检查的需求

土地调查评价信息系统建设过程中,形成了土地调查数据,该数据的质量直接决定了本应用系统及其他土地应用系统的分析、运用的准确性,所以土地调查评价的数据建设过程中都包括了数据检查环节,以确保数据的准确性。数据质量检查,主要检查数据的完整性、准确性、逻辑一致性(如检查土地利用现状矢量数据的拓扑正确性),主要的检查方式有全自动检查和人机交互检查(如检查土地分等定级数据材料的完整性)。因此,在进行土地调查评价信息系统需求分析时,需要结合用户需求和国家的技术规程,定制数据检查功能的接口,实现对管理的土地数据进行检查,以提升数据质量。

7.2.3 系统管理的需求

土地调查评价信息系统管理确保了系统运行的可用性、可靠性和安全性，主要包括两个方面：系统维护和元数据管理。系统维护主要完成系统中各种运行参数的设置、符号库设置、代码设置、用户角色权限设置、日志管理、数据备份和恢复等，为系统管理员提供可视化的系统定义接口。值得一提的是，不同的土地管理系统的可靠性和安全性要求不同，土地数据大部分属于国家保密数据，因此，土地应用系统应根据不同的用户等级，设置不同的用户权限，以确保数据的安全性。元数据管理主要实现用户对空间元数据库进行浏览、查询检索、编辑和分析等操作，阅读表信息，数据的可读性得到提升，从而完善了土地调查评价信息系统的可用性。

7.2.4 数据输出的需求

根据输出方式的不同，土地数据输出可以分为屏幕输出和纸质输出；根据输出内容的不同，可以分为地图输出和报表输出。土地数据地图的屏幕显示输出，从硬件基础设施的层面而言是容易实现的，土地调查评价系统可以根据具体的需求选择调用 GIS 平台软件封装后的类库或者自行设计图像输出接口；但从快速化、智能化的角度考虑地图屏幕显示，仍有很多值得研究的问题，如大数据的快速动态显示、空间数据动态智能规避注记冲突显示等。报表的输出，可以通过调用报表组件来定制报表接口。地图和报表材料的纸质输出的接口设计，应根据不同的土地调查评价信息系统的要求，进行针对性的设计，同时应具备一定的通用性，即可以连通多种打印设备。

7.3 土地调查评价信息系统设计与实施

系统设计是在完成系统的需求分析后，根据需求规格书的要求，将用户的需求转换成对应的软件功能，即计算机系统的逻辑定义。不同的时期，由于软件开发水平的有限和土地调查评价信息系统需求不同，土地调查评价信息系统所采用的系统设计方法也相应发生变化。总体而言，土地调查评价信息系统所采用的系统设计方法逐步由快速原型法或瀑布模型过渡到面向对象设计方法（见 3.1 节、3.4 节），即由全代码编写的方式逐步演变成基于组件框架进行功能定制的方式。

从系统架构的角度出发，土地调查评价信息系统包括数据存储、空间数据引擎、GIS 平台、业务框架、应用系统五个层次。

土地调查评价系统的部署方式因各子系统不同而不同。通常，土地调查评价建库软件设计和部署方式采用 C/S 结构，以实现数据快速调用和编辑处理；但在实现土地调查评价成果共享时，可基于 B/S 结构进行成果服务的发布，方便不同部门对成果数据的使用。

土地调查评价信息系统实施阶段需要各类人员参与，其中项目负责人主要起到协调各方面有关人员关系的作用；系统分析员负责土地调查评价信息系统的总体设计及详细设计；系统管理员负责系统的安装及调试，保证系统的正常运行；数据库管理员负责定义数据库的结构及编制数据库的说明文件；程序员负责把系统分析员定义的各种描述转化成计算机程序；数据处理员负责土地调查评价数据的输入；数字化员负责将图文资料进行扫描。

7.4 土地利用现状管理系统

7.4.1 系统模块设计

土地利用现状管理系统体现了县级土地管理部门如何实现土地利用现状数据建库和管理，以及土地利用现状数据管理业务的信息化。系统以《土地利用数据库标准》（TD/T 1016—2007）为数据结构设计标准，以相关的土地调查技术规程为要求进行设计开发。土地利用现状调查采用的基础图件主要是1∶1万的地形图，目标是调查出行政区内的各种用地类型及其空间分布，因此，针对城镇区域，只需调查出城镇区域的整体界线，无须对其内部做详细调查。

土地利用现状管理系统包括土地利用现状调查数据库建库子系统和土地利用现状调查数据库管理子系统。

1. 土地利用现状调查数据库建库子系统

土地利用现状调查数据库建库子系统包括图像处理功能模块、坐标转换与投影变换功能模块、图层编辑功能模块、属性数据采集功能模块、地类转换功能模块、数据检查与处理功能模块、数据格式转换功能模块。图 7-2 为土地利用现状调查数据库建库子系统结构。

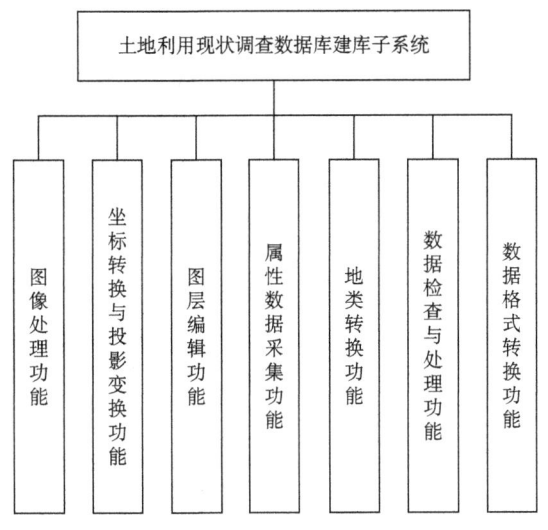

图 7-2　土地利用现状调查数据库建库子系统结构

2. 土地利用现状调查数据库管理子系统

土地利用现状调查数据库管理子系统包括数据库维护与管理、数据库安全管理、矢量栅格数据一体化管理、信息查询、专题图制作、统计汇总、土地利用变化分析、基本农田分析、耕地后备资源管理与分析、日常更新与年度变更、历史数据管理等功能模块，实现对土地利用现状调查数据库成果的管理和更新。图 7-3 为土地利用现状调查数据库管理子系统结构。

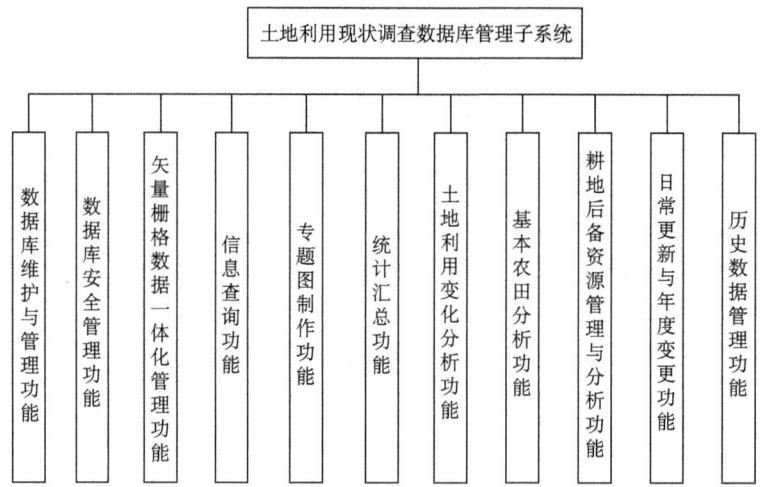

图 7-3 土地利用现状调查数据库管理子系统结构

7.4.2 系统功能

1. 土地利用现状调查数据库建库子系统

（1）图像处理功能。图像处理功能模块对图像进行配准处理，对各种图像格式进行输入和输出转换，主要包括 TIFF、GeoTIFF、JPG、IMG 等图像格式的输入和输出。

（2）坐标转换与投影变换功能。坐标转换与投影变换功能模块主要进行坐标转换，包括 1954 北京坐标系、1980 西安坐标系、CGCS2000 国家大地坐标系等不同坐标系的相互转换，同时，能进行投影变换，主要包括高斯-克吕格投影、墨卡托投影、彭纳投影等不同投影的相互转换。

（3）图层编辑功能。图层编辑功能模块包括增删图层、修改图层名称、图层状态编辑、修改图层次序等。

（4）属性数据采集功能。属性数据采集模块实现数据结构的编辑与修改、属性值的编辑与修改、属性值批量分析计算录入、批量属性数据的导入等。

（5）地类转换功能。地类转换功能实现不同土地分类间的转换，如从《全国土地分类》（过渡期间适用）、《全国土地分类》（试行）到第二次土地调查《土地利用现状分类》的转换。

（6）数据检查与处理功能。数据检查与处理功能模块对入库前的数据进行严格的质量检查，并进行错误处理，主要包括空间数据拓扑检查与处理、图属一致性检查与处理、完整性检查与处理等。

（7）数据格式转换功能。数据格式转换功能模块按照《土地利用数据库标准》中规定的 VCT 交换格式进行数据交换，同时，支持其他多种格式数据的导入导出，如 dwg、shapefile、E00 等。

图 7-4 为土地利用现状调查数据库建库子系统界面。

2. 土地利用现状调查数据库管理子系统

（1）矢量栅格数据一体化管理功能。矢量栅格数据一体化管理功能模块通过对矢量数据与栅格数据的叠加显示和分析，实现矢栅数据的一体化管理。

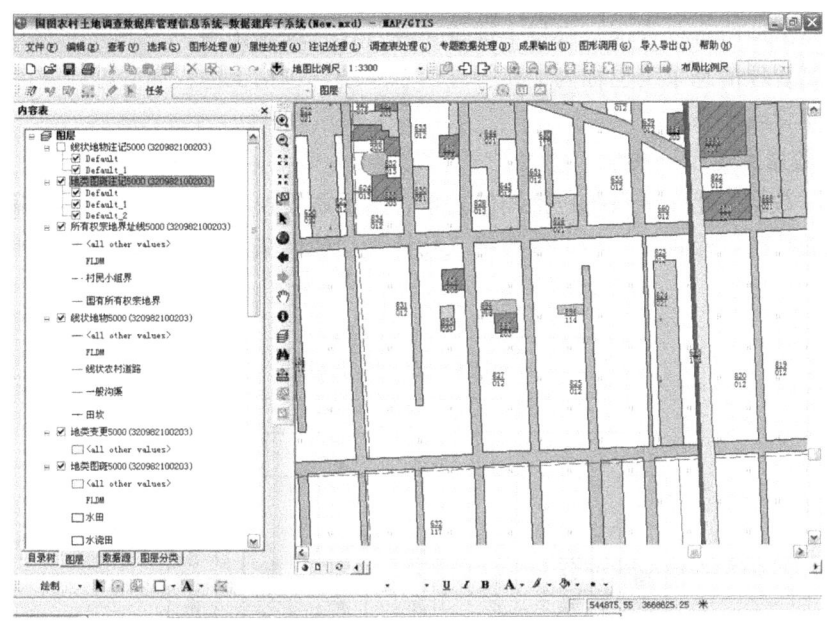

图7-4 土地利用现状调查数据库建库子系统界面

(2)信息查询功能。信息查询功能模块为系统提供多种查询功能,包括各类图形查询、属性查询、自定义查询、组合查询等,以实现图件的快速查询及图属互查。此外,系统具有面积计算、长度计算等功能,面积计算同时能采用椭球面积进行计算。

(3)专题图制作功能。专题图制作功能模块实现根据用户的定制要求自动裁剪和输出不同专题图,如土地利用现状图、权属界线图、行政界线图、基本农田分布图、耕地坡度分级图等。

(4)统计汇总功能。统计汇总功能模块实现根据平差计算结果,自动生成土地调查规程要求的各类统计汇总表,并实现对表格的查询、编辑、打印输出等功能。

(5)土地利用变化分析功能。土地利用变化分析功能实现不同区域、不同时间段的土地利用结构、土地利用动态度等的变化分析。

(6)基本农田分析功能。基本农田分析功能是对基本农田状况进行分析,主要包括各基本农田保护区的用地结构分析、占用基本农田情况分析等。

(7)日常更新与年度变更功能。日常更新与年度变更功能模块可随时完成土地利用现状调查数据的日常"局部式"更新,也可以采用数据批量处理功能,实现季度或年度的"快照式"变更,并自动生成变更记录表和统计上报数据。

(8)历史数据管理功能。历史数据管理功能模块具有历史信息的存储、查询和追溯功能,主要包括图形与属性历史信息的保存、历史信息追溯查询等。

7.5 土地权属管理信息系统

7.5.1 系统模块设计

目前,土地权属管理(地籍管理)主要集中在对城镇土地使用权的管理上,同时,正逐步向农村集体土地所有权管理、农村土地承包经营权管理等拓展。

土地权属管理信息系统也称为地籍管理信息系统，包括土地权属数据库建库子系统和土地权属数据库管理子系统。

1. 土地权属数据库建库子系统

土地权属数据库建库子系统包括图像处理、坐标系转换与投影变换、图层编辑、属性数据采集、地类转换、检查与处理、数据格式转换等功能模块。图 7-5 为土地权属数据库建库子系统结构。

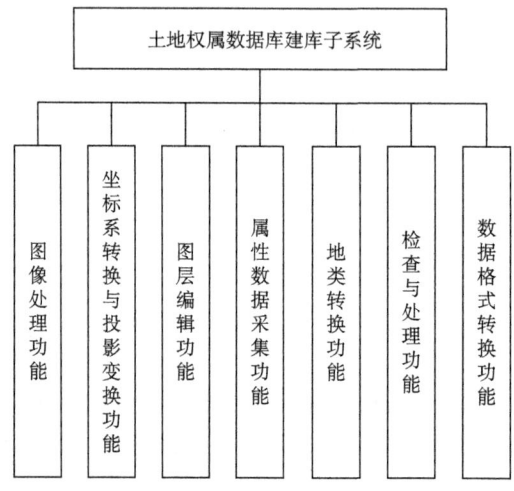

图 7-5　土地权属数据库建库子系统结构

2. 土地权属数据库管理子系统

土地权属数据库管理子系统包括数据库维护与管理、数据库安全管理、信息查询、专题图制作、统计分析、地籍变更、历史数据管理等功能模块。图 7-6 为土地权属数据库管理子系统结构。

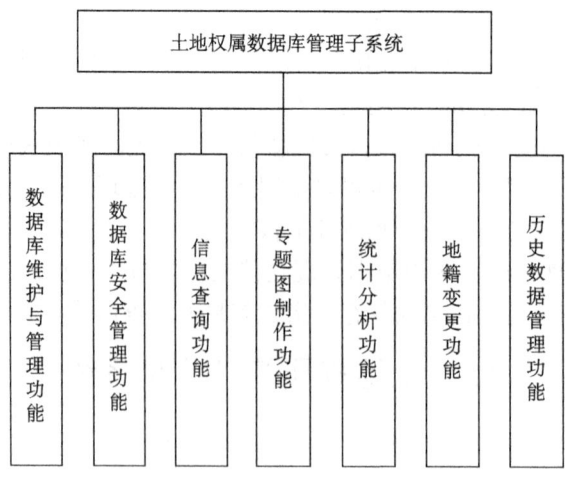

图 7-6　土地权属数据库管理子系统结构

7.5.2 系统功能

1. 土地权属数据库建库子系统

土地权属数据库建库子系统和土地利用现状调查数据库建库子系统有相同的作用，不同之处在于数据内容不同，内部数据处理的方法有所差异，因此系统功能可以参考 7.4 节的土地利用现状调查数据库建库子系统的图像处理、坐标转换与投影变换、图层编辑、属性数据采集、地类转换、数据检查与处理、数据格式转换说明。图 7-7 为土地权属数据库建库子系统主界面。

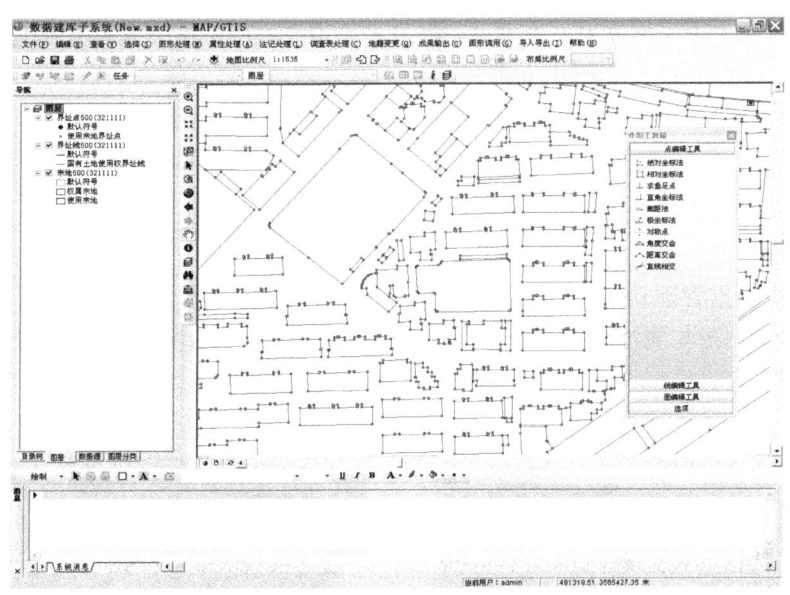

图 7-7 土地权属数据库建库子系统主界面

2. 土地权属数据库管理子系统

土地权属数据库管理子系统和土地利用现状调查数据库管理子系统也有类似之处，如其包含的数据库维护与管理功能、数据库安全管理功能、信息查询功能、专题图制作功能等系统功能可以参考本书的土地利用现状调查数据库管理子系统功能内容，下面只介绍几个不一样的功能模块。

（1）基础图件制作。基础图件制作模块实现用户定义自动裁剪和输出各类地籍图和专题图，如宗地图、分幅地籍图、街坊地籍图等。

（2）统计分析功能。统计分析功能模块实现界址点成果表、宗地面积计算表、土地分类面积统计表等所有常用统计报表生成，同时，可以对一定区域范围（市、区、街道、街坊等），按权属性质、建筑容积率、建筑密度等进行分类统计，并生成统计图和表。图 7-8 为宗地数量统计界面。

（3）土地权属变更。土地权属变更模块实现图形变更功能，能自动处理宗地图形、属性及地籍调查表信息，并记录详细的宗地变更历史关系，包括宗地新增、宗地分割、宗地合并、宗地属性变更、宗地灭失及宗地变更撤销等功能，并可与登记发证系统进行关联，调阅宗地的发证信息。

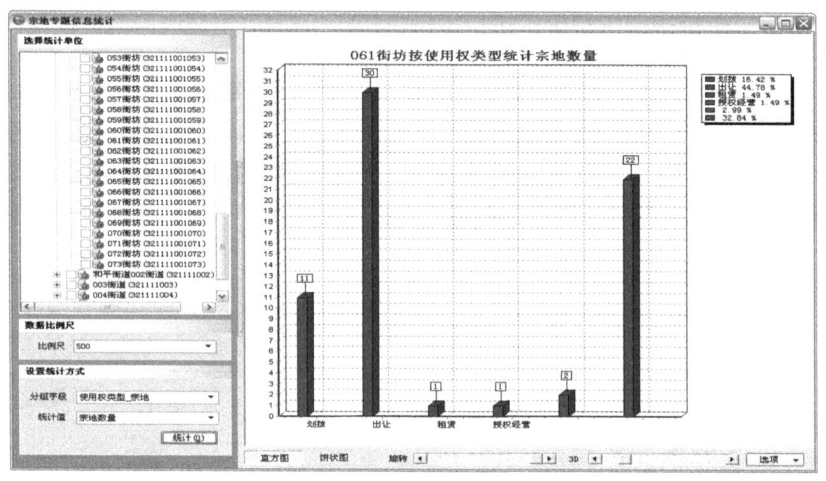

图 7-8　宗地数量统计界面

（4）历史数据管理功能。历史数据管理功能模块实现对历史信息的存储、查询和追溯功能，主要包括图形与属性历史信息的保存、对历史信息进行追溯查询等。图 7-9 为历史关系放映示例图。

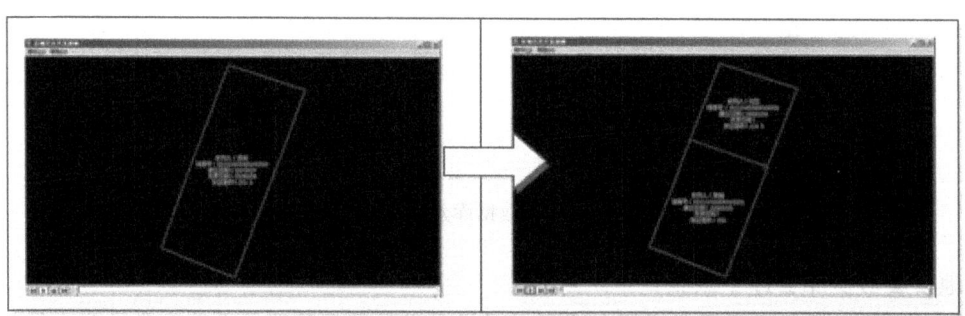

图 7-9　历史关系放映示例图

7.6　农用地分等定级估价系统

7.6.1　系统模块设计

本节选取县级农用地分等定级估价系统为例来说明。该系统为合理开发利用土地和科学的土地管理提供基础资料，是实现土地管理由数量管理为主向数量和质量并重管理转变的一个重要标志；为实现耕地占补平衡目标管理、农用地流转征地制度改革提供等级与价格依据；为土地整理提供整理前后质量评价的标准，是土地利用规划修编、基本农田保护区划定、土地承载力研究的基础。

农用地分等定级估价系统根据需求分为不同层次的功能模块，各模块之间并不是孤立的，而是存在着数据耦合关系。系统主要模块之间的关系如图 7-10 所示。

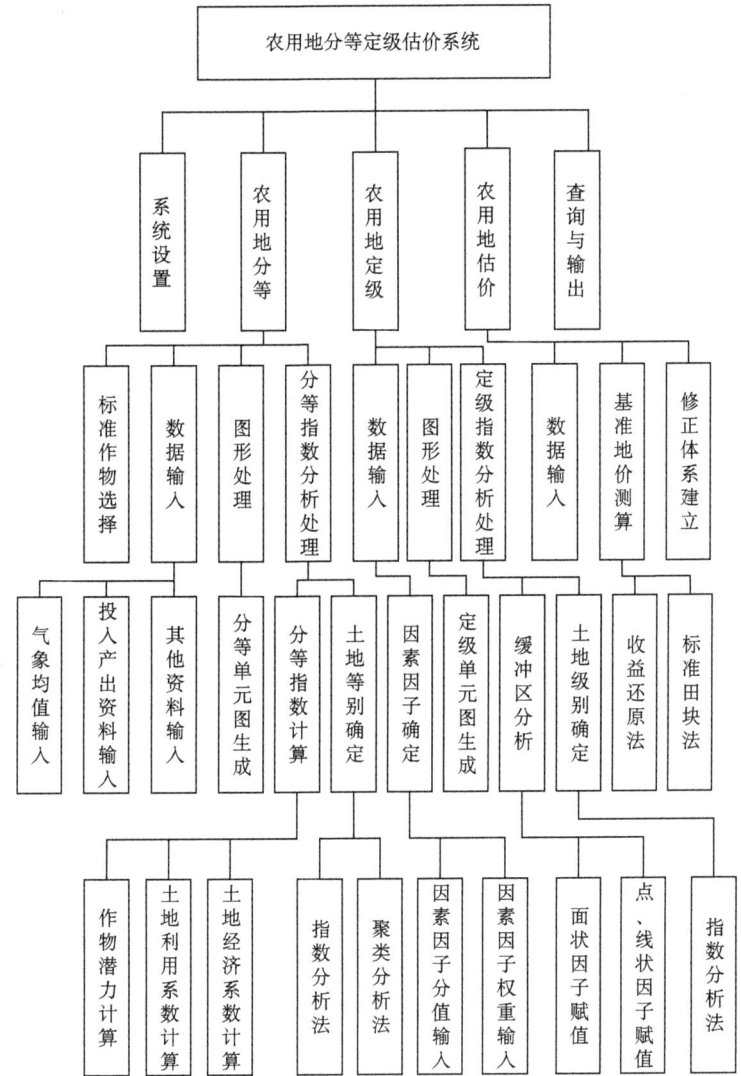

图7-10 农用地分等定级估价系统主要模块之间的关系

7.6.2 系统功能实现

1）数据采集子模块

主要目的是建立基础数据库、过程数据库和结果数据库。其中，基础数据库包括工作底图空间数据库、各类表格属性关系数据库、各类因素因子空间数据库等；过程数据库包括各类因素因子分析形成的空间数据库、指数分析形成的关系数据库；结果数据库包括各种报表输出的农用地评价结果、面积统计数据库、各种分值图。

数据输入是整个农用地分等定级估价系统启动和运行的前提。农用地评价数据涉及自然因素和社会经济因素，种类繁多，按其性质分可划分为空间数据和非空间数据（即属性数据）两大类，它们的输入方式有明显的差别。数据库建立参见5.2节。

2）农用地分等子模块

划分分等单元。在农用地评价工作中，通过对县域内地形地貌等自然条件和定级因素基础图件的分析论证，最后决定采用叠置法划分分等、定级单元。其单元图效果如图 7-11 所示。

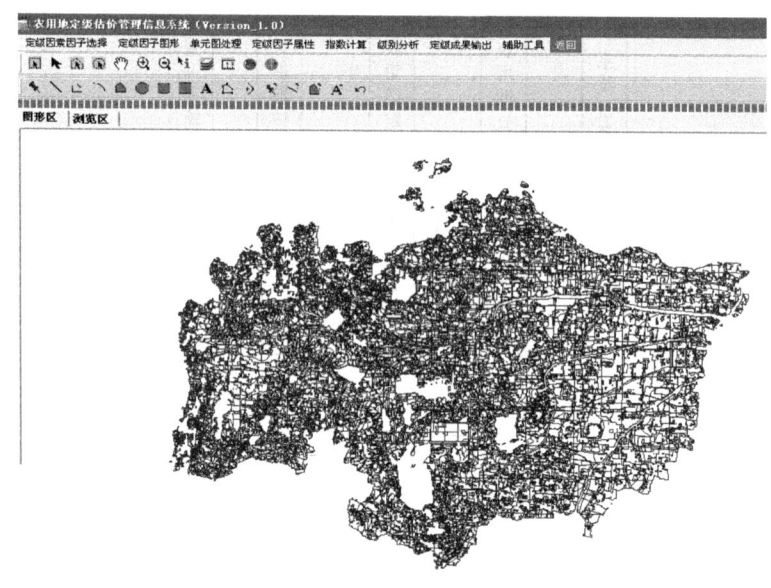

图 7-11　农用地单元图

计算土地等别指数与划分等别。根据农用地分等技术方法和等别指数的计算步骤，计算各分等单元等别指数，经过聚类分析和模糊分析，确定农用地等别。

3）农用地定级子模块

农用地利用的特殊性，使之不同于其他用途的土地，因此在选择土地影响因素因子时，应根据其质量、潜力分异特点具体确定，如图 7-12 所示。选择因素时应遵循主导因素、区域差异、因地制宜、可比性等原则。

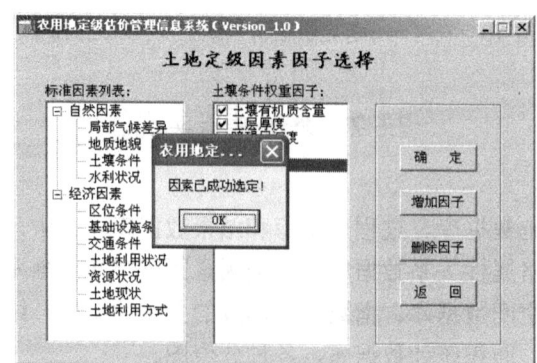

图 7-12　农用地定级因素因子选择界面图

选择农用地定级因素因子并确定权重，可采用特尔斐（Delphi）法、层次分析法、主成分分析法、线性回归法等。一般采用征询专家意见的方式进行，即特尔斐法。

4）农用地估价子模块

（1）地价参数设置。地价验证采用的参数有：土地还原利率、社会平均利润率、标准工日、农产品价格、税收等。

（2）测算基准地价。按照收益还原法和标准田块法两种测定方法，分别测算一、二、三、四、五、六级地平均地价，同时，还包括农用地使用权地价计算、农用地用作他途时补偿标准计算。图 7-13 为农用地补偿标准计算结果。

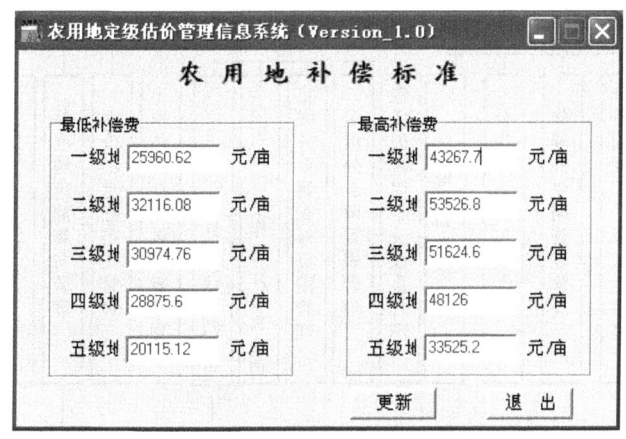

图 7-13 农用地补偿标准计算结果

7.7 城镇土地分等定级估价系统

7.7.1 系统模块设计

根据土地分等定级估价数据处理（数据库建立参见 5.2 节）的需要，系统采用先整体后局部的模块化设计方法进行系统总体设计。城镇土地分等定级估价信息系统主要由三个子系统组成，分别为土地分等子系统、土地定级子系统、土地估价子系统。各子系统之间并不是孤立的，而是存在着数据耦合关系和业务联系，系统各模块之间的关系如图 7-14 所示。

7.7.2 系统功能

1. 土地分等子系统

土地分等工作主要实现对各外业调查表格数据的处理，技术方法相对简单，因此土地分等子系统的功能模块主要是对数据库的操作。土地分等子系统结合土地分等工作的业务要求，设计一整套表格数据录入、修改、查询、标准化处理等功能齐全的模块。

2. 土地定级子系统

（1）定级因素因子及权重管理模块。由于土地利用的特殊性，在选择土地影响因素因子时，应根据其自然、经济、社会因素具体确定。选择因素时应遵循主导因素、区域差异、因地制宜、可比性等原则。选择土地定级因素因子并确定权重一般采用征询专家意见的方式进行，即特尔斐测定法，最终确定土地定级因素因子及其权重。

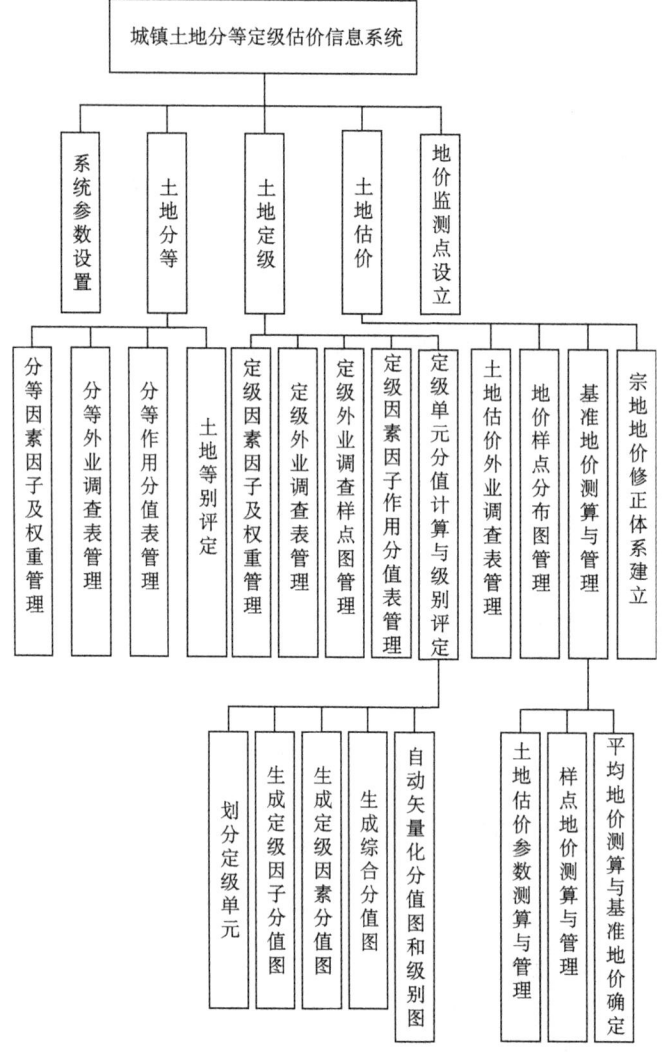

图 7-14 城镇分等定级估价信息系统的功能构成

（2）定级外业调查表管理模块。定级外业调查表管理模块主要完成原始调查表格数据的输入功能。无论是综合定级还是分用途定级都是针对相同的原始调查数据进行的，故该模块在各类定级中对同一个数据库进行操作，避免了数据的冗余和重复输入。

（3）定级外业调查样点图管理模块。定级外业调查样点图管理模块主要完成工作底图的导入、样点分布图的数字化等功能。样点分布位置的准确与否，直接影响后期定级单元分值的计算。

（4）定级因素因子作用分值表管理模块。依据定级规程，系统针对不同的因素因子，采用一定的方式自动计算各定级因素因子的综合规模指数，以计算出的综合规模指数编制出作用分值表。

（5）定级单元分值计算与级别评定模块。定级单元分值计算与级别评定模块是定级子系统的核心部分。系统首先采用网格法将定级区域划分为若干定级单元，然后针对不同的因素因子，利用各因素因子的作用分值表和样点分布图，自动生成各因素因子的定级单元作用分值影响图。利用加权求和模型叠加各因素定级单元分值图,最终生成定级单元综合作用分值影响图。

3. 土地估价子系统

(1)土地估价外业调查表管理模块。土地估价外业调查资料数据量大、种类多,需要从各部门搜集资料,容易造成数据的统计口径不一,数据库中的部分数据与实际情况有一定差异。为保证数据的正确性,系统提供了逻辑判断功能来查找出其中明显不合理的数据。

(2)地价样点分布图管理模块。地价样点分布图管理模块主要完成地价样点的图上定位工作。由于外业调查资料的数据量大,上图过程中难免出现错误或疏漏,造成外业调查表和样点分布图的不一致,为了方便数据的检查,系统利用样点分布图的关键字段"编号",与外业调查表进行地理编码,检查出"图"和"表"的不一致。通过建立样点与级别的空间拓扑关系,自动将样点归入相应的土地级别中,以便测算每个级别的基准地价。

(3)基准地价测算与管理模块。基准地价测算与管理模块是土地估价子系统的核心部分,包括土地估价参数测算与管理、样点地价测算与管理和平均地价测算与基准地价确定三个功能模块。宗地估价的基本方法主要有收益还原法、成本逼近法、市场比较法、剩余法等。

(4)宗地地价修正体系建立模块。基准地价系数修正法是宗地估价的一种常用方法,通过编制宗地地价修正体系,方便以后宗地地价的评估,以更好利用基准地价更新成果。宗地地价修正体系建立模块包括宗地地价修正体系权重管理和宗地地价修正体系建立。

7.8 土地利用规划管理系统

7.8.1 系统模块设计

土地利用规划管理系统根据省、市、县、乡四级土地利用总体规划管理工作的不同在功能设计上也有所不同,如省级土地利用规划管理工作需要提供土地利用规划成果集中管理的功能。本节实例采用的是(市)县级土地利用规划管理系统。

(市)县级土地利用规划管理系统以基础地理信息数据、土地利用现状数据、土地利用规划数据、土地利用规划指标数据及建设用地项目数据等为数据源(数据库建立参见 5.3 节),通过国土管理部门窗口完成申报;通过专用网,完成土地利用规划业务的流程运转与业务审查、审批;通过国土资源专用信息网连接下属国土局和调用远程数据,实现国土资源系统内部的信息交换和共享。

(市)县级土地利用规划管理系统主要包括:土地利用规划数据库建库子系统、土地利用规划数据质量核查子系统、土地利用规划成果管理子系统、土地利用规划实施管理子系统、土地利用规划数据发布子系统及运维管理子系统,图 7-15 为(市)县级土地利用规划管理系统功能结构。

7.8.2 系统功能

1. 土地利用规划数据库建库子系统

土地利用规划数据库建库子系统,按照标准实现市、县、乡三级规划数据库的建设工作,最终输出上级部门所需格式的数据,提供影像配准、数字化、图形存储、数据结构、坐标转换、数据提取及属性处理、数据质量检查、图件制作和成果输出等功能。图 7-16 为土地利用规划管理系统主界面。

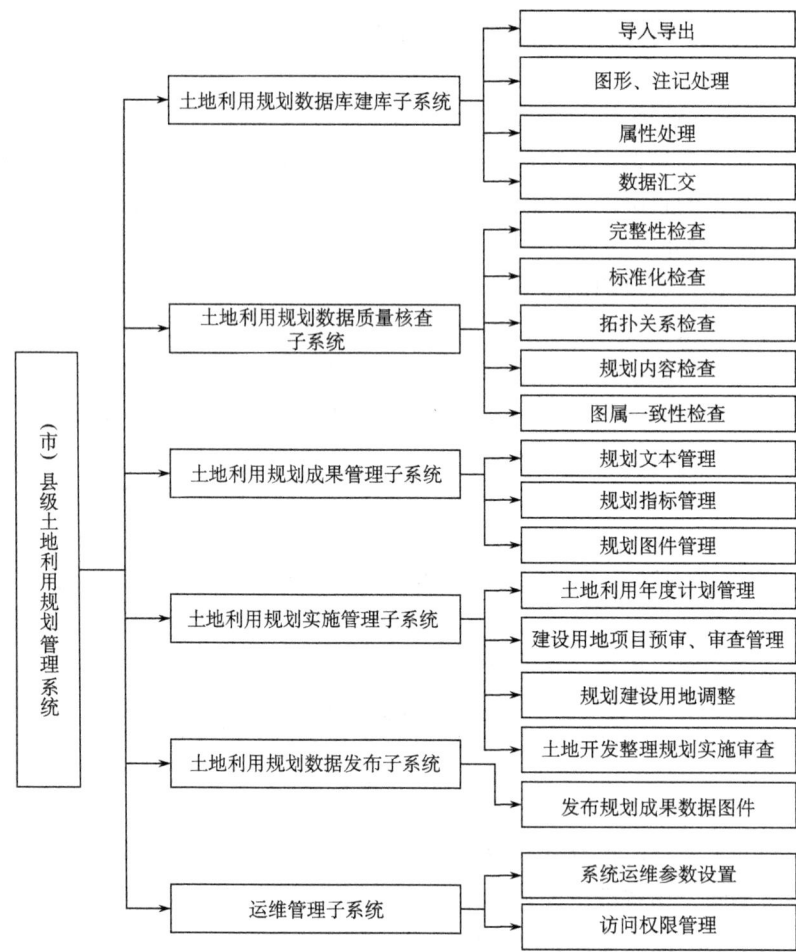

图 7-15 （市）县级土地利用规划管理系统功能结构

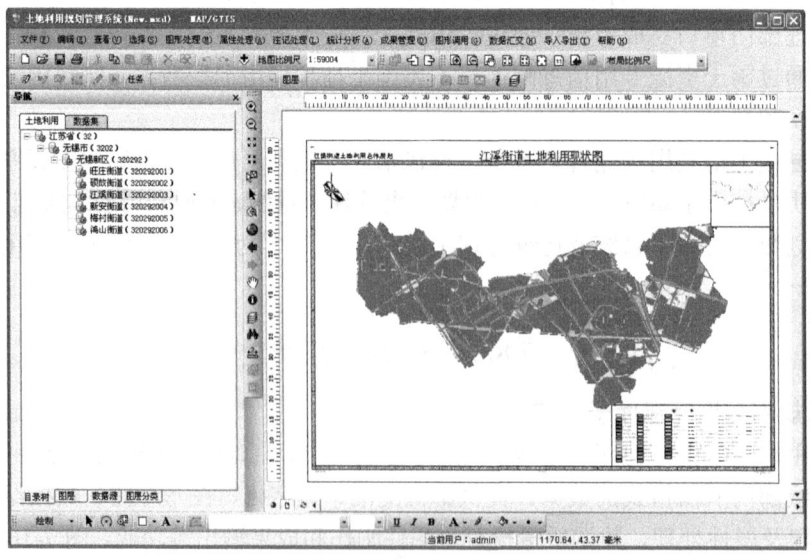

图 7-16 土地利用规划管理系统主界面

系统功能描述如下。

（1）图像处理：图像配准处理，TIFF、GeoTIFF、JPG、IMG 等图像格式输入和输出转换。

（2）空间参考系转换：坐标变换，包括 1954 北京坐标系、1980 西安坐标系、CGCS2000 国家大地坐标系和地方坐标系相互转换；投影变换，包括高斯-克吕格投影等不同投影的相互转换。

（3）图层编辑：增删图层、修改图层名称、图层状态编辑、修改图层次序等。

（4）矢量化采集：点、线、面的增、删、改等，对点、线、面等多种对象的延伸、连接、旋转、合并、分解等编辑功能和对编辑对象的多种捕捉。

（5）电子数据采集：键盘输入坐标点和批量导入 GPS、全站仪等测量仪器的电子数据等。

（6）属性数据采集：数据结构的编辑与修改、属性值的编辑与修改、属性值批量分析计算录入、批量属性数据的导入等。

（7）检查与处理：对数据进行检查和错误处理，包括拓扑检查与处理、一致性检查与处理、完整性检查与处理等。

（8）规划基数转换：按照《市县乡级土地利用总体规划编制指导意见》要求将基期现状数据转换成规划基数。

（9）输出汇交成果。

2. 土地利用规划数据库质量核查子系统

土地利用规划数据库质量核查子系统主要检测规划成果完整性、数据结构与数据内容一致性、空间定位准确性、数据正确性、规划空间布局等，保证规划成果质量。图 7-17 为土地利用规划数据库质量核查子系统界面。

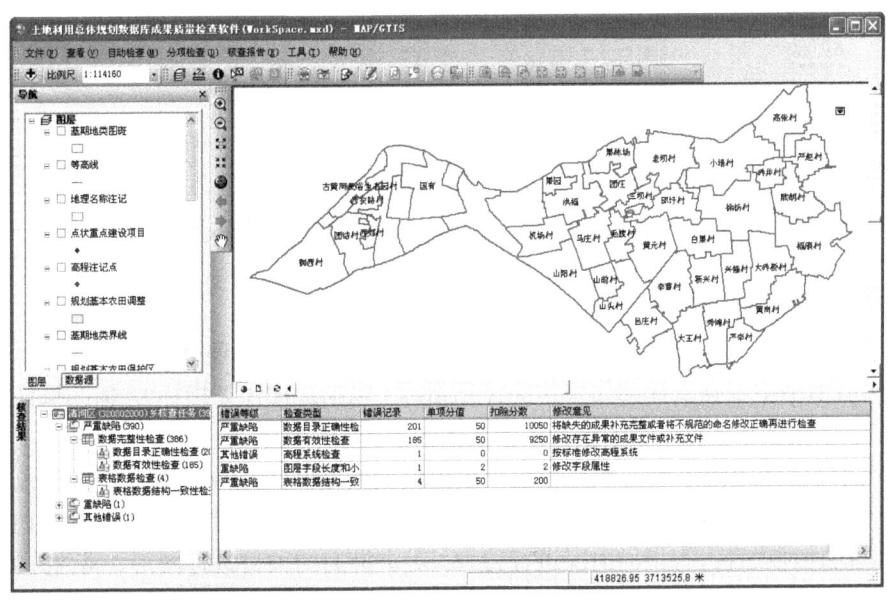

图 7-17　土地利用规划数据库质量核查子系统界面

系统功能描述如下。

（1）完整性检查：检查规划成果是否有遗漏。

（2）标准化检查：检查规划成果是否符合数据标准。

（3）拓扑关系检查：检查规划图件成果是否存在拓扑错误。

（4）规划内容检查：检查规划基数转换关系、建设用地控制规模和耕地保有量是否落实，基本农田是否做到数量不减少。

（5）图属一致性检查：检查专项规划指标数据面积与图上量算面积是否一致。

3. 土地利用规划成果管理子系统

土地利用规划成果管理主要包括规划文本、规划指标和规划图件的管理，系统提供相应的录入、编辑和浏览功能，方便用户随时查阅规划编制过程中产生的一系列成果。

规划文本管理：实现规划文本、规划说明及相关研究专题报告管理。

规划指标管理：实现规划指标统计、输出等，如图 7-18 所示。

规划图件管理：编制各类规划图件并输出规划图件成果。

图 7-18 土地利用规划成果管理子系统指标管理界面

4. 土地利用规划实施管理子系统

（1）土地利用年度计划管理。根据《土地利用年度计划管理办法》的规定，辅助编制土地利用年度计划，根据上级部门下达的计划指标（包括追加计划指标），辅助拟订土地利用年度计划实施方案。

（2）建设用地项目预审、审查管理。基于现状数据和规划数据，与项目区数据叠加分析，统计项目区土地利用各地类现状面积，查看项目区是否符合土地利用总体规划，并输出统计报表；同时对项目占有指标情况进行管理；对审批后的项目进行图形、属性的编辑处理，输出标明项目区位的土地利用总体规划局部图。

（3）规划建设用地调整。在规划实施过程中根据实际需要，对规划进行局部调整和修改，包括对规划指标、用地布局等的调整。系统功能包括：基于土地利用现状数据和规划数据，分析统计项目占用土地利用现状情况及规划用途情况，输出统计报表；调整矢量图形和属性，并能够对调整前的土地使用情况进行历史回溯；输出局部修改方案审核意见表；输出成果图件（包括修改前后的土地利用总体规划图、土地利用现状图）和各种报表；局部修改经审批后，更新规划成果，并能够进行历史回溯；能够对调整后的项目进行档案（文本、图件及对应的指标）管理。

（4）土地开发整理规划实施审查。基于土地利用现状数据，实现土地整理项目区范围与现状数据进行空间叠加分析，统计项目区土地利用各地类现状面积，并输出统计报表。项目验收合格后，更新耕地储备库、核算新增耕地指标，输出土地复垦开发项目执行情况表、输出标明项目区位的相关图件。

5. 土地利用规划数据发布子系统

土地利用规划数据发布子系统以 WebGIS 的形式嵌入其他电子政务系统中，结合电子政务各类业务流程，提供快捷、便利、高效的 GIS 应用辅助业务审查。系统提供规划成果数据的浏览、定位、查询、分析和对比等功能。发布的数据服务包括影像、现状、规划成果和相关基础数据等。图 7-19 为土地利用规划数据发布子系统界面。

图 7-19　土地利用规划数据发布子系统界面

6. 运维管理子系统

主要功能有系统的正常运行维护、数据库维护，包括用户权限设置、出图参数设置、自定义报表模版设置、数据字典管理、数据备份和恢复、日志管理等。

思 考 题

1. 简述土地调查评价信息系统的组成。
2. 各类土地调查评价信息系统实现功能的主要异同点有哪些？
3. 以第二次土地调查为例，说明土地利用现状和土地权属管理信息系统发挥的作用。
4. 为何要利用信息系统进行调查评价数据库的质量检查？检查项有哪些？
5. 农用地分等定级和城镇土地分等定级估价信息系统需要实现哪些功能？
6. 土地利用规划管理系统如何辅助规划编制？包括哪些功能模块？

第8章 政务管理信息系统

电子政务是政府在其管理和服务职能中运用现代信息和通信技术，实现政府组织结构和工作流程的重组优化，超越时间、空间和部门分割的制约，全方位地向社会提供优质、规范、透明的服务，是政府的管理创新和手段变革。目前，我国各行业各部门的信息化建设正在全面推进，电子商务、电子政务建设蓬勃发展。随着国土资源业务工作的不断拓展，各级国土资源管理部门对信息化的要求越来越迫切，各级领导对此也日益重视，信息化建设取得了较快的发展，特别是在市、县级国土资源管理部门，大部分都不同程度地开发或使用了国土资源电子政务管理信息系统。

国土资源电子政务系统，或称为政务管理信息系统，主要包括地政、矿政两类，以及综合事务管理系统、统计分析系统等。有关政务数据库的内容和建立过程参见 6.1 节，本章主要介绍国土资源电子政务平台的框架设计，包括构建平台、运行平台和 GIS 功能组件，以及以地政业务为主的三个政务管理信息系统实例，包括土地登记系统、建设用地审批信息系统、土地利用动态监管与移动执法系统。

8.1 电子政务平台设计

8.1.1 总体框架设计

电子政务管理系统是以地政管理、统计分析、综合事务管理等信息子系统为核心，以数据中心为枢纽，以土地政务信息、土地基础信息、基础地理信息及其他领域相关基础信息为数据源，以数据库和网络为基础，以管理制度、信息化标准和信息化机构为保障的计算机管理系统。从系统层次上看，政务管理系统由国家、省、市和县四个层次构成，通过政府专网或国土资源信息网实现各级系统间的连接。每一级系统均在数据中心支撑下运行，数据中心为本级各类政务管理信息系统的运行提供数据和软硬件支持，通过对各类数据库和政务管理信息系统所生成的数据进行信息提取、挖掘，实现基础性、公益性国土资源信息的社会化服务；同时，通过国土资源信息网，实现信息的远程交换与共享。

国土资源电子政务平台以政策、法规和标准等为保障，以计算机网络及硬件平台为依托，在电子政务基础平台上构建国土资源政务管理信息系统。在数据中心和数据交换体系的支持下（见 2.5 节），电子政务管理信息系统通过国土资源行业内网网站和外网网站，形成对行政管理和社会的应用与服务，同时整个电子政务系统必须在安全的环境下运行。国土资源电子政务平台总体框架如图 8-1 所示。

国土资源电子政务平台的设计思路是针对国土资源政务管理和服务的特点，提供可运行的电子政务系统框架，并对系统开发过程各个阶段提供管理和辅助工具，包括二次开发接口及对目前已发展比较完善的外部开发工具的调用，让开发者专注于对用户的业务需求分析，充分利用现有的开发成果，进行增量式的应用系统开发、重用和扩展，提高系统开发效率与质量。

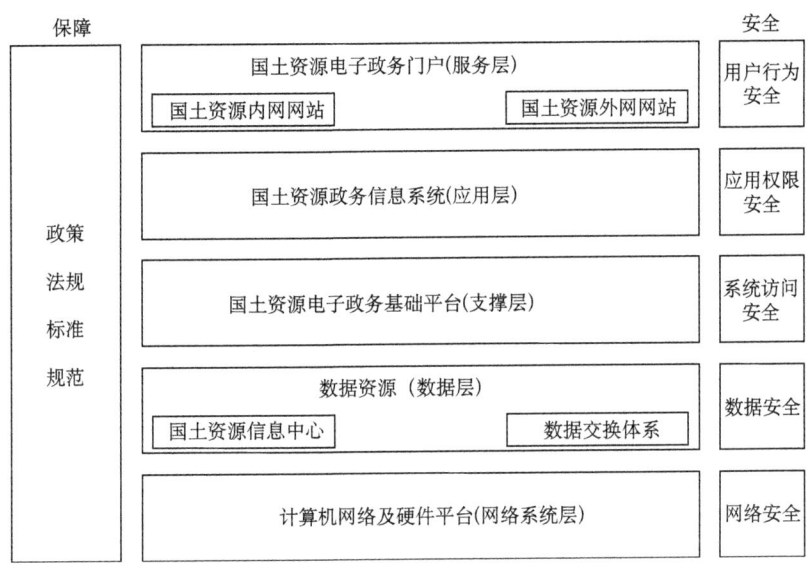

图 8-1 国土资源电子政务平台总体框架

国土资源电子政务平台以国土资源局域网和数据资源库为基础,包括构建平台和运行平台,首先通过构建平台定义、维护底层数据库中的资源及业务规则等,形成基础支撑数据库,然后通过运行平台调用、解释基础支撑数据库的资源和业务规则,驱动国土资源各项业务操作,同时创建、使用、修改业务数据库和基础数据库,实现业务的流转和处理,形成具有统一安全认证、单点登录、支持大规模应用、多应用系统集成的国土资源电子政务系统。

为了实现电子政务平台的相关要求,将在平台的设计、实施、部署等软件生命周期中,采用如下的总体设计思路。

(1) 软件设计上,采用 UML 作为贯穿软件生命周期的通用设计表达语言,遵循面向对象的设计方法,恪守"高内聚、低耦合"的设计原则,提高系统复用度。

(2) 在系统架构上,采用三层分布式应用体系架构,将用户界面、业务逻辑与数据资源进行分离。在客户端的具体实现上根据不同的应用场景采用不同的技术实现策略,即对包括系统配置、业务应用等要求部署灵活、使用简便的应用场景,采用以浏览器为主的实现方式;对于较复杂的业务功能应用场景,采用集成化胖客户端的实现方式;对于如 GIS 等编辑、维护操作复杂的模块,采用桌面应用的实现方式。

(3) 在系统实现上,全面结合在应用中得到验证的成熟组件和成熟模块,用组件化、参数化、模式化、集成化等先进构造思想,构建灵活、健壮、高效、稳定的电子政务平台。

8.1.2 系统功能组成

电子政务平台总体架构分为三个核心的组成部分:构建平台、运行平台和 GIS 功能组件。构建平台,用于开发和管理配置;运行平台,包括大量的可复用组件和服务;GIS 功能组件,因国土资源业务具有信息数据海量、空间性强、动态等特点,需要专门把 GIS 功能抽取出来重点开发,基于成熟的商用 GIS 基础平台进行功能定制、封装,实现对国土资源空间数据的功能建模、地图发布和空间分析等。在技术设计上,GIS 功能实现仍然符合构建平台和运行平台的组合设计思路,相应地分为 GIS 构建平台和 GIS 运行平台,最终分别嵌入电子政务构建平台和电子政务运行平台中。三者在应用开发的各个生命周期中，相互关联和配合，共同达到提高开发效率的目的。

电子政务平台的基本逻辑架构如图 8-2 所示。它由渠道/表示层、应用服务层和资源层三个层次组成，它的核心是应用服务层。

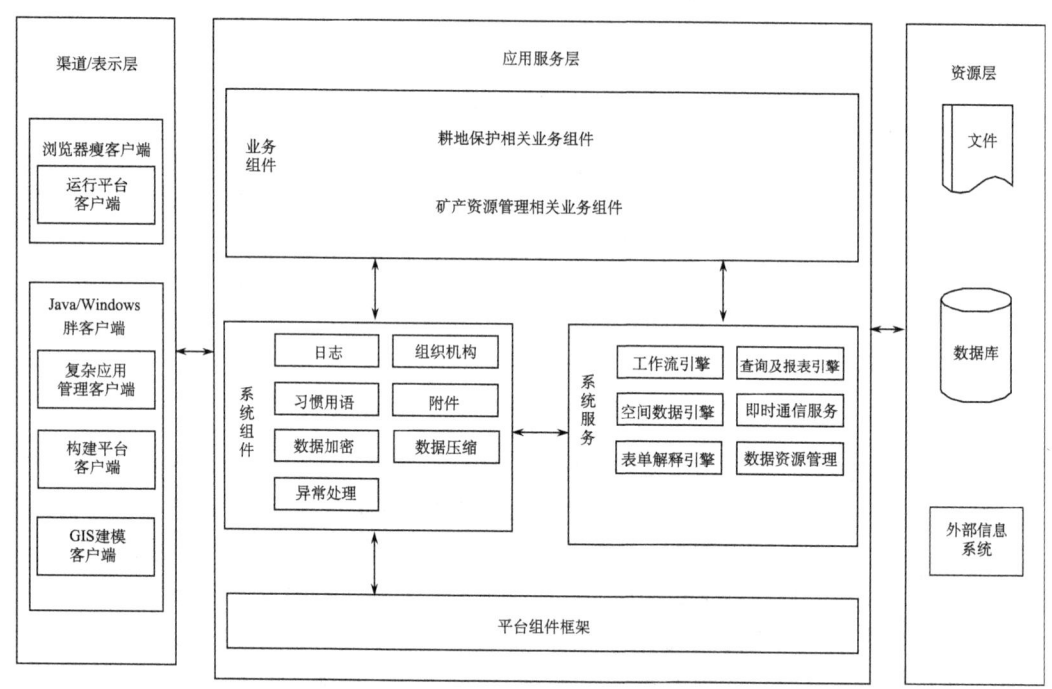

图 8-2　电子政务平台的基本逻辑架构图

1. 渠道/表示层

渠道/表示层的主要作用是访问应用服务层提供的各种应用系统功能，并将应用逻辑返回的结果通过各种技术手段展现给用户，使用户能通过不同的界面和通信方式接入国土资源业务信息系统。

2. 应用服务层

应用服务层为平台的核心部分，可依托 Java2 平台企业版（Java 2 platform enterprise edition，J2EE）应用服务器来实现，它由系统服务、系统组件、业务组件和平台组件框架四部分构成（图 8-2）。

（1）系统服务，指可以独立提供服务的系统组件，包括工作流引擎、查询及报表引擎、空间数据引擎、即时通信服务、表单解释引擎和数据资源管理等模块。

（2）系统组件，指提供服务的系统组件，包括：日志、组织机构、习惯用语、附件、数据加密、数据压缩、异常处理等模块。

（3）业务组件，指通过构建平台构建出的业务系统相关组件，是业务逻辑和业务展现的核心控制模块。

（4）平台组件框架，是众多系统服务、系统组件和业务组件的统一载体和调度中心，它的存在可以有效地保证系统的可扩展性，屏蔽平台的底层技术实现细节和降低系统维护及管理成本。

3. 资源层

资源层为应用服务层的运行提供以下基础服务。

（1）基础数据（包括空间数据和非空间数据）和运行数据存储的数据库系统。

（2）属性文件、XML文件、日志文件、附件等存储的文件系统。

8.2 电子政务平台的内容与功能

8.2.1 构建平台

1. 组成结构

国土资源电子政务构建平台是构建和维护政务管理业务及其平台支撑数据库的基础，是由一系列相互关联、相互调用的工具构成的以业务流转和业务处理为核心的基于配置的构建环境。其组成与应用框架如图8-3所示。

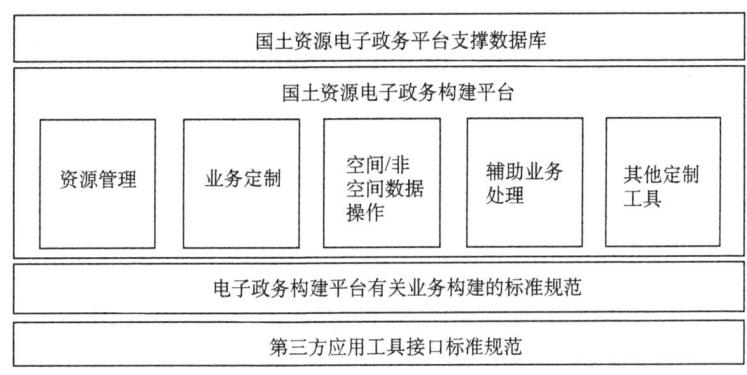

图8-3 电子政务构建平台

根据国土资源现有业务需求，结合电子政务管理方式，可将国土资源电子政务构建平台分为五类功能组件，包括资源管理、业务定制、空间/非空间数据操作、辅助业务处理和其他定制工具。

（1）资源管理功能组件是平台应用的基础，用于建立国土资源各类应用共享的、统一的资源信息，包括系统数据资源管理、组织机构及人员管理、业务管理、岗位角色管理、统一用户权限管理。

（2）业务定制就是使用定制工具对国土资源政务管理中组成业务的四大元素（人员、资源、事件、状态）进行定义，以描述业务的发生、发展、完成过程，并实现对过程的监控，包括工作流定制、业务操作定义、自由流转定制。

（3）空间/非空间数据操作包括业务表单定制工具、关系型数据操作定制工具、空间数据操作定制工具。

（4）辅助业务处理包括外部单位字典管理、公文模板定义、业务查询定制、统计图表定制、个性化桌面自定义、电子报件定制工具和信息发布工具等。

构建平台的工作流定义、自定义表单等功能模块对用户界面、交互性有较高的要求，宜采用桌面应用系统实现。工作流技术参见 1.5 节。

业务逻辑中间层组件服务最主要的工作是封装各种业务逻辑，并且保证各种业务逻辑能够有高效率及高稳定性又不失灵活性的事务处理能力。无论构建平台处理各种复杂的业务，还是处理简单的业务逻辑，一般都体现在对数据库操作逻辑的封装上。所以，构建平台应设计针对数据库操作的服务组件，所有的其他业务逻辑组件都通过这些操作数据库的服务组件来操作数据库。

2. 功能模块设计

构建平台的总体功能结构如图 8-4 所示。

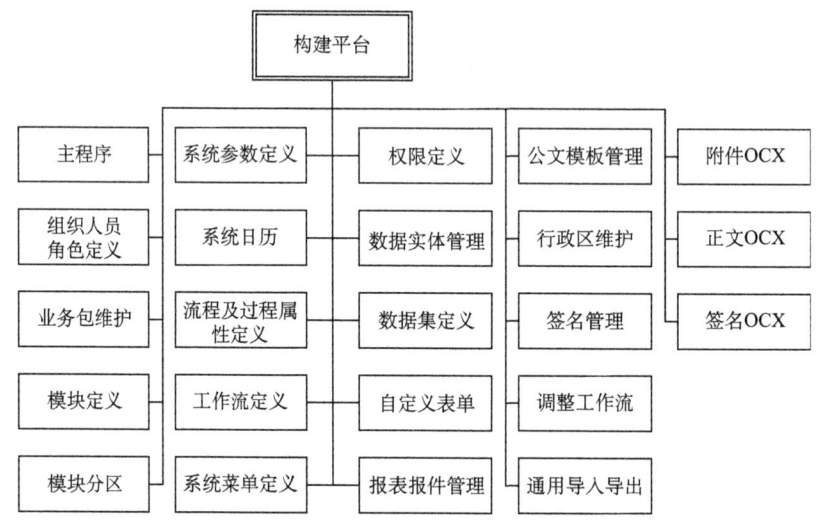

图 8-4 构建平台的总体功能结构

构建平台的功能模块清单如表 8-1 所示。

表 8-1 构建平台的功能模块清单

功能类型	功能模块名称	功能说明
资源管理	主程序	系统功能入口总界面
	组织人员角色定义	定义系统内部所有机构、角色、人员的基本信息，机构与机构、人员与机构、人员与角色之间的关系
	业务包维护	管理维护平台的程序包的信息
	系统参数定义	系统参数主要是维护各个业务需要的一些参数，这个功能主要是提供给开发人员进行维护的
业务定制	模块定义	定义系统中所有可供调用的功能模块
	模块分区	提供非可视化、可视化两种方式的模块分区功能
	流程及过程属性定义	实现流程与过程节点的基本属性定义，以及对流程节点的业务规则定义、业务对应材料定义、关联流程定义、相关过程查看设置
	工作流定义	工作流定义允许用户以可视化的方式定义标准工作流
	系统菜单定义	提供系统菜单定义功能
	权限定义	权限设置实现了系统菜单授权、模块分区授权、图层授权

续表

功能类型	功能模块名称	功能说明
数据操作	数据实体管理	维护数据源连接信息
	数据集定义	维护数据集定义信息
	自定义表单	表单设计器，用户以可视化方式进行表单开发
	通用导入导出	提供包括规则设置、导出数据、导入数据、导入数据历史查询、回滚导入数据等功能实现导入导出管理
辅助业务处理	行政区维护	对各地市县等机构的国家行政区行政编码的维护，应能提供对行政区编码及相关信息进行维护的功能
	系统日历	维护单位工作日历，计算任务工作完成时间等
	报表报件管理	是运行平台自定义报表的解决方案，它由报表同报件两块功能共同组成
	公文模板管理	维护公文模板，定义模板与数据库关联的信息
	签名管理	实现对签名字典表的维护
	调整工作流	实现对实际业务的流程进行重组或者修改，使其按照新的流程流转

8.2.2 运行平台

1. 组成结构

电子政务运行平台是对利用构建平台所建立的资源和业务规则的调用、解释、维护等操作，形成各类业务系统运行的统一工作平台，其组成和应用框架如图8-5所示。

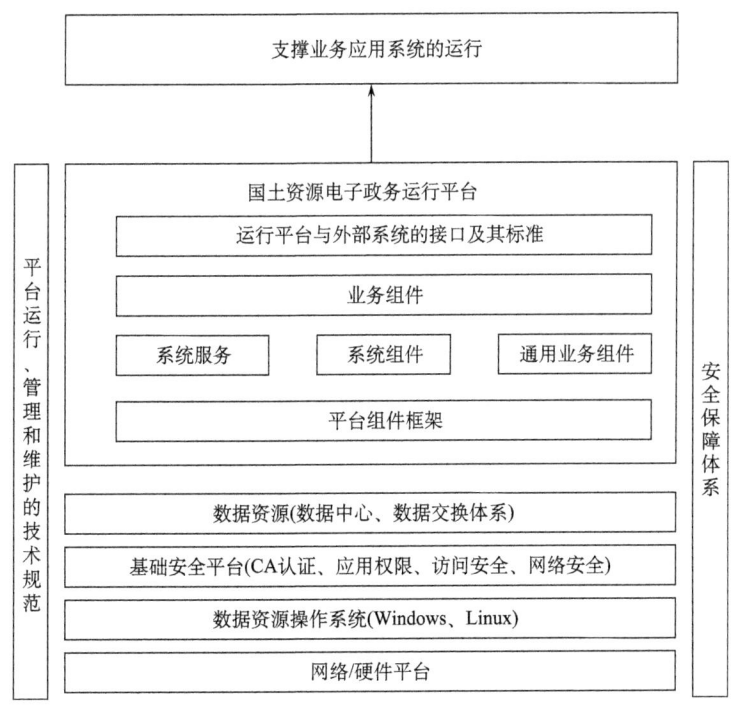

图8-5 电子政务运行平台

运行平台包括以下组成部分。

（1）平台运行引擎。平台运行引擎用实例化业务模型，为业务运行进行导航，维护业务控制数据和相关数据，具体包括：工作流引擎、空间数据引擎、内容管理引擎和统计分析引擎等。在确保与运行平台架构一致的情况下，可采用第三方运行引擎。

（2）平台辅助办公。电子政务运行平台需要为业务办公提供督办延期挂起、退件管理、任务代理、即时通信、在线状态工具、新闻公告、参考资料等辅助办公工具。

（3）二次开发接口及其标准规范。对复杂业务需求（无法直接通过构建形成），运行平台提供可调用基于平台进行二次开发所形成的专用模块接口，允许将二次开发形成的专用模块嵌入平台运行环境中，并制定相应的接口标准规范。

（4）运行平台与外部系统的接口及其标准。在电子政务运行平台基础上，需要进一步提供各级国土资源管理单位之间、各级国土资源内外网之间及与其他政府部门之间的交换接口，制定相应接口的标准规范。

2. 功能模块设计

运行平台的总体功能结构如图 8-6 所示。

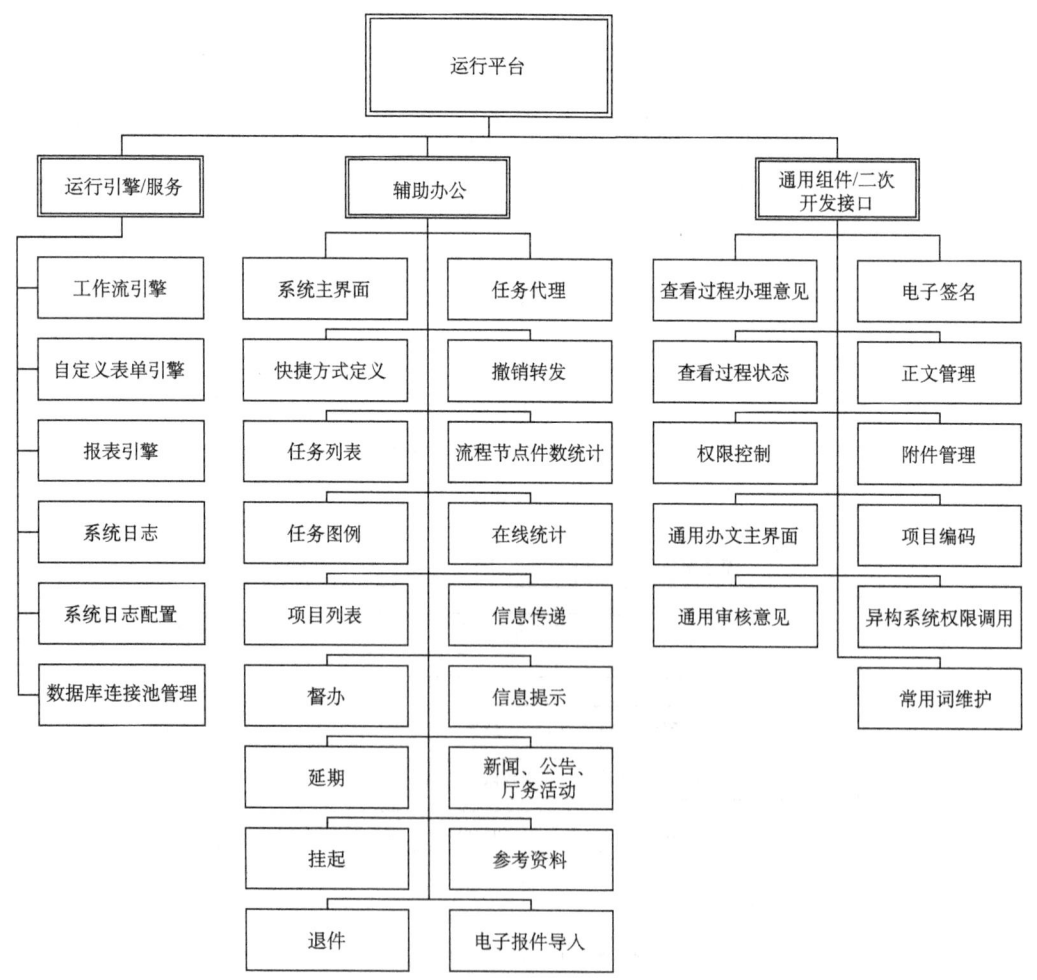

图 8-6 运行平台的总体功能结构

运行平台的功能模块清单如表 8-2 所示。

表 8-2 运行平台的功能模块清单

功能类型	功能模块名称	功能说明
运行引擎服务	工作流引擎	对业务办理的流转控制
	自定义表单引擎	用户可自定义所需要的业务办理表单
	报表引擎	运行平台的报表打印引擎
	系统日志	对系统及用户的操作进行记录,以便更好地监控及管理系统
	系统日志配置	提供易用的系统日志配置功能
	数据库连接池管理	配置数据库连接池
辅助办公	系统主界面	系统功能入口总界面
	快捷方式定义	用户自定义快捷方案
	任务列表	办理业务的统一入口
	任务图例	设置任务的背景色来区分不同业务流程,进入界面后很容易通过颜色来区分业务类型
	项目列表	包含所有任务的通用查询及查看功能
	督办	对业务的督办处理
	延期	对业务办理延期处理
	挂起	对业务的挂起处理
	退件	对退件的审核处理
	任务代理	委托他人代办任务的管理
	撤销转发	对撤销业务的管理
	流程节点件数统计	统计流程、过程在各种办理状态下的件数
	在线统计	当前用户的查询统计管理
	信息传递	即时信息交流
	信息提示	以弹出窗口的方式来提醒用户目前的任务等情况
	新闻、公告、厅务活动	对新闻、公告、厅务活动的管理
	参考资料	对参考资料的管理
	电子报件导入	导入电子报件材料
通用组件二次开发接口	查看过程办理意见	通用过程意见查看功能
	查看过程状态	通用过程状态查看功能
	权限控制	对构建平台权限设置的解释与执行
	通用办文主界面	通用的办文主界面组件
	通用审核意见	对审核意见的通用处理
	电子签名	用户电子签名功能
	正文管理	包含正文的编写、修改记录及套红等功能
	附件管理	对附件的增加、修改、查看等功能
	项目编码	统一项目编码接口
	异构系统权限调用	开放的异构系统权限调用接口
	常用词维护	维护个人及公用的常用词

8.2.3 GIS 功能组件

1. 组成结构

GIS 功能组件的目标是将 GIS 功能与电子政务系统紧密结合，在电子政务构建系统中为用户提供一致的地图配置和功能定义界面；在电子政务的运行系统中提供一些封装好的组件，读取构建系统的配置结果并做出正确的响应。GIS 功能组件对国土资源电子政务平台有如下作用。

（1）实现上述目标可以使系统管理员和电子政务各子系统的开发者通过一致的图形界面管理 GIS 资源，定制高级的 GIS 功能，很容易把 GIS 功能集成到工作流中，同时又无须过多了解关于 GIS 系统本身的内容或做太多的编码工作。这样可以节约构建新系统的学习成本，提高软件的重复利用率。

（2）对于电子政务各子系统的最终用户，实现上述目标则意味着他们可以用一致的方法操作各个子系统中出现的视觉效果一致的地图，可以更加直观、准确地了解他们正在处理的数据和业务，更加"自动"和"精确"地办公，从而提高办公效率。

GIS 功能组件的结构如图 8-7 所示。

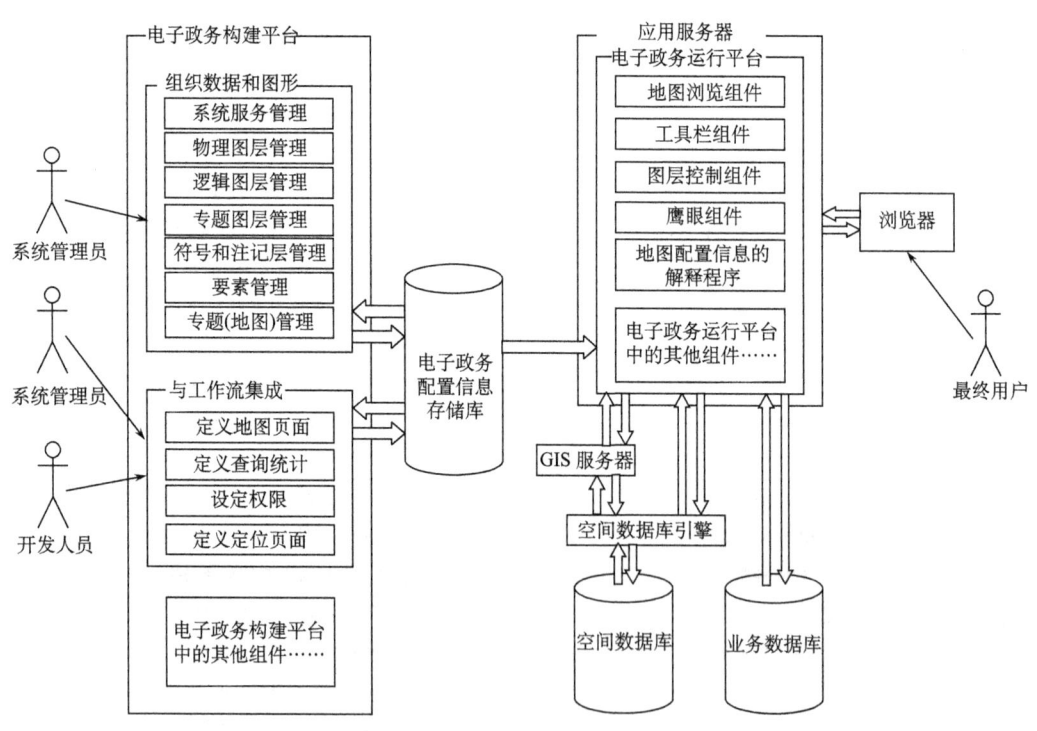

图 8-7 GIS 功能组件结构图

电子政务构建平台是 C/S 结构的桌面应用程序，这一部分中的 GIS 功能主要用于管理系统资源，将 GIS 功能集成到工作流（workflow），提供必要的配置信息。电子政务构建平台是用户管理图形和数据的接口，系统管理员或开发人员通过电子政务构建平台管理各种资源，并通过它把 GIS 功能集成到工作流中，传递 GIS 组件所需的各种参数，实现对 GIS 组件的定制,使之满足二次开发或新构建系统的需要。

而电子政务运行平台则是基于 B/S 结构的多层应用程序,它运行于政务内网。一些常用的 GIS 功能被封装成组件的形式(包括可见组件和不可见组件),这些组件融合在电子政务运行系统的各个部分,它们从电子政务构建平台生成的配置文件及用户界面中获取必要的参数,与运行平台的其他部分协同工作共同满足实际业务的需要。

2. 功能模块设计

GIS 功能组件完全参考电子政务平台架构特点,分为构建和运行两个部分,其中 GIS 构建平台和电子政务构建平台安装在一起,并采用相同的服务接口。GIS 运行平台采用和电子政务运行平台一致的技术框架,其使用的组件包部署在电子政务平台的 J2EE 架构中,保证了 GIS 运行平台的相对独立性和较高维护性;同时,GIS 运行平台采用的面向接口的技术实现了对整个运行从客户端到服务端的相关逻辑,保证了运行平台较高的可移植性。

GIS 功能组件的功能模块划分如表 8-3 所示。

表 8-3 GIS 功能组件的功能模块划分

分类	名称	子模块	说明
GIS 构建平台	定义图层	逻辑图层管理	逻辑图层的增加、删除和修改,过滤条件设置等
		逻辑图层符号化和注记	点、线和面的符号,注记显示,图形显示比例范围,注记显示比例范围,专题符号显示等
		逻辑图层字段设定	设定字段类型和解释方法
	定义地图	组合逻辑图层	逻辑图层的增加、删除,逻辑图层顺序调整
		生成地图文件	生成描述地图的存储文件
		地图预览	预览已经组织的地图
	发布地图服务	地图服务管理	将地图发布到指定地图应用服务器上
	定义符号	点符号	矢量、位图和 TrueType 符号
		线符号	矢量符号、允许加入点符号
		面符号	矢量、位图符号、允许加入点和线符号
		符号导入和导出	各种符号的自动导入和导出功能
	自定义查询	定义查询	设定查询的图层和条件及显示条件方法
	自定义分析	定义分析	设定分析工具、分析内容和分析方法
	自定义专题	定义专题	设定专题图的显示方法
GIS 运行平台	地图工具	地图工具定义和接口等基本功能	放大、缩小、漫游、点选、框选、量算等基本功能
	地图渲染	地图显示接口	基于相应地图控件的功能接口
	地图查询和分析	地图查询和分析接口	
	地图编辑	地图编辑和分析接口	
	查询和分析结果	查询和分析结果接口	
	地图专题	地图专题图显示	以专题图的形式展示效果
	权限控制	地图工具和图层权限控制	调用电子政务平台功能

8.3 实例 1——土地登记系统

8.3.1 业务概述

土地登记是国家依据法定程序对土地的坐落、面积、用途、等级、价格等项登记造册、核发证书的一项制度。地籍管理的核心是土地的权属管理,而土地登记又是土地权属管理的重要手段。土地的所有权、使用权及土地他项权利一经登记,便受到国家法律保护,任何单位和个人不得侵犯。土地登记工作形成的文件及登记的内容具有法律效力。

1. 土地登记的业务特点

土地登记业务具有法律性和复杂性,规范性强,并带有一定的强制性。这就要求土地登记具有比较规范的工作流程;涉及空间信息,土地登记的对象和内容与其空间位置密切相关,城市中一宗地不仅包括其属性信息,还包括该宗地的空间定位信息;数据种类繁多,土地登记数据不仅包括用地者提交的各种办文材料,还包括土地登记业务过程中形成的各种材料。

2. 传统土地登记的业务流程

根据目前我国国土资源管理部门的土地登记工作现状,土地登记大致分为申请、调查、审核和注册这四个阶段。各个业务部门完成各自的职责,并将相应的资料放入"档案袋"内来实现土地登记的协同工作。

传统土地登记业务流程可用业务流图来表示(图 8-8)。

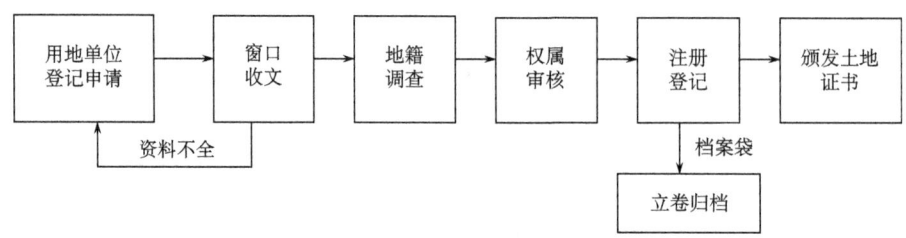

图 8-8 传统土地登记业务流程

3. 面向图文办公的土地登记流程

土地登记业务需要多个业务部门协同完成,即档案资料要在多个部门、不同地点之间进行流转。传统土地登记有关档案资料的流转主要在承办人之间以手工传送的方式进行,这种方式难以实现对土地登记业务办理的有效跟踪管理,容易出现公文超期未办的现象。如果能把可见的物理档案袋转为"电子档案袋",将有关土地的属性数据和空间数据放在统一的数据库中,充分利用 GIS 和办公自动化(office automation,OA)技术,实现事务型办公和 GIS 的高度集成,就可提高土地登记业务的办文效率和办文质量。其办文的业务流程可以按图 8-9 的程序来进行。

面向图文办公的土地登记业务与传统的土地登记业务从本质上来说没有很大的区别,只不过面向图文办公的土地登记业务将 GIS、OA 和网络技术有机地融合在一起并应用于日常的业务工作,大大提高了国土管理部门的工作效率和办事质量。

第 8 章 政务管理信息系统

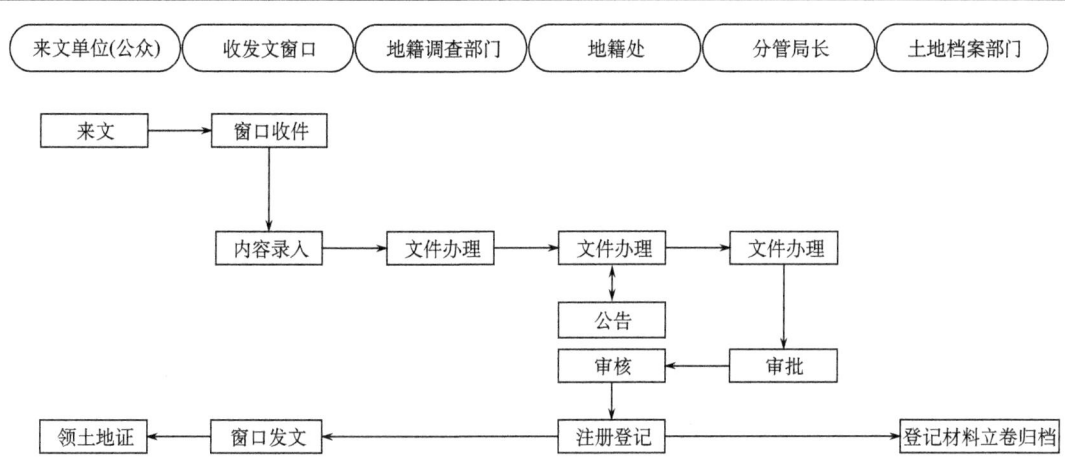

图 8-9 面向图文办公的土地登记业务流程

8.3.2 系 统 设 计

1. 系统结构设计

面向图文办公的土地登记信息系统既是一个独立运行的系统，又与地籍管理信息系统（即 7.5 节介绍的土地权属管理信息系统）集成，以土地登记业务办文为主线，驱动地籍信息系统的运行，实现图文办公系统与业务系统之间的数据交换和共享，并与其他业务系统协调共同完成地籍管理的业务工作。系统结构如图 8-10 所示。

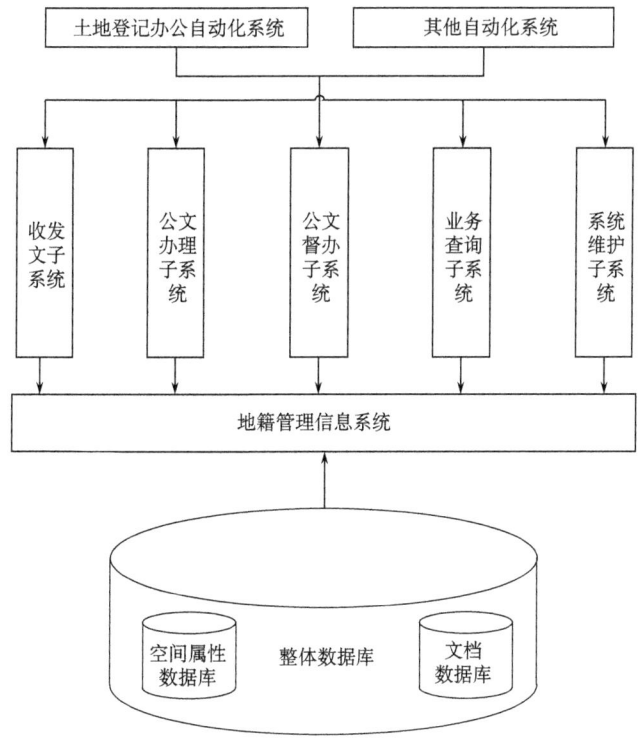

图 8-10 系统结构图

2. 系统功能设计

土地登记模块在工作流技术的支持下，通过严格的权限定义、流程定义和表单定义（见1.5节），支持不同处（科）室、不同工作性质的人员在同一网络上协同办公；对不符合审批条件的登记可以将其退回；对暂不符合审批条件的登记可以将其挂起，等等。具体包括土地使用权登记（初始登记）、土地变更登记、分割证发放、土地使用权他项权利登记、土地抵押登记、分户土地证发放、出售公房变更登记和出售商品房变更登记等功能，如图8-11所示。

图8-11 土地登记办公自动化软件

另外，系统采用组件嵌入方法，将GIS控件嵌入土地登记流程中，在具体的业务办理中利用GIS控件的功能将图形从数据库中提取出来，供工作人员浏览、查询（图8-12）。

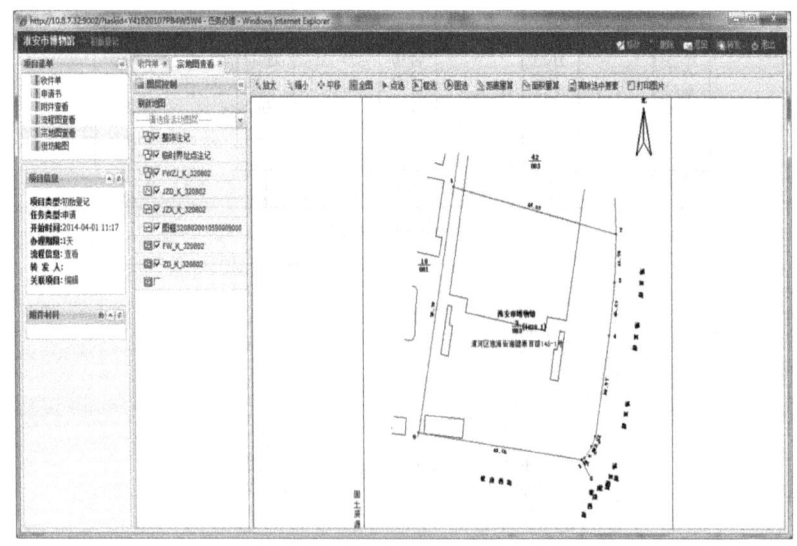

图8-12 GIS控件嵌入土地登记流程

8.4 实例2——建设用地审批信息系统

8.4.1 业务概述

建设用地审批在土地管理工作中是一项核心工作，涉及地籍管理、用地管理、土地规划管理、耕地保护和法规监察等重要的土地管理业务。随着社会信息化建设的发展，建设用地审批业务日益复杂，原国土资源部也提出了开展建设用地审批实现远程报批的建议。在此背景下，利用地理信息系统、网络通信及数据库管理系统等技术，搭建基于办公自动化的理论与方法，以建设用地数据库、土地利用现状数据库和土地利用规划数据库等为基础，以建设用地审批业务为核心，开发建设用地审批系统，实现省、市、县三级国土资源管理部门的建设用地审查报批的自动化、智能化与网络化。

8.4.2 系统设计

建设用地审批系统按行政等级及其功能可分为市县级建设用地审批系统和省级建设用地审批系统。省级建设用地审批管理信息系统与市县级建设用地审批管理信息系统配合完成建设用地省、市、县三级逐级网络远程报批、审批的全过程。

市、县级应用系统主要侧重于建设用地报件材料的制作，同时也具有逻辑审核功能。系统包含了窗口收件、项目调度、规划审查、地籍审查、耕地保护审查、土地利用审查、报件制作、分管局长签字、电子盘制作、远程报批、市级审核和查询统计等功能模块。

省级应用系统侧重于对上报的批次材料的审批，系统从逻辑上可以分为窗口办文子系统、用地审批子系统、收费核稿子系统、分管审签子系统、编号发文子系统和系统管理子系统等。

8.4.3 系统功能

建设用地审批管理信息系统是办公自动化系统（OA）和GIS图形管理系统的有机集成，实现了建设用地审批管理图文一体化的高度现代化自动办公。下面分别对省级和市县级建设用地审批信息系统的功能进行简要说明。

1. 省级建设用地审批信息系统

省级建设用地审批信息系统从逻辑上可以分为窗口办文子系统、用地审批子系统、收费核稿子系统、分管审签子系统、编号发文子系统和系统管理子系统等六个子系统。这些系统只是从逻辑上进行区分，实际上相互之间存在很多交叉。

例如，窗口办文子系统在省级系统中完成的功能包括市县级的报件数据接收、窗口核稿及编号发文等。

2. 市、县级建设用地审批信息系统

市、县级建设用地审批信息系统与省级系统上下兼容，其产生的建设用地电子报件可通过网络直接远程报批至省国土资源厅。

市、县级应用系统主要侧重于建设用地报件材料的数据制作，同时包含逻辑审核功能，包括了待办项目、已办项目、远程报批、浏览、统计查询、进程督办、打印、个人信息、下载几个功能模块（图8-13和图8-14）。

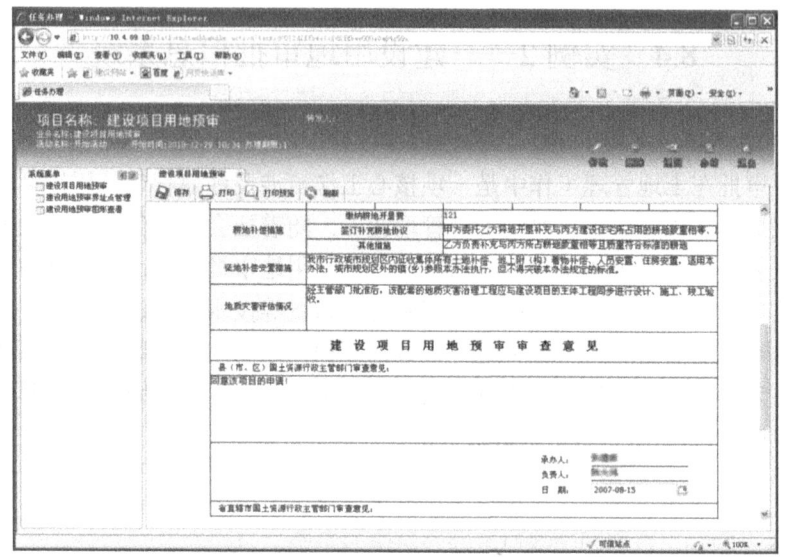

图 8-13 市、县级建设用地审批信息系统界面

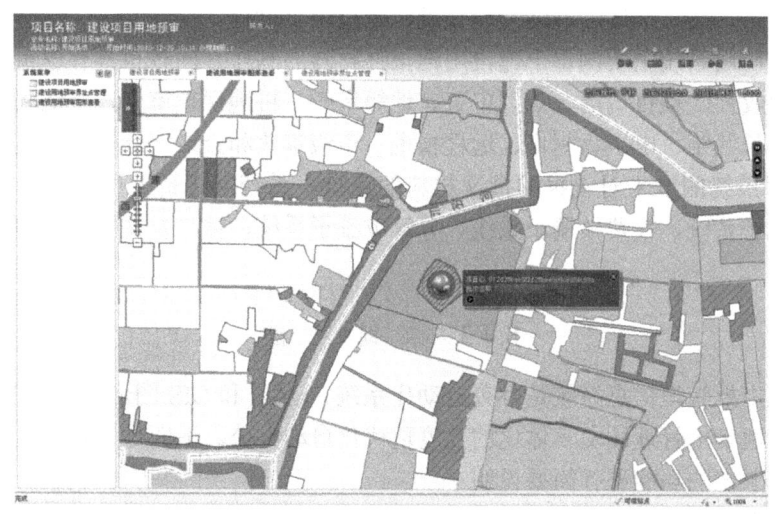

图 8-14 地图辅助审查界面

8.5 实例 3——土地利用动态监管与移动执法系统

8.5.1 业务概述

土地执法监察的目的是实现国家的土地管理职能，保证土地管理法律法规的全面实施。在土地管理、土地利用的过程中，土地执法监察机构依法对其过程进行监督检查，预防、制止、查处土地违法行为，从而维护土地的社会主义公有制和土地管理的正常秩序，保证土地管理法律、法规全面实施，最终实现土地管理的总目标。

当前，加强土地管理中的行政执法职能，从根本上解决土地监察执法难和效率低的问题，是土地管理工作的重中之重。目前在土地监察执法工作中存在很多弊端，如数据采集困难、对土地违法响应迟缓、对执法者本身缺乏有效监督等,这就需要引入新技术手段来改善这一状况。

土地利用动态监管与移动执法系统是基于土地资源基础数据库建立的,能够将多源、多尺度、多类型的土地资源基础数据有效组织起来,并实现土地资源高效监管、土地违法的及时发现与查处。整个系统建设的涉及面广,具有多要素、多层次、多维度和时空特征明显等特点。

8.5.2 系统功能

土地利用动态监管与移动执法系统主要包括三个子系统:数据在线分析展示子系统、执法监管业务管理子系统和移动执法子系统。其中,数据在线分析展示子系统主要负责将土地资源基础数据库中的数据发布并进行一系列的在线查询、分析和数据挖掘;执法监管业务管理子系统主要负责管理整个执法监管业务,提供执法监管业务的监控、汇总和分析;而移动执法子系统主要基于移动 GIS 技术(见 1.5.3 节)来协助土地巡查员实地完成各种违法用地的监管工作。

1. 数据在线分析展示子系统

(1)数据同步功能:能与相关的已经建立的基础和业务数据库进行数据同步,保证数据的时效性。

(2)地图发布功能:主要提供和发布基础地理图形服务、基础专题图形服务和专题业务图形服务。

(3)查询统计功能:能够进行成果数据查询、图形定位、坐标查询、缓冲区查询和相关业务数据的统计分析(图 8-15)。

图 8-15　土地利用动态监管与移动执法系统查询界面

(4)专题图显示:主要围绕业务数据的相关分类专题制作并提供专题图。

(5)图形分析功能:能够对土地资源数据进行土地利用分析、规划分析、建设用地分析和对比分析等。

2. 执法监管业务管理子系统

（1）手持移动设备管理功能：提供对所管辖区域内的手持移动设备的有效管理。

（2）土地巡查员管理功能：提供对每个巡查人员的系统用户名和密码等的管理。

（3）巡查任务监控功能：能够实时监控手持移动设备的巡查任务的启动、关闭和巡查点信息的采集；实时地接收巡查路线和巡查点信息，将任务的位置和路线进行实时展绘。

（4）巡查路线汇总分析功能：能够根据巡查人员的巡查任务记录，统计各个巡查人员的巡查信息，主要包括巡查路线公里数、巡查信息点采集数量、巡查时间等。

（5）案件办理、查询和统计功能：提供对各种土地资源违法案件的办理功能，并可以提供违法案件查处业务季报和年报的统计报表及相关打印功能。

3. 移动执法子系统

（1）实时地图功能：通过 GPS 提供实时的图形定位、信息查看等功能。

（2）监管任务功能：提供巡查任务的启动、关闭和巡查点信息采集功能。

（3）当前信息功能：能够实时获取当前位置的相关信息。

（4）数据上报功能：能够将巡查成果数据通过 GPRS 以在线或离线方式上传至服务器。

（5）信息公告功能：提供系统通知和公告等信息。

（6）数据更新功能：提供底图数据离线更新功能，并进行数据加密。

（7）软件更新功能：能够自动进行系统升级更新。

思 考 题

1. 简述电子政务平台的架构设计。
2. 电子政务中的构建平台和运行平台的关系和主要功能是什么？
3. GIS 在电子政务中是如何应用的？
4. 土地登记办公自动化系统实现的主要业务流程有哪些？
5. 利用建设用地审查报批系统对电子报件审查的主要流程是什么？
6. 土地利用动态监管的意义何在？如何利用信息化手段实现对土地违法用地及时有效地查处？

第9章 土地信息服务系统

土地信息服务系统有狭义和广义之分。从广义上讲，任何能够提供有用土地信息服务的计算机系统都可以称为土地信息服务系统。狭义的土地信息服务系统是指以土地基础信息和成果数据为基础，以网络（内网、外网）为主要传播介质，通过现代化的计算机技术、Web技术、网络传输技术、分布式数据存储技术、GIS技术、数据仓库与挖掘等先进技术在互联网、触摸屏、大屏幕等媒体上进行信息发布，向社会公众提供形式多样的信息查询服务，为政府决策部门提供充分可靠的决策支持服务的信息服务系统。它是土地管理信息系统和土地资源信息服务系统的重要组成部分。本书所指的土地信息服务系统是狭义上的土地信息服务系统。

本章介绍的土地信息服务系统有的是运行在互联网的，如土地信息网站、土地信息导航引擎系统、土地信息多媒体演示系统等，有的是运行在国土资源业务网内的，如土地信息决策支持系统、土地信息发布系统、土地信息查询系统、土地档案管理系统等。土地管理信息与其他行业的共享应用参见第12章。

值得一提的是，2015年7月4日，国务院印发《关于积极推进"互联网+"行动的指导意见》，对加速土地信息的发布和共享服务应用起到了积极的推进作用。"互联网+"就是以互联网为主的一整套信息技术（包括互联网、移动互联网、大数据、云计算技术等）在经济、社会生活等有关环节的扩散及应用过程，故可以理解为，"互联网+"的本质就是传统业务的数据化、在线化。土地管理领域内的"互联网+"典型应用如本章介绍的土地信息发布系统中的土地市场网、土地交易系统等。

9.1 土地信息网站

9.1.1 网站设计

1. 设计原则

土地信息服务网站的建设应遵循以下原则。

（1）安全保密原则。土地信息所涉及的数据对于国土部门来说极其重要。土地信息网站既有为内部办公人员使用的内容，又有外部用户访问的内容，因此，它的安全性和保密程度不同于一般的网络系统，应该提供适用的安全机制，提供必要的密级管理。安全措施必须有效可信，能够在用户标识、身份验证、数据存储权限、文件密级和电子签名等多个层次上实现安全控制。

（2）兼容性和可扩展性原则。土地信息网站必须具有良好的兼容模式，应采用与上级部门相同的标准，做到外网网站、政府网站和土地网网站三个网站之间具有兼容性，网站与地理信息系统、专家智能决策支持系统、遥感信息系统等系统间具有兼容性。一个网站能否长期存在，取决于信息更新和扩展功能是否完备。一个成功的网站，设计与开发时必须考虑未来需求的扩展性、功能的扩展性、硬件的扩展性等，只有这样的网站才可以持续运作，才能收到良好的效益。

（3）可靠性原则。土地信息网站每个时刻都要处理大量的数据，任一时刻的系统故障都有可能带来不可估量的损失，这就要求系统具有高度的可靠性。系统应采用有容错功能的服务器及网络设备，选用双机备份、Cluster 技术的硬件设备配置，以及合理的方案及技术来处理系统故障。

（4）快速访问原则。大众浏览网站的目的是获取某些需要的信息来得到某种服务，页面下载速度是一个优秀网站的基本要素。尤其土地信息包括大量的空间信息，数据量巨大，在网速较慢的条件下，更应该为节省访问者的时间精心设计。如果不能让每个页面都保持较快的下载速度，至少应该确保主页速度尽可能快。

（5）方便查询原则。随着我国经济的快速发展和房地产业的兴起，广大人民群众要求能够方便、及时地获得有关土地的政策法规、基准地价、地籍、土地市场、房地产市场等信息，网站应能满足这种要求。另外，还应提供网站导航、必要的帮助信息、常见问题解答、尽量简单的用户注册程序等，以方便使用。

（6）方便信息发布原则。国土部门在土地管理中有大量关于政策法规、办事流程、土地供应需求、土地市场等的信息需及时向公众发布，网站的更新和维护工作量巨大，必须通过建立信息发布系统简化网站的更新。

2. 网站结构

土地信息网站的建设应遵循《全国国土资源信息网络系统建设规范》《全国国土资源信息网络系统安全管理规定》等相关标准，网站架构采用模块化的程序设计理念，进行页面模板设计，将系统分为前台浏览页面与后台管理平台，简称前台与后台。前后台分开管理，尽可能地保障网站系统的安全，更有利于系统的功能升级。例如，后台模板的更新与网站数据相分离，随时都可以更换相关页面中的样式，以便日后的网站维护升级等工作。

3. 网站安全

国际标准化组织（International Organization for Standardization，ISO）将"计算机安全"定义为："为数据处理系统建立和采取的技术和管理的安全保护，保护计算机硬件、软件数据不因偶然和恶意的原因而遭到破坏、更改和泄漏"。计算机安全的定义包含物理安全和逻辑安全两方面的内容，其逻辑安全的内容可理解为信息安全，是指对信息的完整性、可用性、保密性和可靠性的保护。而网络安全的含义是信息安全的引申，即网络安全是对网络信息的完整性、可用性、保密性和可靠性的保护。

土地信息服务系统既有 Internet 连接，又有内部部门访问与使用。整个系统的安全和防泄密是土地信息网建设的首要目标。在网络数据安全设计时，首先需要建立有效的安全策略，然后采用相应的安全技术。

1）安全策略的建立

网络的安全和用户访问权限是一对矛盾。用户访问、使用越受限制，网络就越安全；用户访问、使用越不受限制，网络就越不安全。因此，建立安全策略的主要目的就是处理这个矛盾关系。安全策略体系如图 9-1 所示。

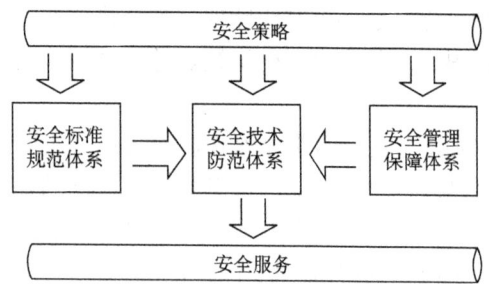

图 9-1　安全策略体系

（1）定义网络资产，确定网络安全的保护对象。保护对象包括所有网络主机（操作系统、应用系统、数据库）、所有网络设备和网络上传输的数据。在土地信息网站中，保护的对象有：内网（内部信息资料数据、内部各服务器、网络设备等）、Internet 用户与信息中心传递的用户验证信息及交换的数据信息。

（2）了解网络访问点。安全策略如同一道围墙，其安全隐患表现在围墙最低的地方，因此要了解入侵者的可能入侵点。通常，网络访问点有网络互连、远程访问、未设置好的主机、不合规定的调制解调器（MODEM）连接等。在土地信息网站中，应考虑的网络入侵点有：Internet 连接、除土地部门外其他单位的网络互连。

（3）访问范围的限制。不但要对外来访问进行访问范围的限制，而且要对内部访问进行范围限制，即达到只有相应权限的用户才能访问相应资源，这可以通过元数据库来管理。

（4）决定安全策略成本。安全策略的实施会增加网络延迟，减缓服务响应速度，也会使管理费用、培训费用上升，因此，需要考虑安全策略成本。安全成本应小于定义的网络资产成本。

（5）保证数据安全。数据是信息资源的主体，是土地信息网站随时间而增值的最宝贵的财富，确保数据安全是系统安全工作中最重要的任务之一。数据包括属性数据、图形数据、模型数据及软件编码等，对这些数据应做好备份和保密工作。

2）内部网络安全解决方案

（1）网络设备的安全。网络设备可通过终端、远程 Telnet 和管理软件进行配置管理，通过设置用户口令来防止其他人非法更改设备配置。

（2）工作站接入端口的安全。系统采用桌面交换机连接工作站，可通过交换机端口进行安全设置，防止非法工作站的接入。交换机的端口安全设置主要是通过多址信道（multiple access channel，MAC）地址识别的，使其端口只能连接该 MAC 地址的工作站，从而防止非法工作站的接入。

（3）VLAN 的划分。局域网是支持全局虚拟网络（virtual local area network，VLAN）设置的，只有同在一个 VLAN 的工作站、服务器才能通信，不同 VLAN 间的通信须通过第三层路由扩展。

3）对外网络安全解决方案

土地内部局域网通过光纤与本级政府互联网络中心（信息中心）内网连接，信息中心内网通过防火墙、加密机和信息中心外网连接，再连接上 Internet。

为了进一步增强土地内部局域网的安全性，在每个土地信息中心设置一套防火墙。无论是 Internet 用户还是局内工作人员对系统网络的访问都将通过土地信息中心本身的防火墙，而 Internet 用户更是要通过本地政府信息中心及土地信息中心的两道防火墙的过滤，有效防止"Internet 黑客"对系统网络的侵袭。

通过使用防火墙可以防止外界（包括局内工作人员）对系统的恶意攻击和非法入侵，保护整个土地信息网络的安全。

4）病毒预防解决方案

随着计算机软件技术的发展，病毒日益猖獗，其危害也越来越大。由于网络中设备多，病毒更容易交叉感染，对网络的正常运行造成很大影响。一个好的网络防病毒方案，对保护服务器、工作站及网络正常运作起到关键的作用。

目前的病毒诊断软件虽然很多，但这是一种被动的防范措施，而且，新病毒的产生总是超前于病毒诊断软件的能力，没有任何一种防病毒软件能防治所有的网络病毒。采用防病毒软件可加强网络的保护能力，但关键还是在于严格的使用与管理，如避免使用盗版光盘等。只有两个方面都做好了，才可真正确保网络的安全运行。

5）信息保密解决方案

不同部门或 Internet 用户处理或面对的数据及其密级不同，对数据的访问权限也不同，建设一套完善的用户管理系统（单独开发）来进行集中的用户权限管理非常重要。主要内容包括：根据用户工作需要，经主管领导批准，在系统管理员统一管理下，对进入主系统的用户进行分级授权管理（只读、可读不可写、可读可写），用户只能访问到相应权限下的数据资源；健全保密规章制度，对磁介质系统管理员的超级用户权限及口令等要严格管理。

9.1.2 网站功能

（1）网站栏目管理。栏目是系统频道某一类内容的集合体，后台管理中可以在频道中设置多个一级栏目，在一级栏目中添加多个二级栏目。土地信息网站的栏目设置可以进行添加、删除、排序、移动、复位、合并和批量设置栏目等操作。栏目设置中可配合用户权限，对浏览/查看信息、添加信息和发表评论的权限进行管理设置，以更方便地对各栏目信息的权限进行管理。

（2）网站文章管理。利用系统的信息管理模式，发布和管理网站信息与内容，在线编辑内容。

（3）网站公告管理。发布和管理网站公告，并设置公告的不同显示类型。可以设置为频道共用公告，也可以发布各频道不同的公告，且只有将公告设为最新才会在前台显示。

（4）网站调查管理。发布、修改和删除网站调查。可以设置为频道共用调查，也可以发布各频道不同的调查。调查有单选和多选两种类型，只有将调查设为最新调查后才会在前台显示。

（5）HTML 生成功能。后台系统应有需要生成 HTML 静态页面的功能。生成 HTML 功能可以生成首页、栏目页、内容页、专题页等。所有页面都可以生成完全的 HTML 页面（评论和点击数统计除外），添加或修改文章时生成更新预览页面，以加快浏览速度，减轻服务器负担。

（6）字符过滤管理。网站是一个互动的信息交流平台，会员可以发布信息、发表评论等以增强网站的交互性。但有时会员发布的信息中会出现一些不想要的信息，这时可以利用系统提供的字符过滤管理功能，自动过滤设置的信息。

（7）评论管理。用户浏览网站的内容时，可以对各内容发表评论。在后台可以对评论进行审核、修改、回复、删除等操作。

（8）网站频道管理。频道是指系统某一功能模块的集合，如文章模块、下载模块、图片模块等。可以管理网站各个频道的功能模块，如文章、政策法规、公开信息等功能频道，以建设不同的网站内容；可以复制出任意多个具有相同功能的频道；也可以随时将某些频道禁用，不显示在网站前台。

（9）专题管理。专题是不同栏目信息同一主题的汇总。如某些信息虽分布在不同的栏目，但可同属于一个主题，这时就可以建立专题进行管理。系统提供对专题的修改、合并、排序和批量设置等功能。

（10）回收站管理。在删除网站中已经存在的信息时，系统提供回收站功能。当删除这些信息时，系统会将其放到回收站，回收站中的信息将保留直到决定从网站中永久将它们删除。

（11）关键字管理。在网站中，有些内容虽属于不同的栏目，但可能相互联系，系统提供内容页面"相关文章"列表的显示功能。只有关键字相同的信息才会显示在"相关文章"列表中。

（12）RSS 支持。简易信息聚合（really simple syndication，RSS）是站点用来和其他站点共享内容的一种简易方式（也称聚合内容），通常被用于新闻和其他按顺序排列的网站，如 Blog 和 Wiki 等。网络用户可以在客户端借助于支持 RSS 的新闻工具软件，在不打开网站内容页面的情况下阅读支持 RSS 输出的网站内容。

（13）WAP 支持。无线通信应用协议（wireless application protocol，WAP）技术能让手机与互联网结合起来，为用户带来更大的通信空间。WAP 是一个用于向无线终端进行智能化信息传递的，无须授权、不依赖平台的协议。WAP 的特点在于，它将因特网上的图片、声音和录像全部删除，只向手机显示屏幕输送文字信息。例如，通过 WAP 手机实行新闻浏览、政策查询、地价查询、招拍挂投标等方面的工作。

（14）留言板管理。鉴于网站的交互模式，用户浏览网站时，可利用网站提供的留言系统进入"游客"或"会员"两种模式，按类别或不按类别进行留言。发表留言时使用了 HTML 编辑器的一部分功能，使留言更具个性化。管理员在后台可设定留言类别，对留言进行审核、回复、修改、删除等操作。支持留言审核功能，后台可以决定是否开启留言审核功能。支持留言时必须输入验证码的功能，以防止恶意重新留言。留言板的前台显示页面（模板）和程序完全分离。前台提供两种留言显示方式："留言本方式"和"讨论区方式"，可根据需要选择留言的显示方式。

（15）网站统计分析。包括在线用户、IP 地址、地址分析、时区分析、关键词、来访网站、链接页面、操作系统、浏览器、字串分析等统计功能项目。

（16）自定义标签管理。标签功能是指通过修改系统提供标签的相应参数就可以实现不同的效果。系统增加的自定义标签功能，可以在设计模板时调用自己定义的标签，从而灵活组合、综合运用，更方便设计和调用页面。

（17）网站日志管理。日志功能，对管理员登录、黑客攻击、越权操作、日常操作等都将记录在案，以提供给超级管理员查询。超级管理员可以删除、清空两天前的日志。两天内的日志原则上都不能删除，超级管理员发现问题后，可以及时通过日志找到原因所在。

（18）采集模块，对其他网站内容的采集系统。该模块可以直接深入站点及其网页的所有内容，将网页中的有效数据采集出来（而不仅是网页或链接），并保持数据之间的逻辑关系。

（19）网站与工作流系统的交互。本系统可以与工作流系统所产生的成果信息直接互动，将工作流的成果经由配置文件，组织梳理并发布到外网。用户可以选择性地审核或者自动发布。

9.1.3 网站实例

图 9-2 是某市国土资源局网站的业务信息公示页面。该页面向公众提供了矿产交易结果、建设用地审批、矿产资源审批、土地征用征收、征地补偿安置方案预告、建设用地预审、土地整理、土地登记、国土测绘、矿产资源储量、地质灾害性预报、划拨工地结果、资产保全、土地供应计划、矿产权招拍挂、矿产权交易结果的信息公示。

图 9-2 某市国土资源局网站的业务信息公示页面

图 9-3 是某市国土资源局网站的在线咨询页面。网页界面美观大方、结构清晰、布局合理、非常易于操作。公众可以在网站页面上自助填写咨询问题、查询回复信息，这样大大提高了办事效率，便民利民。

图 9-3 某市国土资源局网站的在线咨询页面

9.2 土地决策支持系统

9.2.1 系统概述

决策支持系统（decision supporting system，DSS），是以管理科学、运筹学、控制论和行为科学为基础，以计算机技术、仿真技术和信息技术为手段，针对半结构化的决策问题，支持决策活动的具有智能作用的人机系统。该系统能够为决策者提供决策所需的数据、信息和背景材料，帮助明确决策目标和进行问题的识别，建立或修改决策模型，提供各种备选方案，并且对各种方案进行评价和优选，通过人机交互功能进行分析、比较和判断，为正确决策提供必要的支持。

决策支持系统具有以下特性：①用定量方式辅助决策，而不是代替决策；②使用大量的数据和多个模型；③支持决策制定过程；④为多个管理层次上的用户提供决策支持；⑤能支持相互独立的决策和相互依赖的决策；⑥用于半结构化决策领域。

当前，对土地的利用方向、投入方向等的决策，往往是依据部门管理者（可能为非专业人员）的直觉判断或根据局部利益进行，而不是根据具体地域的土地生态条件、土地的潜力进行，常造成土地利用的误导，给生产带来浪费和损失，如用地结构的选择不当、在已是高产的土地上继续增加投入而效益极低、盲目改变用地方向等。重要原因是在土地资源利用中缺少专家决策，而且土地资源利用涉及因素很多，需要大量的资料和信息，更给决策造成一定的困难。所以在土地管理信息系统中建立决策支持系统十分必要。

土地决策支持信息系统不同于一般意义下的决策支持系统（DSS），它需要地理信息系统（GIS）的支持，是真正的空间决策支持系统（spatial decision supporting system, SDSS）。

9.2.2 土地决策支持模型

传统的管理信息系统是数据驱动的，而决策支持系统是由模型驱动的。模型是整个决策支持系统中最重要、最有特色的部分之一。模型库为决策者提供推理、比较、选择和分析。同时一个系统如果没有决策支持模型，就不能称为一个决策支持系统。一个土地决策支持模型应该具有目标性、优化性、空间性和智能性，即在模型辅助下对某个土地问题完成的是一种满足明确目标的、结果优化的、具有空间意义的、智能化的决策。模型可以分为通用模型和土地专用模型。

一般而言，通用模型分为以下几种。

（1）规划模型：包括线性规划、非线性规划、动态规划、目标规划等，主要用于土地利用规划、土地开发复垦规划中。

（2）分析模型：包括聚类分析、灰色聚类分析、判别分析等，主要用于遥感土地利用分类、土地分等定级中。

（3）预测模型：包括灰色预测、回归预测、线性回归预测、非线性回归预测等，主要用于土地价格预测、建设用地总量预测中。

（4）优化模型：包括风险型决策、贝叶斯决策、AHP决策等，主要用于房产开发辅助决策、土地利用优化中。

（5）评价模型：包括主成分分析、专家打分、层次分析等，主要用于土地适宜性评价、土地可持续利用中。

土地专用模型是在通用模型的基础上，根据土地管理业务的特点和需求建立的专业数据模型。以下给出几个土地专用模型实例。

（1）地价水平分析模型。土地价格是影响房地产市场的关键。近些年来，随着经济的发展，全国房地产热一再升温，房地产开发如火如荼，土地交易随之越来越频繁。因此，决策者需要适应这种快速发展的需要，及时、准确、科学地制定出土地的交易底价。预测方法可采用马尔可夫模型、自回归移动平均（autoregressive moving average, ARMA）模型等，从宏观、微观的角度对土地价格影响因素进行分析。按照因素与土地的关系及影响范围可分为一般因素、区域因素和个别因素。其中，一般因素包括行政因素、人口因素、经济因素、国际因素等；区域因素包括位置、交通条件、基础设施条件、环境质量、城市规划限制等；个别因素指某一地块本身的条件和特征，包括面积、深度、坡度、使用年限等。

（2）建设用地需求预测模型。建设用地需求预测作为土地利用总体规划的重要基础工作，是确定各类土地需求量控制性指标、优化土地利用结构和布局的重要依据，建设用地需求预测是否科学合理，直接关系规划方案是否实用。科学合理的建设用地需求预测能够为土地利用总体规划提供有力的科学依据。可基于趋势预测法、多元线性回归法及灰色模型法建立需求预测模型，对影响国有建设用地需求量的因素进行相关分析，确定影响国有建设用地需求量的主导因子。选取的参数可以包括历年国有建设用地供应量；多元线性回归法中参数主要为年末总人口、固定资产投资、城镇化发展水平、城镇居民收入、全社会固定资产投资；灰色预测模型中参数主要为历年土地调查面积和建设用地面积。

（3）工业用地综合评价模型。当前我国城镇工业用地普遍存在着土地利用效益低、环境影响大等问题，同时部分发达地区由于工业用地的快速扩张已经出现了城镇建设用地的瓶颈，城镇发展必须由外延资源消耗型转向内涵集约型。因此，如何有效地对城镇现有工业用地进行分析与评价，从而为工业用地调整提供依据，指导工业用地的转型与升级，已成为迫切需要解决的问题。可以分别从社会、经济、环境三个层面选取指标建立工业用地综合评价体系。运用主成分分析法，分析因子的贡献率和各因子载荷量，并进一步利用主成分分析的分类功能，根据所提取的主成分因子对评价单元进行综合水平分类。

（4）耕地保护评价模型。基于我国城市化及经济增长实际，建立耕地保护评价模型，拟定耕地保护等级评价指标，包括压力指标，人口密度、城镇用地面积比、道路长度等环境压力；状态指标，包括土壤和障碍层厚度、表土质地、有机质含量、土壤pH、灌排条件等土壤质量及衡量连片性的破碎度；响应指标，指交通、水利、资金投入及土地整理措施等引起的投入—产出效益差异的粮食单产。

9.2.3 土地决策支持系统设计

一个完整的土地决策支持系统设计需要考虑以下几个问题。

1. 数据库与数据仓库

数据仓库（data warehouse）是一个面向主题的（subject oriented）、集成的（integrate）、相对稳定的（non-volatile）、反映历史变化（time variant）的数据集合，用于支持管理决策。数据仓库是系统进行数据分析的基础，它的主要工作是将数据库中的原始数据按主题进行抽取、净化、清理、归纳整理，聚集成一个可供高层次使用的数据集合。

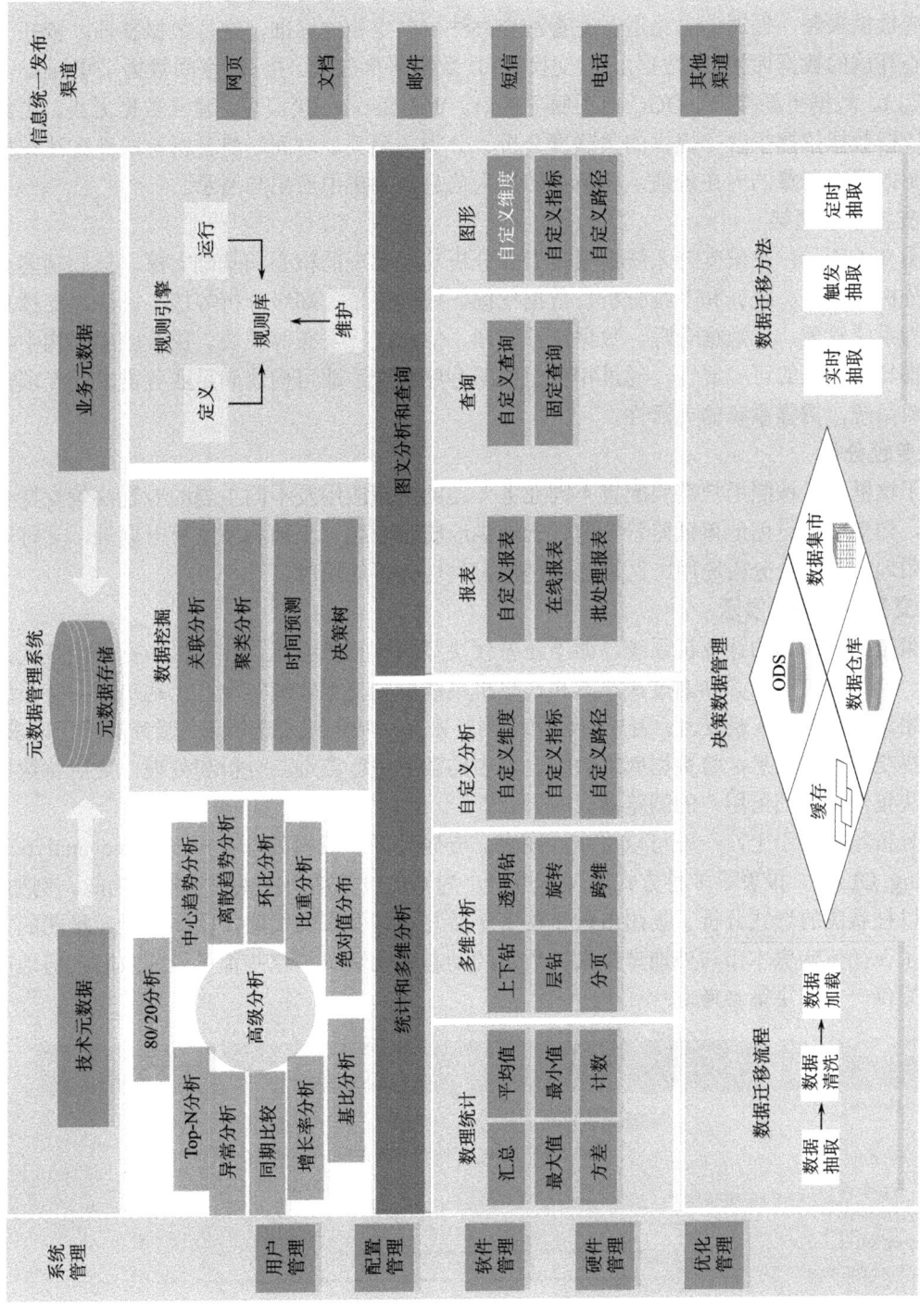

图 9-4 土地决策支持系统框架

如何基于已有的土地各类型数据库建立数据仓库？土地数据生产分散、来源多样，数据标准、模型、格式、精度、存储形态等差异甚大，要实现土地数据库的集中应用与数据浏览，需要理清数据来源，畅通信息渠道，完善汇交办法，制定相关标准，进行数据整理。依托于数据中心开放的数据库接口、数据汇交/交换接口、数据采集（ETL）接口、空间数据采集（spatial ETL）接口、数据更新接口、OGC 地图服务接口、Web Service 接口等，建立数据采集、更新体系。依据数据挖掘平台中提供的关联度分析、分类、聚类、时间趋势分析等成熟方法挖掘国土资源数据中潜藏的内在价值，将数据转换为信息，并集中应用与展示。

2. 决策支持系统框架

如图 9-4 所示，决策支持系统框架是专业分析功能实现的核心和基础支撑。核心功能分为图文分析和查询、统计和多维分析、数据挖掘、规则引擎、高级分析等核心模块。支撑功能则分为系统管理、元数据管理、数据迁移管理、信息统一发布等模块。决策应用架构中各项模块都具备极强的可扩展性，通过相关组件的有序组合，即可构建满足业务需求的专项功能应用或系统，增强系统的灵活性。

3. 土地专题分析

基于该框架，按照用户需要配置不同业务专题的决策应用及不同主题的专题决策支持分析应用，如支持建设用地审批监管专题、土地供应监管专题、土地利用监管专题等，支持区域产业用地动态综合分析应用、区域建设用地可供性分析应用等。

4. 人机交互与可视化展示

决策是支持决策的计算机系统，而不是替代决策的计算机系统，计算机毕竟不能替代人类思考，一个好的决策必须通过决策者和计算机系统反复交互才能实现。土地决策支持系统通过网络浏览器进行人机交互，用户通过网络浏览器提交数据或发送请求，服务器接受请求，并根据提交的用户信息，将数据库或数据仓库中的数据进行查询、分析和处理，最后将数据分析或决策结果返回给用户的浏览器。

在分析结果展示上，一般可以文字、图表、专题地图、联机处理分析（online analytical processing, OLAP）报表等多种方式展现给用户，为管理决策部门提供决策辅助功能。例如，图 9-5 以柱状图的形式分析了扬州市近年购房年龄与户型面积的关联，图 9-6 以迁徙图的方式展示了在扬州购房本市与外地户籍人口数量的动态变化情况，这些都可以为政府及房地产开发商提供一定的决策参考。

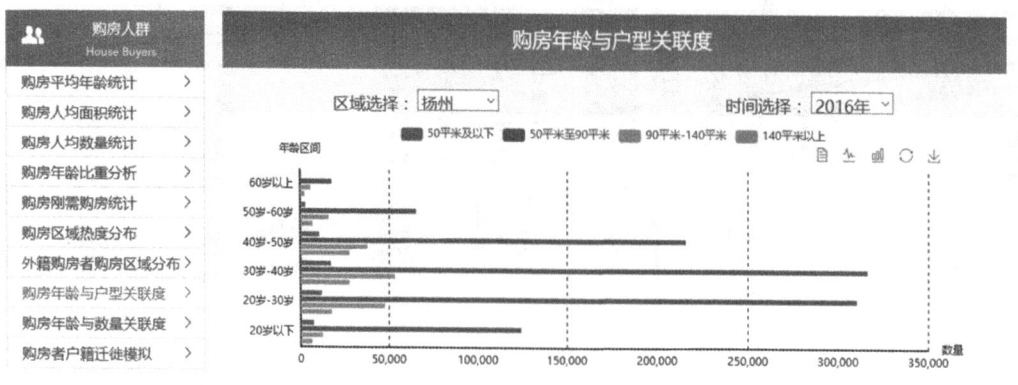

图 9-5 购房年龄与户型关联度分析柱状图

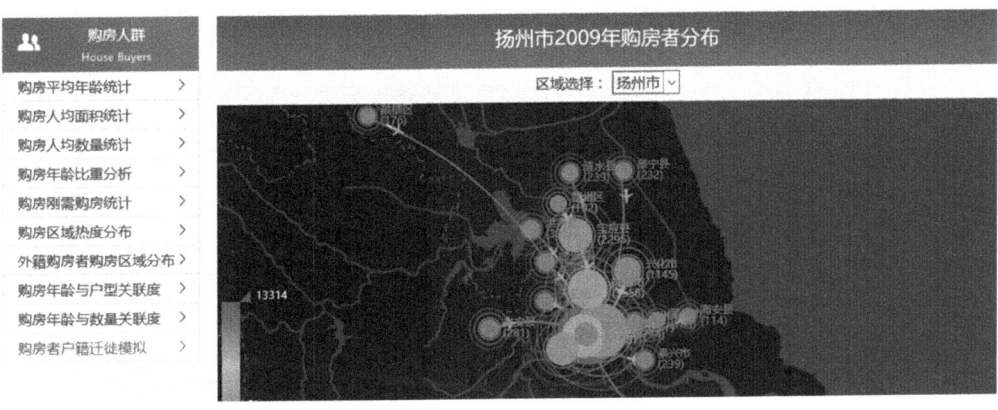

图 9-6　购房者户籍迁徙模拟图

9.3　土地信息发布系统

9.3.1　系统概述

信息发布是将网页上的某些需要经常变动的信息，如新闻、新产品发布和业界动态等更新信息集中管理，并通过信息的某些共性进行分类，最后系统化、标准化发布到网站上的一种技术。它的出现大大减轻了网站更新维护的工作，通过网络数据库的引用，将网站的更新维护工作简化为只需录入文字和上传图片，从而使网站的更新速度大大缩短。

土地信息发布系统就是以国家地价管理相关政策为依据，以 WebGIS 技术为支撑，结合计算机网络、数据集成、信息处理和数据库等技术，实现土地信息的可视化发布及土地信息的共享与社会化服务，为土地管理和公众服务提供支持的网络地理信息系统。

9.3.2　系统实例

现阶段主要存在的房地产信息发布方式有以下两种。

（1）带有政府行为的信息网，如中国土地市场网（www.landchina.com）、江苏土地市场网（www.landjs.com）等，面向公众发布公益性的土地信息，具有专业性和权威性。目前这些网站提供的土地信息还是比较全面的，如有关土地的政策法规、出让公告、成交信息等。但是也存在部分信息更新不及时、信息滞后的问题，特别是土地交易前的信息不是很详尽。

（2）企业版的房地产信息及企业行为的房地产信息网。互联网上各类带有企业行为的房地产网站，它们的共性是以营利为目的，主要是通过为开发商发布产品广告及为二手房交易提供中介平台来获利，涉及土地信息较少，多为单幅地块的实际成交信息，信息不全面。

以江苏土地市场网为例，江苏土地市场网是江苏省官方的国有土地招拍挂网站。根据江苏省土地招拍挂的工作流程和用户浏览习惯，网站首页合理布局，设立了"交易大厅""土地资讯""土地研究""地块博览""耕地指标交易"五大块信息栏（图 9-7）。

图 9-7　江苏土地市场网首页

该网站涵盖了江苏省各地区近期成功出让地块的信息（图 9-8），包括这些地块的面积、性质、出让年限、起始价、成交价、竞得公司等。用户登录网上交易大厅不仅能够更详细地了解到"招拍挂"地块信息，还可以通过浏览地图直观了解地块的位置、周边设施等信息，并可以对有意向的地块进行网上竞买，网上交易的竞价过程将同步发布。

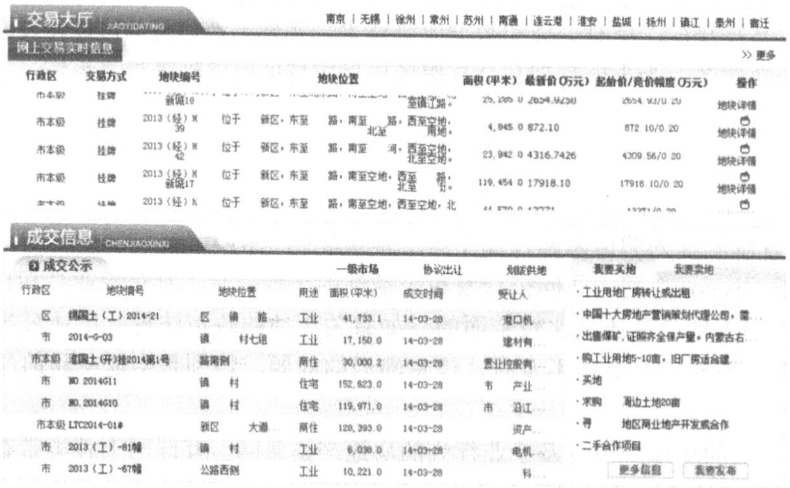

图 9-8　交易大厅和交易信息公示

9.4　土地信息查询系统

9.4.1　系统概述

土地信息查询系统是实现土地信息服务共享的主要手段之一。由于土地信息涉及大量空间数据，在现有网络条件下，空间与非空间信息查询主要在内网实现，国际互联网（外网）则主要开展非空间信息查询和部分空间信息及图像数据的浏览服务。查询信息应遵循相关规定向用户提供丰富的查询内容，并且要区分哪些内容供社会用户查询，哪些内容供土地部门内部人员查询，哪些内容可以免费查询，哪些内容应该收费查询。

以土地登记信息公开查询为例，在《土地登记资料公开查询办法》中，土地登记卡和宗地图的土地登记结果可以提供给任何单位和个人查询；土地权属来源文件、土地登记申请书、地籍调查表和地籍图的原始登记资料实行有限主体查询，即土地权利人、取得土地权利人同意的单位和个人、土地登记代理机构及国家安全机关、公安机关、检察机关、审判机关、金融部门和纪检监察部门可以按照规定查询原始登记资料；对一些重要的资料应该采取严格的保密措施和访问限制。

9.4.2 系统设计

土地信息的网上查询有两种方式：一是建立本地信息查询数据库，提供对本地数据库内容的直接查询；二是通过建立多级关联数据库，进行基于网络的分布式数据库查询。鉴于建立多级关联数据库，实现土地信息查询系统符合土地工作开展实际情况，此处着重介绍以省为单位，建立省、市、县三级联动的土地登记信息动态监管查询系统的设计。

建立土地登记信息动态监管查询系统，首先，可以实现土地登记的垂直监管，促进土地登记工作依法依规开展。其次，促进土地登记和地籍调查成果的共享应用，发挥了地籍调查成果的价值。再次，通过将土地登记属性的统计分析和空间数据叠加分析，实现对土地权利状况的掌握，为土地管理分析决策提供辅助支持。最后，建立省、市、县三级数据同步更新机制，实现登记成果的异地备份，确保数据的安全。

本系统的设计思想是"一套系统、分设版本"，将整套系统分省级版、市级版、县级版三个版本，以适应各级别部门的需求。省级版本主要以数据采集、动态监管、信息查询、统计分析等功能为主；市级版与省级版较为相似，不同之处在于提供了应急编号的功能；县级版主要以实现申请配号、数据上报、接受监管结果为主。另外，数据库的建设以历年已经登记过的登记发证信息汇交、检查、整理后入库，之后每年采用增量更新的方式实现数据的更新维护，其中图形信息采用定期更新，属性信息采用实时更新。

系统数据层包括省级、市级土地登记数据库和县级汇交前置数据库、公共查询数据库和备份数据库等。公开查询数据库是在省级数据库的基础上进行筛选和转换而得到的，主要是为公众用户提供查询服务。图9-9为土地登记信息动态监管查询系统结构图。

系统服务层为系统提供应用服务，包括 WebGIS 服务、数据汇交服务、配号服务等。WebGIS 服务主要实现了快速发布地图数据、浏览和查询功能；数据汇交服务实现了县、市提交的土地登记属性数据检查、上传和同步功能。

系统应用层是成果展现部分，包括土地登记信息动态监管查询省级版、市级版和县级版，系统主要服务土地登记部门的办公人员和公众。

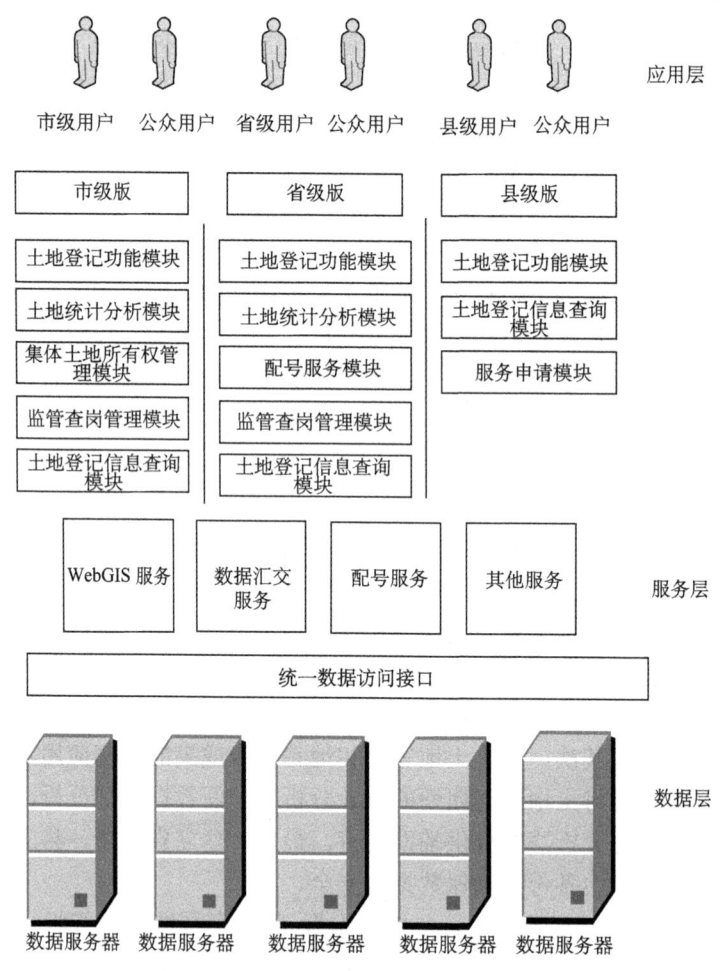

图 9-9 土地登记信息动态监管查询系统结构图

9.5 土地档案管理系统

9.5.1 系统概述

档案主要是日常办公、业务处理中形成的各类公文、照片、实物、科研成果、凭据、图纸、声像等有价值的资料，涉及文书档案、照片档案、实物档案、科研档案和声像档案等相关数据。档案管理工作包括了收集、整理、保管、鉴定、统计和提供利用的活动。档案管理手段现代化，就是以现代信息管理技术、扫描技术、图像处理技术、存储技术、数据库及网络技术等实现档案管理工作中的收集、整理、鉴定、保管、检索、利用、统计等工作的现代化。

土地档案管理系统是以最新颁布的《中华人民共和国档案法》等法律法规为标准，规范各业务系统的文件管理，结合国土办公的实际，高效地管理、检索、利用各种国土办公的数字资料，构建完整的档案资源信息共享服务平台的系统。它支持档案管理全过程的信息化处理，包括采集、移交接收、归档、存储管理、借阅利用和编辑发布等。

9.5.2 系统设计与功能

1. 系统架构

传统的档案管理信息化系统是 C/S 架构，但是步入 21 世纪以来，随着各种信息资料的快速增加，单机档案管理软件的弊端也日益显露。单机档案管理软件的一个显著特点就是所有的档案资料的录入、处理、存储、检索都是在一台单独的计算机上完成，在这种情况下，整台计算机就好比一个集文档录入、数据处理、资料存储、资料检索于一身的电子档案库。

虽然相比起手工档案管理来，计算机档案管理有着很大的优势，然而随着信息化时代的到来，单机档案管理软件因为缺乏网络化而导致的种种不足也日益显露，因此档案的网络化管理将是未来的发展趋势。

2. 系统功能

1）系统设置

（1）业务管理：提供自定义的业务建模功能，可以根据业务自定义模型的字段类型、校验条件和模型的查看，编辑、打印模板。

（2）字典管理：提供字典表的设置功能，可以自定义字典表，管理字典项，对一些固定数据提供管理功能。

（3）分类管理：提供档案分类接口的设置功能，通过此功能，可以自定义档案系统的首页展示方式和具体档案类型的分类方式。

（4）权限管理：显示档案系统用户权限列表，可根据需要设置用户角色和权限。

（5）案卷号管理：可对案卷号进行维护，可以对案卷号进行查询、新增、修改、删除操作。

（6）变量管理：根据程序级的环境变量设置功能，方便系统的参数设定。

（7）索引管理：对业务数据的索引进行管理，可以方便地进行索引重建工作。

2）案卷及卷内、原文查看

（1）案卷管理：提供档案的添加、修改、查看案卷功能。

（2）原文管理：提供了案卷或者卷内的原文上传、浏览、打印功能。

（3）备考表管理：为档案案卷存储备考信息，用户可对案卷的备考属性信息进行实时查看、添加和更新。

（4）借阅管理：借阅用户通过填写借阅登记表实现案卷的借阅。

（5）列表打印：列表打印功能可以对案卷列表进行打印，用户可根据需求将检索出的案卷列表进行打印，便于用户对案卷数据的管理和使用。

（6）高级检索：实现了用户对案卷的精确查找，根据要查询的属性信息，用户可添加多个过滤器，选择查询条件和查询精度，填写查询属性信息，实现对不同的属性信息同时进行精确或模糊检索。

（7）案卷管理：提供卷内的添加、修改、查看案卷功能。

（8）全文索引：对业务的数据进行全文检索。

9.5.3 系统实例

图 9-10 是档案管理系统的主界面。主界面美观大方、结构清晰、页面布局合理、

易于操作。页面主要由业务管理、字典管理、分类管理、权限管理、案卷号管理、变量管理、索引号管理、原文权限等部分组成，内容丰富且安排合理，可完成多种档案管理工作。

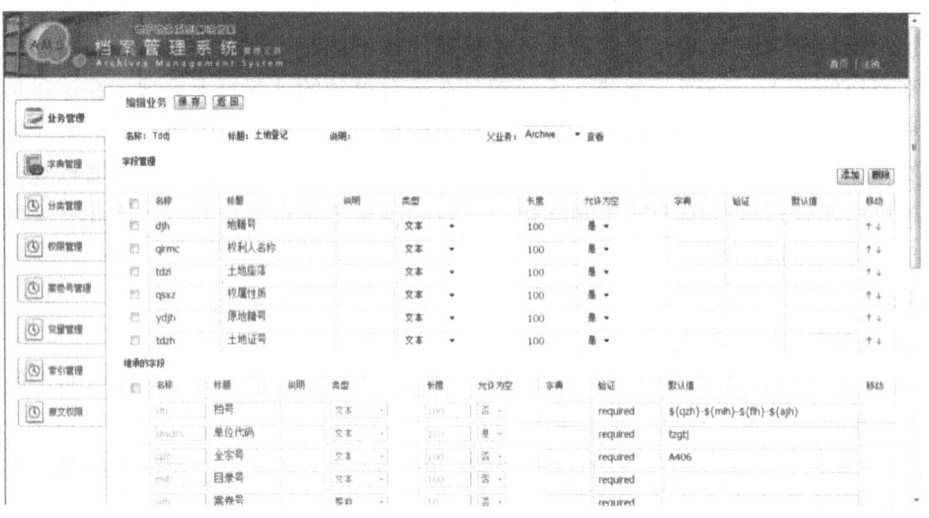

图 9-10　档案管理系统主界面

图 9-11 是档案自动归档接口，可以把将要归档的数据组织成 xml，作为一个字段推送到归档接口。

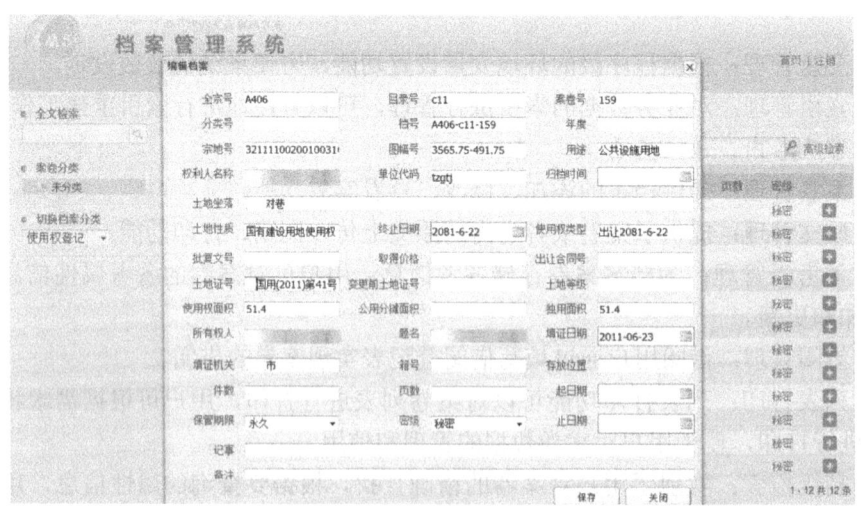

图 9-11　档案自动归档接口

图 9-12 和图 9-13 是虚拟档案系统，虚拟档案系统与自动密集柜相连，自动调档。

图 9-12　三维档案场景概览图

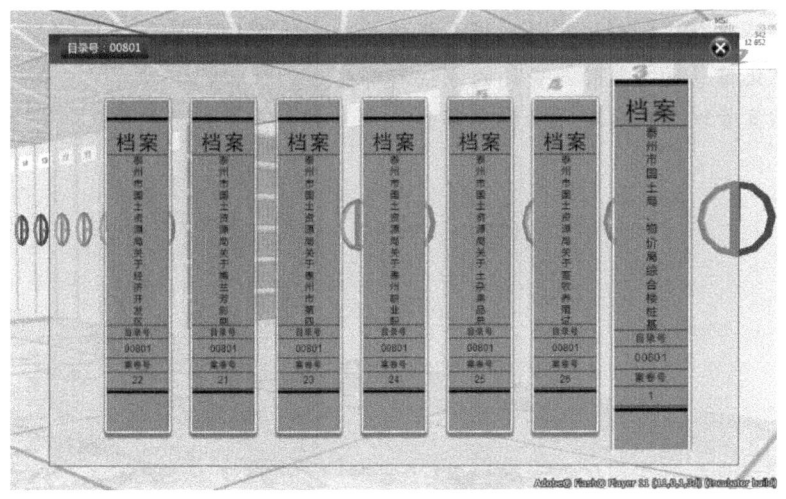

图 9-13　三维档案目录号检索界面

9.6　其他系统

9.6.1　土地导航与搜索引擎

对网上有关土地的海量分散信息搜索主要通过建立网站导航系统或搜索引擎来实现。前者提供网站地址的查询服务，后者则全面提供网站地址和网页内容的各种方式检查服务，包括分类查询和关键词检索等。

土地网站导航系统主要通过寻找各有关网站进行分类链接其地址实现不同网站的连接。土地搜索引擎系统以现有通用网上搜索和全文检索技术为基础，结合土地信息特点和需求，通过土地信息的分类、分解，建立土地索引数据库检索相关网站并实现链接。

9.6.2　土地多媒体演示系统

土地多媒体演示系统以多媒体和虚拟现实技术为手段，实现有关土地管理、政策、知识和资源状况等信息的大屏幕演示与浏览查询。土地多媒体演示系统应根据各单位的特点，采用专门软件对各种文本、图形、图像、声音和影像等资料进行提炼、加工、合成而实现。

9.6.3 土地信息产品制作分发系统

土地信息产品制作分发系统以数据库及其他相关信息为基础,针对社会需求,通过信息提取、转换与加工,向用户提供专门的信息产品,主要包括光盘制作、图件制作、文字报告等。

思 考 题

1. 简述土地信息网站的分类和建设内容。
2. 土地信息网站的设计原则是什么?
3. 如何保证土地信息网站的网站安全?
4. 土地决策支持系统是如何辅助政府决策的?试举例说明。
5. 什么是数据仓库?数据库与数据仓库的关系是什么?
6. 土地登记信息动态监管与查询的方法有哪些?
7. 土地档案管理系统实现的功能有哪些?

第四篇 综合篇

第10章 "一张图"工程

"一张图"工程是面向国土资源监管与服务目标,基于统一基础地理空间参考,对土地、矿产、基础地质和地质环境等各类国土资源专业信息的综合集成与展示,是全面展示国土资源状况的"电子沙盘"。其核心数据库是指各级国土资源管理部门在履行国土资源规划、调查、评价、监测、管理、保护与合理利用等职能过程中形成或使用的,以空间数据为主的数字化成果,是按照"一张图"理念构建整合形成的数据库实体。

从宏观层面来看,"一张图"工程及其核心数据库是为满足国土资源参与宏观调控、资源监管、形势分析、辅助决策支持和社会化信息服务提供数据支撑所必要的政策、机制、数据及其管理、技术、标准、应用和服务的总和。从微观层面来看,它是实现各类国土资源数据汇交、存储、处理、应用、分析、挖掘和安全备份等管理和服务的数据集成环境。目前"一张图"工程主要是宏观层面上的。

本章介绍了"一张图"工程的总体架构、建设内容和实例,其数据主要来源于调查评价系统(见第7章),服务于政务管理信息系统(见第8章)、综合监管平台(见第11章)等。

10.1 "一张图"工程总体架构

开展"一张图"工程建设,需要统筹规划,集成整合各类国土资源数据,实现分层叠加显示、查询与浏览、分析与挖掘,并与政务管理平台、综合监管平台、信息服务平台及其他相关系统对接,支撑国土资源全面、全程监管和辅助决策,以及提供对外服务。同时通过完善技术标准和相关规范,建立长效的数据汇交和更新机制。"一张图"工程建设是一系列政策、机制、数据及其管理、技术、标准、应用和服务的总和,其总体架构如图10-1所示。

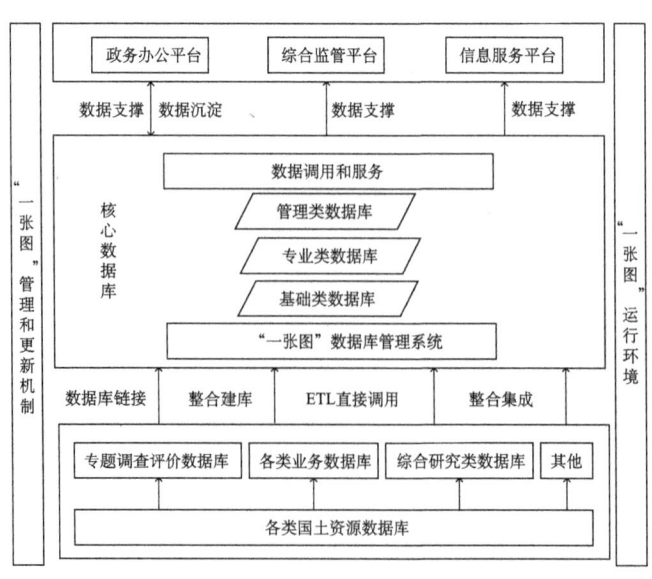

图10-1 "一张图"工程总体架构示意图

具体而言，"一张图"工程建设依托国土资源业务网和省、市、县三级数据中心，基于统一地理空间参考，以遥感影像和基础地理等基础类数据为本底，整合、关联和分层叠加以空间数据为主体的各类国土资源专业类和管理类数据，建成"一张图"工程核心数据库，在此基础上构建统一的国土资源电子政务管理平台、综合监管平台和信息服务平台，实现资源状况和利用过程信息一览无余，为"以图管地""以图管矿""以图防灾"和宏观决策提供数据支撑与技术保障。

10.2 "一张图"工程建设内容

10.2.1 运行环境

运行环境建设是"一张图"工程的重要支撑，是工程实施和运行的主要基础。在整合现有资源的基础上，统筹规划，综合布局，完善基础设施建设，确保满足"一张图"工程管理、运维、应用、服务和安全的需要。

建设和完善"一张图"工程及核心数据库运行网络环境，完成辖区内国土资源系统业务内网和业务外网建设，实现省、市、县、乡四级网络互联互通，特别是要实现乡（镇）国土所与县（市、区）国土资源局内网的互联互通。建立网络环境的安全体系建设，确保网络的稳定、可靠、安全运行。

要对"一张图"工程硬件环境科学统筹，按照工程的内容整合服务器资源，合理规划应用服务器和图形服务器的性能和数量，确保服务器的性能可以满足各类应用的需要。"一张图"工程涉及海量数据的存储，因此在进行存储容量规划时要依据各地区的实际情况，结合本地区未来一段时间数据容量增长的速度，对数据存储的容量和性能做好统筹规划。在充分利用硬件服务器的同时，在条件允许的情况下，可以引入云存储或虚拟化解决方案，利用云存储和云计算技术（见 1.5 节）为工程提供更多的可用硬件资源。

软件环境主要包括操作系统、数据存储软件、数据管理软件、数据应用软件、GIS 平台软件等。

10.2.2 核心数据库

"一张图"核心数据库包括数据实体及数据整理、建库和管理相关的一系列技术规范标准。数据实体是核心数据库的核心内容，是从国土资源各专业、业务数据库系统或应用系统中抽取、清洗、调用形成的，用于资源监管、现状分析和辅助决策的核心数据。就数据实体而言，目前需要纳入核心数据库建设的各类数据，包括基础地理、土地、矿产、地质环境与地质灾害等基础、专业和管理类数据库，以及元数据库目录、数据资源目录和服务资源目录等。

核心数据库分为基础类数据、专业类数据和管理类数据三个部分。基础层为基础地理数据（包括地名、行政境界等基础地理信息）、正射遥感影像数据，以及地质图等。专业层是土地、矿产、基础地质和地质环境等调查和规划产生的数据，主要为由点、线、面要素组成的空间数据图层，在一定时限内保持稳定，数据更新频率不高。管理层是在土地、矿产资源等管理过程产生的数据，随管理业务实时更新，主要是由坐标串构成的空间数据及统计表格组成的属性数据。土地管理业务数据主要包括土地"批、供、用、补、查"各管理环节数据，矿产资源管理业务数据主要包括矿产资源勘查、开发管理各环节数据。

各类数据之间的关系是：基础类数据为所有数据的基础，各类数据都以基础层为统一的空间参考。专业类数据反映的是国土资源状况及规划的背景情况，是管理类数据的本底。管理类数据是国土资源管理过程及行为的记录，是管理过程及结果"沉淀"在专业层上的信息。具体可参见本书第二篇介绍的数据库相关内容。

在基础设施支撑下，按"一张图"建设的有关技术标准规范对不同类别、不同专业的海量、多源、异构数据进行梳理、整理、重组、合并等，利用提取、转换和加载工具及必要的手段，将处理、加工好的数据按照统一的建库标准进行入库，数据按分层分类管理，形成国土资源核心数据库。这项工作是长期的、持续的，一旦数据源数据更新或有新的数据源产生，核心数据库将按照预置程序进行更新。

10.2.3 数据库管理系统

"一张图"数据库管理系统由三个子系统构成，主要包括数据管理子系统、数据服务及应用子系统和运维管理子系统。其中，数据管理子系统重点完成"一张图"数据库中多种类型数据的有效组织和管理、数据质检、数据入库、数据更新等功能，为数据服务及应用子系统提供基础支撑，具体可参见本书 2.5 节数据中心管理系统相关功能介绍。数据服务及应用子系统是数据实体之上的管理和应用服务系统（或接口），包括数据浏览查询展示和数据调用等服务。数据应用服务包括开发核心数据库数据调用和操作的应用接口，为以电子政务平台为基础的规划预审、建设用地审批、采矿权审批、探矿权审批等业务系统，以及国土资源综合监管平台、国土资源数据共享服务平台等各类应用系统提供统一的数据服务。同时，还提供数据资源目录服务（元数据）、数据下载服务，以及空间数据快速浏览服务等。运维管理子系统提供了地图服务管理、元数据管理、用户权限、安全认证、日志管理、地图索引管理等功能。整个系统框架如图 10-2 所示。

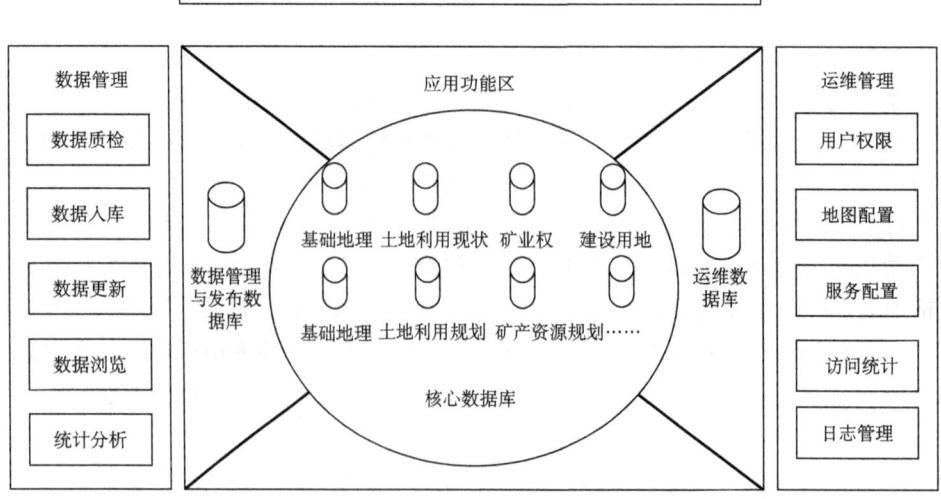

图 10-2 "一张图"数据库管理系统架构

10.2.4 数据应用服务

数据库建成后,为满足数据的应用需求,需要对数据库成果进行再加工,将数据库数据发布为数据服务格式。将"一张图"数据库中的数据按照业务需求发布成各类数据服务,不仅能够实现数据的浏览与分析,还能实现数据的访问及各类应用的接口,主要功能如下。

(1)为用户提供资源状况的查询、浏览和可视化展现。以核心数据库及管理系统为支撑,对不同数据进行抽取、查询、统计等以图形、统计表格、三维虚拟等表现形式,直观、准确、动态地展示国土资源全行业各个环节的信息,支撑管理和决策,为国土规划的编制奠定坚实的基础。

(2)为土地行政审批过程提供数据服务。以电子政务平台为基础的各类行政审批系统,都以"一张图"基础数据为参考,并为审批决策提供综合分析工具。同时,审批过程和结果数据"沉淀"在"一张图"中,对相关数据实时更新。

(3)为全程监管资源开发利用提供数据支撑。综合信息监管平台中对各类数据的比对核查、专业分析,以"一张图"为数据本底,建立综合监管的分析和检测体系。

(4)为相关行业和社会提供信息服务。提供数据下载、加工、分发和产品定制等多元化信息服务,满足相关行业和社会对国土资源信息的需求。

10.3 "一张图"工程建设实例

下面以某省"一张图"工程建设为例,阐述"一张图"工程建设的具体流程及最终成果系统。

10.3.1 系统简介

某省"一张图"工程系统,以"一张图"核心数据库为数据基础,实现对"一张图"核心数据库的集中管理、维护和应用。

系统具备数据查询、统计分析、信息展示等数据管理和应用的基本功能,实现海量数据库的全面、高效、安全的数据管理,能直观、准确、动态地展示全省"一张图"工程各个方面的综合信息,为行业管理、综合监管和辅助决策提供数据支持。

系统同时具备对"一张图"数据调用和操作的应用接口,将地理信息服务(图形浏览、定位查询、空间分析等)、属性数据查询与浏览、统计与分析、专题图制作等功能进行封装,形成数据应用服务接口,为以电子政务平台为基础的用地预审、建设用地、采矿权、探矿权等多项行政许可事项审批业务系统、国土资源综合监管平台、共享服务平台和其他应用系统提供数据应用与共享服务。整个"一张图"系统由数据管理子系统、运维管理子系统、信息门户子系统组成。

某省"一张图"工程数据库包含三类:基础数据、专题数据(土地专题、矿产专题)及业务管理数据;纳入"一张图"管理的数据有十四类:基础地理、遥感影像、基础地质、土地调查、土地利用规划、矿产资源规划、矿产资源储量、矿业权设置方案、报批地块、供地地块、土地整治、增减挂钩、采矿权登记及探矿权登记。

10.3.2 系统功能

"一张图"信息门户由五个重要部分组成:数据浏览、专题图、统计图表、资源中心及地图应用程序编程接口（application programming interface，API）；点击相应模块，即可进入系统进行地图浏览、信息查询、统计分析等操作。图 10-3 是某省"一张图"系统的组成部分展示。

图 10-3　"一张图"系统的组成部分

1. 数据浏览

"一张图"以地图服务的形式，全面展现某省"一张图"工程数据库中的空间数据。"一张图"全面整合了各类地图数据服务，通过使用属性识别、信息查询、统计分析等功能及量算、标记等辅助工具，可对比、叠加展示"一张图"数据库中的空间数据。图 10-4 展示的是"一张图"系统主页。

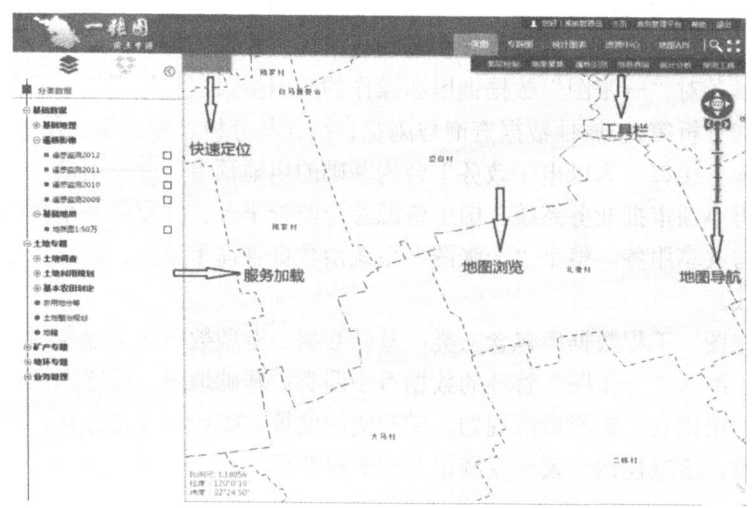

图 10-4　"一张图"系统主页

2. 专题图

"专题图"按基础地理、遥感影像、土地利用现状、土地利用总体规划、矿产资源总体规划等业务专题分类，分别浏览"一张图"数据库中的空间数据。切换主界面上方的标签页，进入专题图页面，如图 10-5 所示。

图 10-5　专题图页面

3. 统计图表

"一张图"系统统计图表，提供数据统计分析功能，并以图表的形式进行展示。展示的内容主要包括：土地利用现状、土地利用规划、业务管理数据及矿产资源数据相关的各类报表汇总统计成果。图 10-6 显示了土地利用现状统计图表，主要包括分类面积、基本农田情况、地类图斑数及行政区域这四类数据。

图 10-6　土地利用现状统计图表

4. 资源中心

资源中心提供针对"一张图"数据库、地图服务等各类资源的查询检索,如数据存储的使用概况,以及存储的数据类型和大小等。

5. 地图 API

提供基于"一张图"数据库的地图服务二次开发接口及帮助文档。API 的一个主要功能是提供通用功能集。程序员通过使用 API 函数开发应用程序,从而可以避免编写无用程序,以减轻编程任务。API 同时也是一种中间件,为各种不同平台提供数据共享。

思 考 题

1. 什么是"一张图"?"一张图"的建设内容有哪些?
2. "一张图"核心数据库包含哪些数据内容?
3. "一张图"数据库管理系统功能有哪些?
4. 试述"一张图"数据在土地管理业务中的应用。

第11章 国土资源监管平台

国土资源（土地资源）监管的对象复杂，监管范围广泛，任务繁重，社会公众的需求越来越高。必须利用现代科技信息手段，对国土资源管理行为、资源开发利用状况、行业动态进行全方位、全过程的监管，并提供分析预警和辅助决策。通过建立国土资源（土地资源）综合监管平台，可以创新监管方式，严格规范管理，提高监管的质量和效率，提高宏观调控水平。

国土资源综合监管平台是国土资源形势分析的重要支撑，监管平台通过汇集各级、各类国土资源管理信息和资源状况信息，分析并集中展示国土资源及其开发利用状况、国土资源管理行为、土地与矿业权市场动态等信息，实现对国土资源开发利用全过程、全周期的动态监管。监管平台是对信息化成果的集成整合。信息化的深层次应用体现在为决策提供更直接的服务，并对管理和政策的制定、完善产生促进作用。应用系统、数据库和网络建设在提高管理效率、效能，节约行政成本方面发挥重要作用，监管平台通过将信息化成果集成整合，转化为对管理决策、创新管理的重要支撑。

本章主要介绍以土地资源为主的国土资源监管平台的建设内容、指标体系、设计与实现等，矿产资源和地质环境监测有关内容不在本章具体介绍。国土资源（土地资源）监管平台是在政务管理信息系统（见第8章）和"一张图"工程（见第10章）的基础上建设的，涵盖了调查、政务、信息服务系统的特点。

11.1 国土资源监管平台概述

11.1.1 国土资源监管的主要内容

国土资源监管主要包括国家、省级监管和市、县级监管两个方面，并且一般认为国家、省级层面的监管更加宏观和重要。

1. 国家、省级监管的主要内容

国家、省级监管的主要内容包括两个部分：一是国土资源状况及形势分析、研判，即国土资源状况及形势分析、研判和矿产资源状况及形势分析、研判等；二是国土资源管理及开发利用过程监管，包括土地管理及开发利用过程监管、矿产资源管理及开发利用过程监管、地质环境监管及地质灾害应急处置等。

2. 市、县级监管的主要内容

市、县级监管的主要内容也包括两个部分：一是国土资源开发利用过程及市场监管，包括土地开发利用过程及市场监管、矿产资源开发利用过程及市场监管、地质灾害监测等；二是国土资源形势分析与评估，包括土地节约集约利用程度及用地规模、布局评估，土地供需形势分析及预警等。

11.1.2 国土资源监管平台建设内容

国土资源监管平台的建设内容主要包括：国土资源信息采集与动态监测系统、国土资源综合监管数据库、国土资源综合分析系统，以及国土资源预警与处置系统。

1. 国土资源信息采集与动态监测系统

国土资源信息采集与动态监测系统包括：土地信息采集与动态监测系统、矿产资源信息采集与动态监测系统、地质环境信息采集与动态监测系统，以及地质灾害信息采集与动态监测系统。其中，土地信息采集与动态监测系统主要用于实时动态获取各级土地管理和开发利用信息，保障土地监管对实时、完整、准确信息的需求。

2. 国土资源综合监管数据库

国土资源综合监管数据库包括：土地监管数据库、矿产资源监管数据库、地质环境监管数据库，以及地质灾害防治综合数据库。其中，土地监管数据库的数据来源于土地信息采集与动态监测系统获取的下级土地管理和开发利用信息，以及从本级土地业务数据库中经过抽取、清洗、转换、加载等处理得到的信息。

3. 国土资源综合分析系统

国土资源综合分析系统包括：土地监管信息分析系统及地质环境监管信息分析系统。其中，土地监管信息分析系统，主要是利用土地监管数据库和"一张图"基础数据库开展综合分析、批后跟踪、比对核查，实现对土地管理和开发利用的全程监管，及时掌握土地的地类面积、分布、变化情况，分析批准的建设用地的总量、结构、布局，为制定和调整土地利用政策提供辅助决策服务，引导土地利用结构的优化。

4. 国土资源预警与处置系统

国土资源预警与处置系统包括：土地监管预警与处置系统、战略性矿产资源预警系统，以及地质灾害应急指挥系统。其中，土地监管预警与处置系统，是在对数据进行综合分析、批后跟踪、比对核查、分析结果处置的基础上，建立土地监管预警与处置系统，通过研究制定土地监管指标体系，及时对土地供应和开发利用过程中的异常状况进行预警和分类处置，为管理和决策服务。

11.2 国土资源监管指标体系

11.2.1 业 务 关 联

1. 主要业务和数据管理职能分析

国土资源行政管理是指国土资源行政主管部门依据宪法、土地和矿产等资源法及其他有关法律、法规的规定，在赋予的职能范围内，对土地资源、矿产资源等自然资源进行保护和开发利用活动中的社会公共事务进行的管理。目前国土资源业务部门职能的划分虽略有不同，但大体上类似，表11-1为目前市县级国土资源部门涉及土地资源管理常见职能划分及产生的数据。

表 11-1 土地资源管理常见职能划分及产生的数据

职能部门	主要业务	主要数据成果
地籍管理部门	土地确权、权属变更、变更调查和登记发证等	基础地理数据库（含遥感影像）、土地利用现状数据库、城镇地籍数据库
耕地保护部门	建设用地报批管理、土地整治项目管理、基本农田保护	基本农田数据库、建设用地审批数据库、土地整治数据库
规划部门	建设项目用地预审审批	土地利用规划数据库
土地利用管理部门	土地供应管理（一级市场土地交易和二级市场土地转让）、基准地价管理、建设用地跟踪管理	土地利用和供应数据库、基础地价数据库
执法监察部门	土地执法动态监察管理、违法案件查处	执法监察数据库
档案管理部门	档案管理	档案数据库
办公室	行政事务管理、政务信息、新闻宣传	综合事务数据库（含收发文）
政府（发改委）监察部门	行政权力阳光和电子监察	电子监察数据库

2. 国土资源业务关联分析

国土资源业务主要分为土地资源管理的业务和矿产资源管理的业务两部分，此处主要分析市县级土地资源管理业务的关联。

市县级土地资源管理是以土地利用调查及其变更调查等为基础，以土地利用总体规划为龙头，通过土地利用年度计划逐年落实和细化规划指标，开展建设用地预审、建设用地审批、土地整治（土地开发复垦整理）、土地供应、土地市场、土地登记、土地执法监察、土地督察等各环节业务。国土资源监管就是针对以上土地管理各环节业务进行数据采集、分析、监控与监管，从而对每一宗土地特别是建设用地进行现状、规划、用地审批、土地供应、开发利用等全程跟踪管理，例如，占用耕地是否补充了同等数量和质量的耕地，违法用地是否进行了及时的查处等，简称"批、供、用、补、查"实时动态监控。土地管理业务关联如图 11-1 所示。

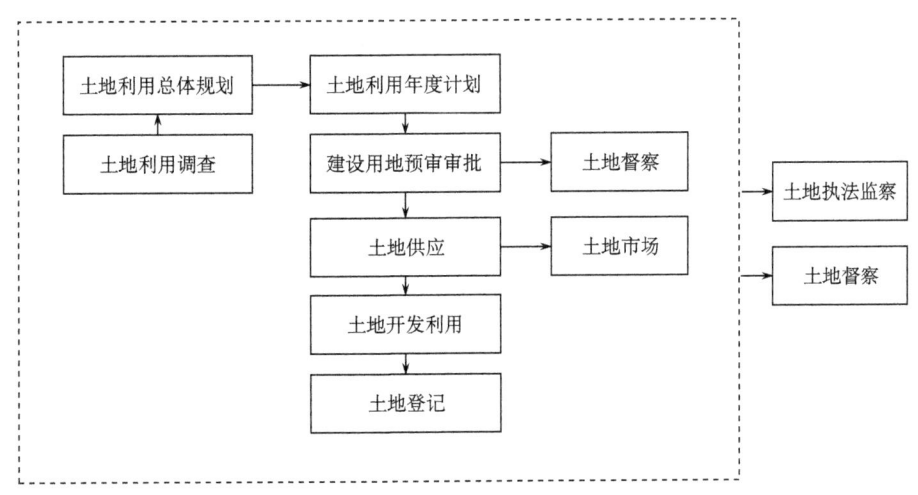

图 11-1 土地管理业务关联图

11.2.2 监管指标体系

国土资源监管的指标按监管对象和时间范围可以划分为三类：点（单个业务监管指标）、线（业务过程监管指标）、面（总体变化监管指标）；按照监管业务类型可以划分为土地资源管理监管指标和矿产资源管理监管指标。此处主要介绍土地资源管理的监管指标，如图 11-2 所示。

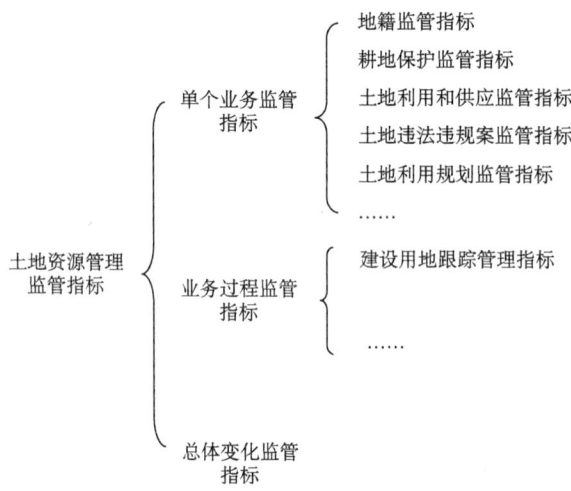

图 11-2 土地资源管理业务监管指标

1. 单个业务监管指标

（1）地籍监管指标包括：土地利用情况、耕地面积变化情况、新增建设用地情况、土地抵押登记情况、土地登记发证与权属争议情况等相关指标。

（2）耕地保护监管指标包括：基本农田保护情况、土地整治项目情况、建设用地审批情况、土地征收情况等相关指标。

（3）土地利用和供应监管指标包括：国有建设用地供应情况、政府储备土地情况、集体建设用地使用情况、土地节约集约利用程度情况、土地开发利用情况等相关指标。

（4）土地违法违规案监管指标主要是土地违法案件查处情况等相关指标。

（5）土地利用规划监管指标主要是土地利用规划情况的相关指标。

2. 业务过程监管

建设用地跟踪管理的指标包括：审批到征地监管的指标、供地到土地登记监管的指标、供地到跟踪管理的监管指标、补充耕地到审批跟踪管理的指标等。

3. 总体变化监管指标

总体变化监管指标指对区域内"批、供、用、补、查"全流程的各项指标进行组合和综合监管，通过参数输入和数字模型，反映不同时段各项监管指标的总体变化，对异常情况进行预警，供决策参考。

11.3 国土资源监管平台建设的技术与方法

国土资源综合监管平台是一个规模庞大的综合性信息技术平台，它集成了国土资源多个业务系统的数据，并且为不同部门、各级分支机构提供了大量的分析应用功能。它需要充分利用现有先进而成熟的技术来建设，包括海量空间数据高效的管理技术、多源异构空间数据的集成技术、多样的空间信息获取技术、各种软件系统集成技术及多样的通信技术等。

11.3.1 移动野外数据采集系统

室外数据采集工作在各行各业中具有相当的广泛性，例如，土地利用变更调查，桥梁、公路养护数据采集，电力设施数据采集，等等。传统的工作方式是：将事先设计、准备好的数据采集表格带到工作现场，人工填写表格后，等返回室内再将表格上的数据手动输入计算机进行后续计算和管理。这样的方式存在成本高、效率低、工作量大、容易出错等问题。

随着通信技术、3S 技术发展，基于移动终端实现国土资源实时通信的现场调查、野外巡查等成为可能。通过现有成熟的移动终端设备，并集成高精度的 GPS 接收机、移动 GIS 应用（见 1.6 节）、无线通信技术、数码照相机、移动存储等，根据国土资源管理及其业务需求，采用模块化的设计思路和架构，设计并开发基于移动终端的野外数据采集系统，为国土资源综合监管平台提供实时、动态的国土资源调查信息。基于移动终端的野外数据采集系统架构如图 11-3 所示。

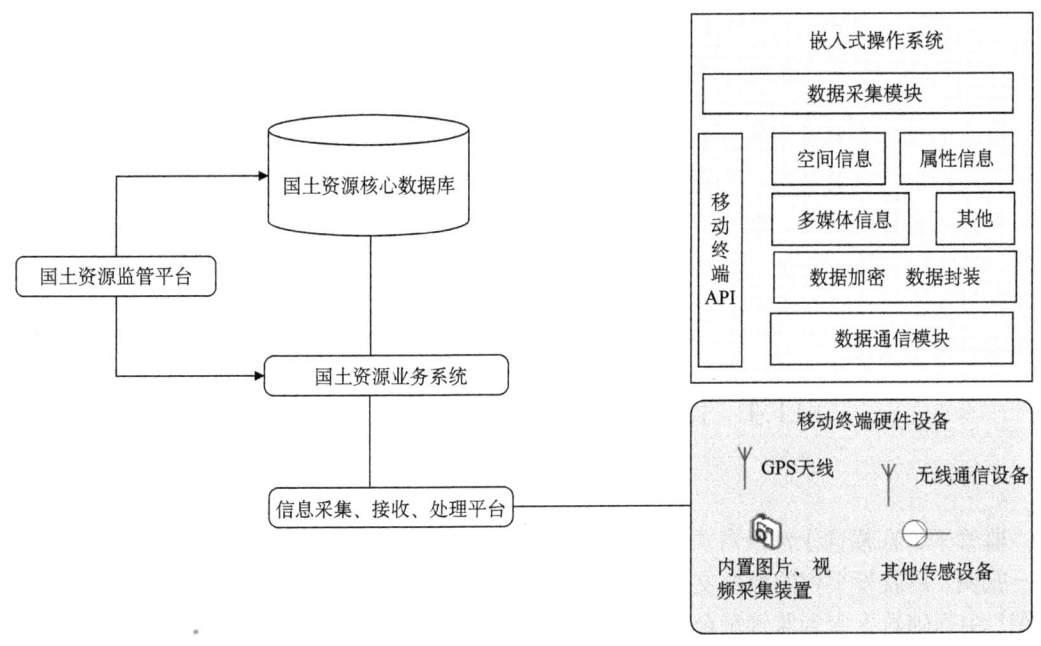

图 11-3 移动终端的野外数据采集系统架构

11.3.2 基于高分辨率遥感图像的监测系统

年度卫片监测影像、土地利用现状年度影像、其他影像对国土资源的有效监测，是社会经济发展规划和宏观决策的重要依据，真实、便捷、快速地获取国土资源动态变化信息，对国土资源主管部门极为重要。遥感卫星能不间断地从空中真实记录地表信息，通过影像处理技术分析不同时期的遥感数据，结合人机交互与计算机自动处理技术提取变化信息。遥感卫星提取变化信息流程如图 11-4 所示。

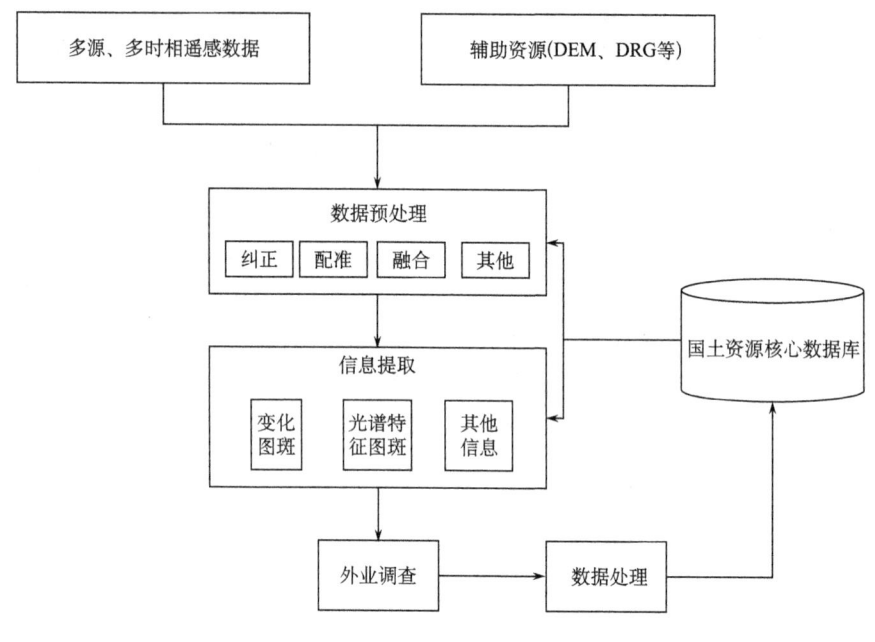

图 11-4 提取变化信息流程

提取变化信息具体过程：收集研究区多源、多时相的遥感数据、地形图、DEM 等，以及相关的经济、社会情况，为遥感信息提取与分析奠定基础；对收集到的数据进行加工和处理，包括对影像的纠正、配准、融合、裁切；根据需要提取的信息，如土地利用、建设用地变化、耕地变化等，进行实地核实和调查及进一步的数据加工和处理，最终形成变化图斑层，存入数据库；对变化信息进行统计、分析和应用，形成监测分析报告，或编制相关的遥感影像图及分析结果图。

11.4 国土资源监管平台设计与实现

11.4.1 总体架构

监管平台在横向上涉及各类业务系统集成，在纵向上涉及四级联动（图 11-5）。横向上，"一张图"是监管平台的数据支撑，关联紧密，有关"一张图"的相关内容参见第 10 章。"一张图"中基础数据库为监管平台运行通过接口提供数据调用服务，"一张图"中由政务管理信息系统运行形成的业务数据库是监管数据库的重要数据源，经过数据抽取、转换、清洗、加载进入监管数据库。以"一张图"基础数据库为基础，叠加政务管理产生的业务数据，对国土资源管理行为和开发利用过程的合规性、合法性进行比对核查和动态跟踪；通过对各类数据的综合分析，对国土资源形势进行研判，并按照设定的指标进行预警。政务管理系统与监管平台之间关联紧密，存在互联互通和信息共享的关系，监管平台运行产生的综合分析成果被政务管理信息系统调用，为行政审批等管理行为提供辅助决策服务。同时，本级政务管理信息系统的运行产生的业务数据直接更新业务数据库。纵向上，通过贯穿四级的统一的数据采集、监测、传输与汇总体系，形成完整的网络化数据渠道。国家/省级监管平台与市县级监管平台的模式可以不同,市县级通过政务管理信息系统运行和现场信息采集,实现监管目标,同时为国家/省级监管平台提供数据源。

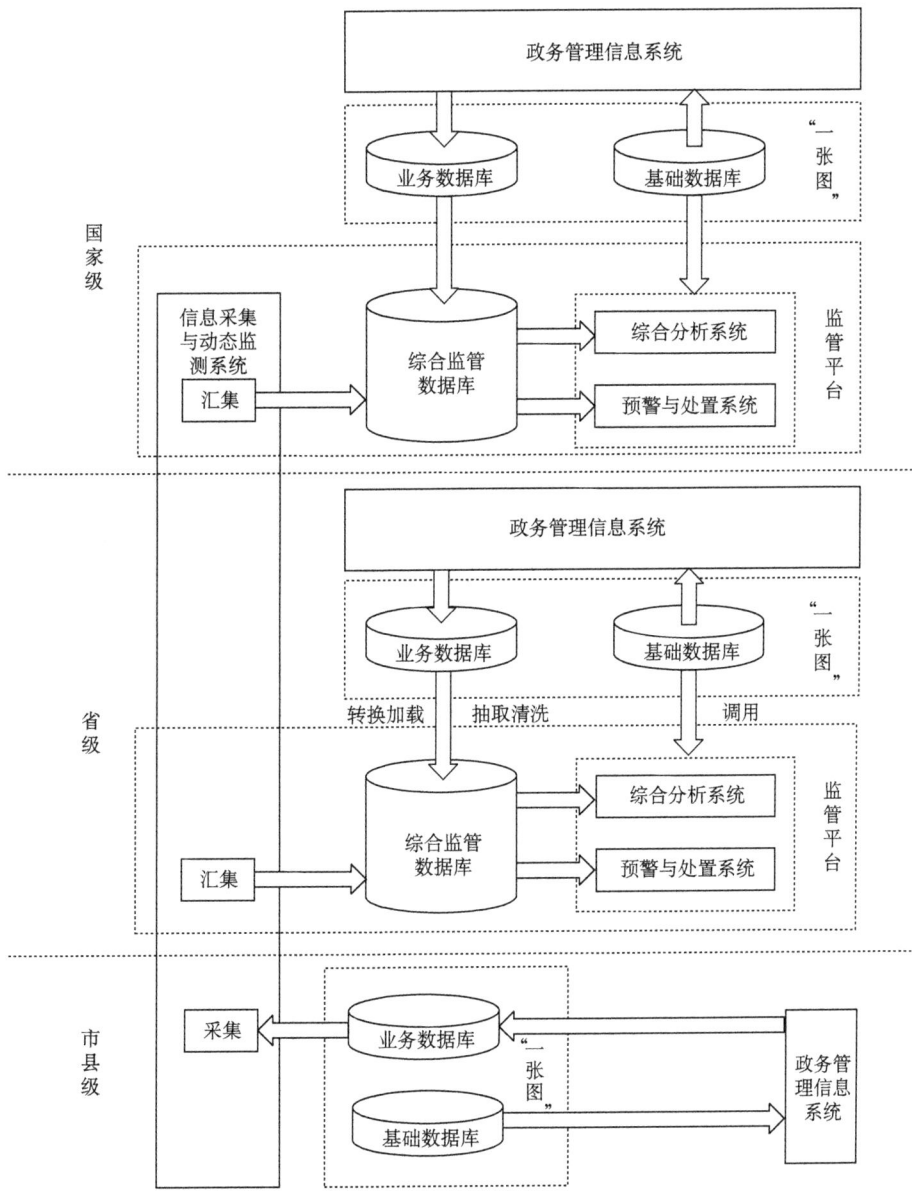

图 11-5　国土资源监管平台的总体架构

11.4.2　组成与功能

监管平台主要包括四个部分(图 11-6),分别是监管数据库、信息采集与动态监测系统、综合分析系统、预警与处置系统。

图 11-6 监管平台的组成

1. 监管数据库

监管数据库为监管平台的运行提供重要的数据支撑，是以"一张图"中的业务数据库为数据源，面向数据综合分析对数据内容的需求，对业务数据库进行数据抽取、转换、清洗和加载形成的数据仓库。

2. 信息采集与动态监测系统

信息采集与动态监测系统用于采集监管分析所需要的各类数据，主要是采集下级业务管理产生的数据。

3. 综合分析系统

综合分析系统用于各类数据进行比对、叠加，并按照模型进行综合分析，服务于国土资源形势分析、统计分析、专题研究、监管和宏观调控决策等。

4. 预警与处置系统

预警与处置系统按照设定的指标，及时对国土资源开发和利用过程中的异常状况进行预警和分类处理。

国土资源监管平台的功能结构如图 11-7 所示。

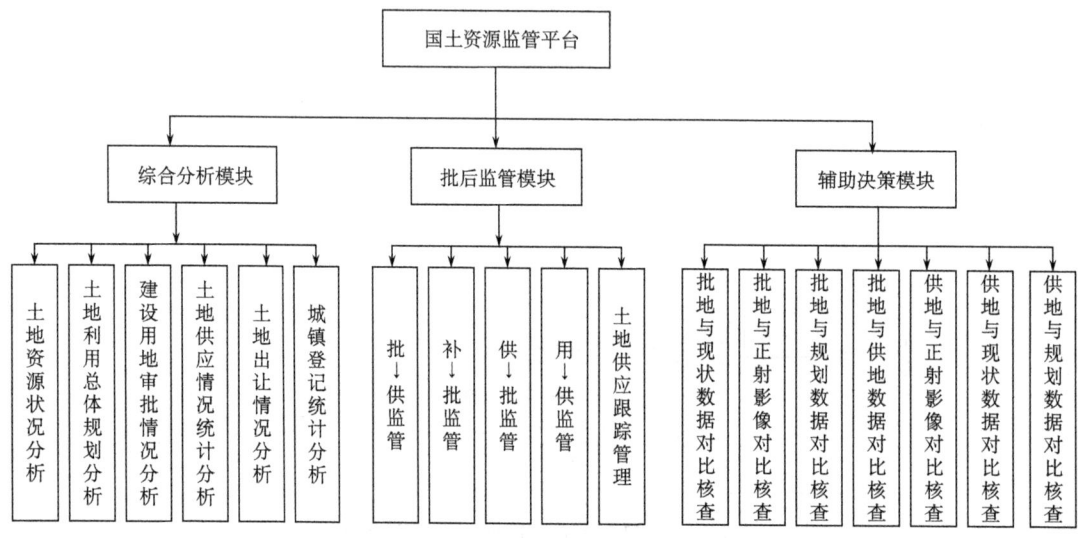

图 11-7 国土资源监管平台的功能结构

11.4.3 建设实例

以下介绍某市国土资源综合监管平台的具体功能实例。

（1）综合分析模块。国土资源监管平台的综合分析模块包括土地资源状况分析、土地利用总体规划分析、建设用地审批情况分析、土地供应情况统计分析、土地出让情况分析、城镇登记统计分析,以及土地整治分析,如图 11-8 所示。

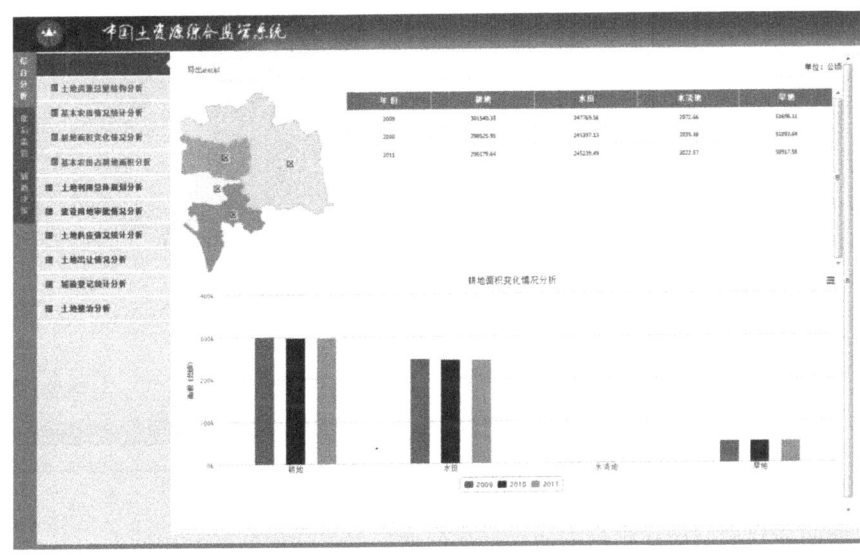

图 11-8　综合分析模块

(2)批后监管模块。国土资源监管平台的批后监管模块包括:从审批到供地的监管、从补充耕地到审批的监管、从供地到审批的监管、从用地到供地的监管,以及土地供应跟踪管理,如图 11-9 所示。

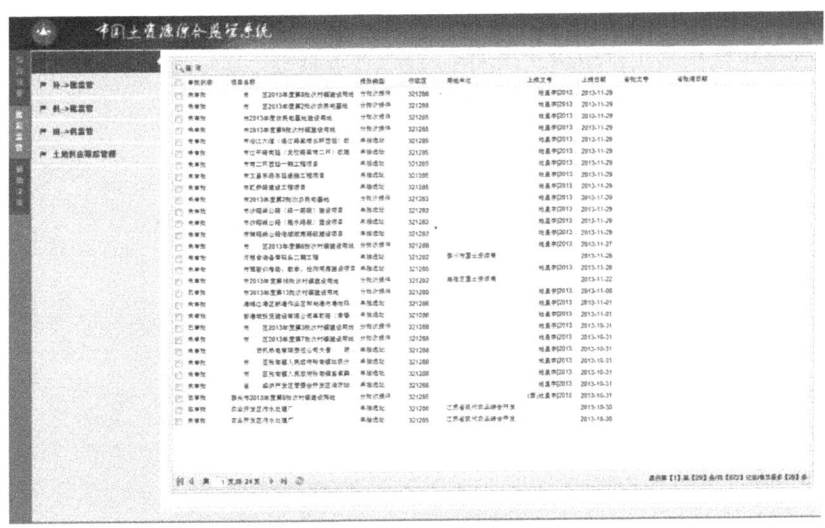

图 11-9　批后监管模块

(3)辅助决策模块。国土资源监管平台的辅助决策模块包括:批地与现状数据对比核查、批地与正射影像对比核查、批地与规划数据对比核查、批地与供地数据对比核查、供地与正射影像对比核查、供地与现状数据对比核查、供地与规划数据对比核查,如图 11-10 所示。

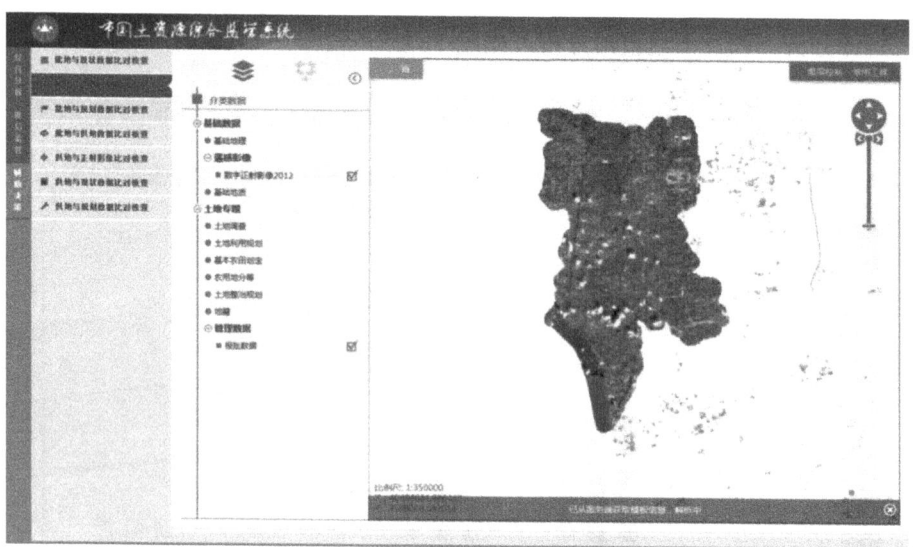

图 11-10　辅助决策模块

思　考　题

1. 简述国土资源监管平台的建设意义。
2. 简述国土资源监管的主要内容。
3. 简述市县级国土资源监管指标体系的组成。
4. 国土资源监管平台建设的主要技术、方法有哪些？
5. 简述国土资源监管平台的总体架构。
6. 简述国土资源监管平台的组成与主要功能。

第12章 土地信息共享与应用

21世纪以来，我国相继完成了县级土地利用现状调查与更新、城镇地籍调查与更新，建立了一批数据库；开展了城镇土地评价、农用地分等定级、建设用地审批、土地利用规划、土地执法监察、地产市场和综合统计等工作，产生了海量的土地管理数据；通过政务信息系统运行，也产生了大量的业务数据等，土地管理的数据量正在以前所未有的速度增长。这些在土地资源调查、评价、研究、规划与管理工作中长期积累和正在产生的土地资源数据，对国家经济调控、宏观决策、土地资源管理和相关产业发展起着重要支撑作用，是我国各级政府和主管部门制定经济发展和资源环境整治规划与战略的基本依据。

土地管理数据具有来源广、类型多、数据海量、结构复杂、时空分布广等特点，可以应用于宏观经济、农业、林业、建设、水利、交通、环境、气象、人口、公安、税务、民政等众多政府部门和煤炭、冶金、有色金属、化工、建材、旅游等许多行业。通过土地管理数据的"一次生产，共享利用"，不仅可以提高数据的利用效率，而且可以拓展数据的应用广度和深度。此外，今后通过建立大数据库共享开放平台，还可以实现部分土地管理数据对社会大众的开放和共享，进一步提高政府服务效能。

本章分别介绍土地信息在农业、税务、测绘与数字城市、不动产统一登记、"多规合一"中的具体应用与实例。

12.1 土地信息在农业中的应用

12.1.1 农村土地承包经营权调查与登记

1. 概述

农村土地承包经营权确权是指，以现有的土地承包合同、权属证书为依据，查清承包地块的面积和空间位置，建立健全土地承包经营权登记簿，妥善解决承包地块面积不准、四至不清、空间位置不明、登记簿不健全等问题，把承包地块、面积、合同、权属证书落实到户。农村土地承包经营权确权登记颁证，是指对家庭承包土地确权登记颁证和其他承包方式承包的土地确权登记颁证。

农村土地承包经营权确权登记颁证是中央关于"三农"工作的重大部署，是依法维护农民的土地承包经营权的重要举措，是推动土地规范流转，促进土地适度规模经营，发展现代农业的客观需要，是加快城乡发展一体化，促进城乡要素平等交换和公共资源均衡配置，深化农村产权制度改革、征地制度改革，增加农民财产性收入的有效途径。

2. 农村土地承包经营权调查

承包地调查数据采集是开展农村土地承包经营权登记的前提条件。加强与国土和测绘地理信息部门沟通协调、共享数据资源，利用大量高分辨率的卫片、航片和相关成果资料，可以满足土地承包经营权登记的需要。

按照位置准确、面积精确、承包农户认可的原则，以满足精度要求的土地调查成果图、正射影像图、数字线划图为工作底图，以村民小组为基本单元，通过地面实测或调绘方法，调查每块承包土地的面积、位置、形状、权属和空间分布等情况，并按照统一的地块编码进行标识，建立覆盖乡镇的县级农村土地承包信息数据库及管理信息系统。

外业调查可采用按村民小组实地逐地块调查的方式，调查应以客观、公正为原则，面积、空间位置和权属等信息需得到承包农户的充分认可。农村土地承包经营权调查以 1∶500～1∶5000 基本比例尺为主，坐标系统一采用 CGCS2000 国家大地坐标系，投影方式采用高斯-克吕格投影，高程系统采用"1985 国家高程基准"。其中，大中城市郊区规划建设范围内（以政府公布的土地规划和城市规划范围为准）原则上采用 1∶500 比例尺。

农村土地承包经营权调查主要成果分乡、县两级模式，其中，乡村级农村承包土地调查成果主要包括基础工作底图，地籍测量原始记录，村、组承包土地地籍图，土地承包台账等；县级农村土地承包经营权调查成果主要包括基础工作底图，地籍测量原始记录，村、组承包土地地籍图，农村土地承包经营权登记簿，覆盖乡镇的县级土地承包信息数据库及管理信息系统等。

3. 应用及实例

农村土地承包经营权管理信息系统建设的目的是将县级农村土地承包管理部门在登记过程中产生的影像、图表和文字材料，按照统一的标准进行数据入库和信息管理，完成农村土地承包管理信息化。农村土地承包经营权管理信息系统应实现数据入库、地籍调查表管理、承包地块变更、信息查询、统计分析和展示、承包经营权发证、土地流转管理及信息公开发布。

通过整合农村土地经营权调查数据，以土地利用现状数据、航空航天影像数据作为底图，依托农村土地承包经营权数据库标准检查包含入户调查信息、承包地块测量数据等的经营权数据库，建成规范化、信息化的农村土地承包经营权信息管理体系；市、县、乡级农村土地承包管理部门可使用具有统一数据存储规范的农村土地承包经营权管理信息平台，实现数据集中化、标准化、规范化管理及高效的更新维护和管理机制；依托于农村土地承包经营权管理信息平台，可按统一格式生成土地承包经营权登记簿，生成土地承包经营权证书，实现对登记相关资料的归档管理和高效查询机制；同时，借助农村土地承包经营权管理信息平台，可以活跃土地流转市场，实现土地流转价值最大化和充分保护农民利益，实现土地承包信息的网上发布和流转。

通过以上对土地信息在农村土地承包经营权调查与登记中的应用分析，农村土地承包经营权信息管理系统建设可分为：数据管理子系统（图 12-1）、确权登记发证子系统、土地流转管理及发布子系统、系统维护子系统。

12.1.2 高标准基本农田管理

1. 概述

我国实行基本农田保护制度，基本农田保护实行全面规划、合理利用、用养结合、严格保护的方针。基本农田是指按照一定时期人口和社会经济发展对农产品的需求，依据土地总体规划确定的不得占用的耕地。高标准基本农田是指一定时期内，通过农村土地政策形成的集中连片、设施配套、高产稳产、生态良好、抗灾能力强、与现代化农业和经营方式相适应的基本农田。高标准基本农田是实施严格、精细化管理的重点区域，对这些区域一定要实施严格的数量管控、质量管理、生态管护，做到稳布局、提等级、强管护、促利用。

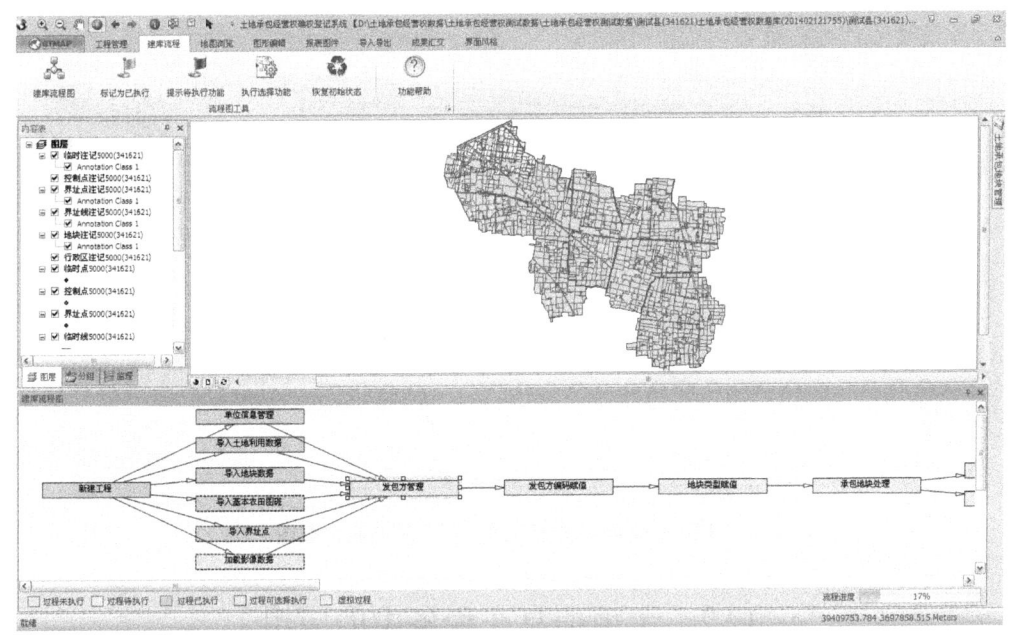

图 12-1　农村土地承包经营权调查数据管理子系统界面

大规模建设高标准基本农田，是实现耕地数量管控、质量管理和生态管护目标，促进粮食安全、经济安全和生态安全有机统一的有效抓手，也是贯彻新型资源观和新型资源管理观，推动土地利用管理方式转变的重要途径。大力推进高标准基本农田建设，能够有效解决耕地分割细碎、水利设施短缺、质量较低和农田环境恶化等问题，增强农业抗灾能力，提高粮食综合产能，既可以提升粮食安全保障能力，又可以加快推进以转变农业发展方式为主线的中国特色农业现代化，还有利于农民收入持续增长与宜居家园建设。

2. 应用及案例

信息化保障制度是高标准基本农田建设的关键，需要由农业部门和国土资源管理部门联合建设。将高标准基本农田建设管理纳入"一张图"和综合监管平台，在线实时监管。农村土地整治检测监管系统实施上图入库、集中统一、全面全程监管，切实做到底数清、情况明、数据准、现实性强。实现过程管理，实现"三统一"，即统一命名、统一永久性保护标识、统一网格化监管。建立动态化监测体系，对高标准基本农田的空间布局变化、质量等级变化、利用效率变化等进行监测，定期通报监测情况，为持续加强后期管理、长期发挥工程效益提供科学依据。同时，探索利用视频监测、无人机、遥感"一张图"等技术，逐步做到对高标准基本农田的无人值守监管。

基于已建成的国土资源"一张图"数据库，建设省级高标准农田成果数据库及管理软件，可全面掌握高标准农田建设现状，精准标注高标准农田建设布局和进展情况，明确项目的地理定位和地块四至范围，避免项目前建后征和重复建设，切实有序做好高标准农田建设和管护工作，实现高标准农田项目的数字化、网络化、可视化管理。具体功能包括高标准农田项目数据检查、入库、浏览、查询、统计、分析等，如图 12-2 所示。

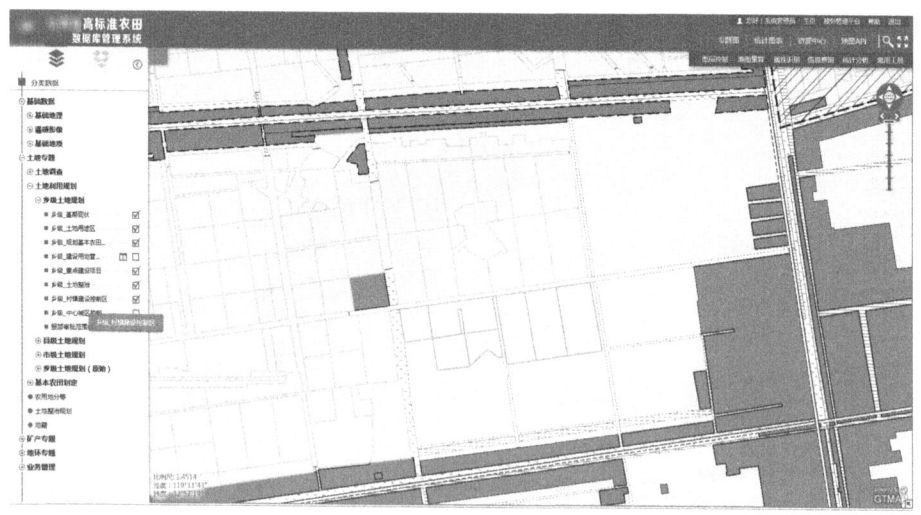

图 12-2　高标准农田数据库管理系统软件截图

12.2　土地信息在税务中的应用

12.2.1　税土信息共享背景

地税部门与国土资源管理部门联合开展"以地控税、以税节地"试点工作，是地税部门应用土地信息提高土地税收征管质量与强化税收职能作用的有效手段，也是国土资源部门推进土地调查信息成果应用建设，以及运用税收信息促进土地节约集约利用的重要途径。具体做法为：国土资源管理部门将最新的土地调查信息（包括土地权利人、土地坐落、四至、用途、面积、正射影像图等）和土地登记信息提供给地税部门。而地税部门在日常的征收管理和税务稽查工作中，将发现的纳税人未办理用地手续或土地登记手续、私改用途等违法用地信息提供给国土资源部门。国土资源部门在对用地情况进行检查和查处土地违法案件中，发现擅自转让（受让）土地使用权的，涉及未提供相关土地增值税和耕地占用税等完税凭证的，将有关情况及时通知地税部门。利用"以地控税"管理系统，积极探索建立信息共享机制，增强在线信息查询的应用，实现信息的实时共享。

12.2.2　"以地控税"系统实例

"以地控税"系统可实现税源信息的可视化管理、税源信息动态管理、涉地税收风险预警、绩效考核质量控制、税收疑点排查、税收计划分析、税源结构分析等功能。通过数据接口获取地税部门税源数据和国土部门的地籍数据，进行相应的逻辑关联，为税务部门提供以地控税的应用服务。

1. 涉地税源信息可视化管理

系统将实现宗地信息和土地税源的关联比对，分全市、县（区）、等级、街坊、宗地展示图形信息、纳税人税源信息，并统计展示相应级别的税源信息，如图 12-3 所示。

图 12-3　税源信息可视化展示

2. 税源信息展示

展示指定层级下的纳税人信息和税源信息。层级包括市级、县（区）级、指定城镇土地使用税税收等级、街坊级、宗地级等。以列表的形式展示对应区域的纳税人信息，分颜色对已登记户、未登记户、可转化税源户和注销户进行展示，如图 12-4 所示。

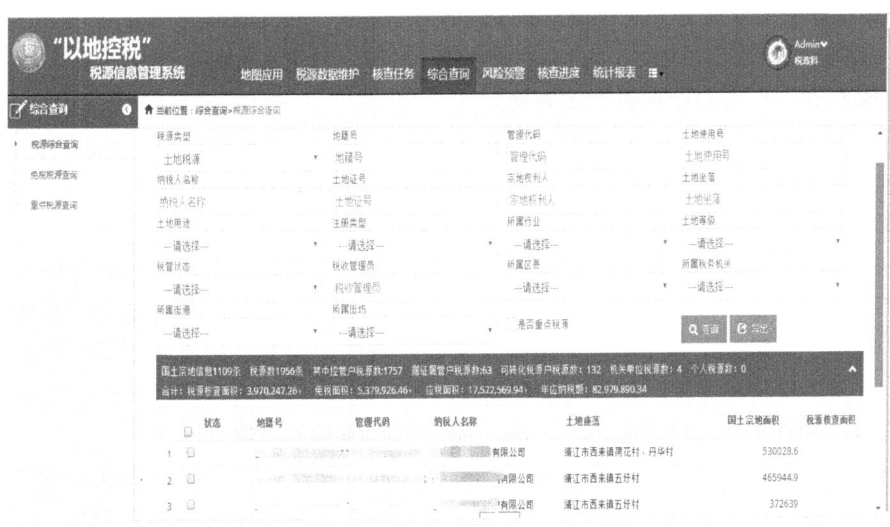

图 12-4　税源信息展示

3. 国土地籍信息变更比对分析

国土资源管理部门将向税务部门定期或不定期地提供城镇地籍更新数据，将变更信息与原信息进行比对生成宗地变更图形和宗地变更比对表。

4. 税收征管信息比对

与征管系统进行对接，实现税收征管数据与税源数据的日常比对，从而实时对税收征管工作的进展和存在的问题进行预警和展示。比对的展示可分为以下两种方式。

（1）纳税人信息表一户式展示，即在税源可视化展示中展示纳税人信息时，同时展示纳税人征管信息比对结果。

（2）统计列表展示，即分市级、县（区）级、乡镇级、税管人员级四级分别统计各级税务机关和人员所管辖区域内的城镇土地使用税、房产税税源信息及税收征管信息比对情况。

5. 税收疑点清册业务流转

市地方税务局每季度或半年将对全市的城镇土地使用税和房产税税收征管信息由征管回流数据库导入税收征管数据临时库中，并将征管信息与税源信息进行比对、统计，生成税收疑点清册。将税收疑点清册下发到各县（区），各县（区）对税收疑点进行情况说明并反馈。

12.3 土地信息在测绘与数字城市中的应用

12.3.1 地理国情监测

地理国情是指包括国土疆域面积、地理区域划分、地形地貌特征、道路交通网络、江河湖海分布、土地利用与土地覆盖、城市布局和城镇化扩张、生产力空间布局、灾害分布等在内的自然和人文地理要素在宏观层面的综合表达，是基本国情的重要组成部分。为了全面获取地理国情信息，掌握地表自然、生态及人类活动基本情况，我国于2010年全国测绘局长会议中提出地理国情监测的任务。第一次全国地理国情普查的标准时点为2015年6月30日，并于2015年年底前完成普查信息的整理、汇总、统计分析，形成普查报告。

地理国情普查分类对象可分为地表形态、地表覆盖和重要地理国情要素三个方面。

（1）地表形态数据反映地表的地形及地势特征，也间接反映了地貌形态。数字高程模型是反映地表形态常用的计算机表示方法。

（2）地表覆盖分类信息反映地表自然营造物和人工建造物的自然属性或状况。地表覆盖不同于土地利用，一般不侧重于土地的社会属性（人类对土地的利用方式和目的意图）等。地表覆盖通常采用规则格网形式的场模型（也称作域模型）进行描述。

（3）重要地理国情要素信息（简称地理国情要素）反映与社会生活密切相关、有较为稳定的空间范围或边界，具有或可以明确标识，有独立监测和统计分析意义的重要地物及其属性，如城市、道路、设施和管理区域等人文要素实体，湖泊、河流、沼泽、沙漠等自然要素实体，以及高程带、平原、盆地等自然地理单元。通常采用要素模型（也称作对象模型）来进行描述，按照其空间特征分为点、线、面、体四种基本对象。

地理国情普查分数据准备、数据整合与分析、地理国情信息普查、本地数据库建设、统计分析五个步骤进行，如图12-5所示。其中，土地信息（主要是土地调查信息）为地理国情监测提供了重要的基础信息，如土地利用分类、土地属性等。

12.3.2 "数字城市"地理空间框架

"数字城市"地理空间框架构筑于信息化基础设施及支撑软件环境之上，是"数字城市"建设的基础性工程，因此，建设完善的"数字城市"地理空间框架显得至关重要。它以基础地理信息数据为基础，以满足政府管理和决策需求为出发点和落脚点，充分运用RS、GPS、GIS和计算机网络等技术，建设多尺度、多分辨率、多种类的地理空间数据体系，构建统一的地理信息公共平台，为城市建设和管理、政府宏观决策及社会公众提供完善、优质、有效

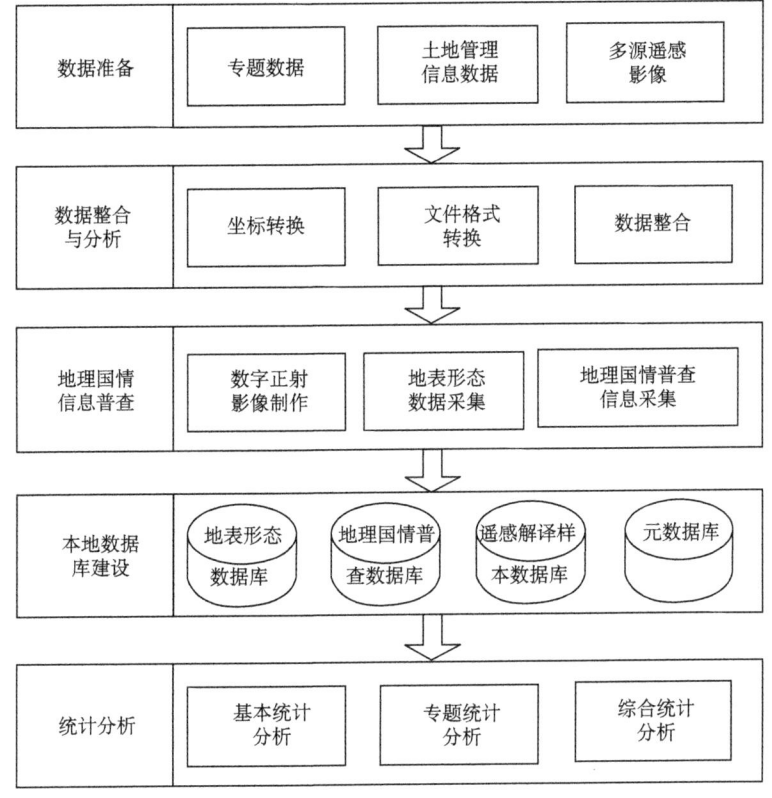

图 12-5 地理国情普查技术流程图

的地理信息服务。在数字城市地理空间框架建设的基础上，开发典型应用示范系统，强化应用服务功能，推进城市地理信息资源的共享机制建设，为城市发展提供有力的辅助决策支撑。其体系结构如图 12-6 所示。从图中可以看出，一方面，"数字城市"地理空间框架可以为土地管理提供基础底图数据；另一方面，土地信息（主要是土地调查信息）由于更新较为及时又可以反过来作为"数字城市"地理空间框架数据更新的重要参考。

将土地调查数据应用于数字城市地理信息框架数据库建设，需要考虑测绘基准的统一、数据标准与规范的统一、数据平台与格式的统一、数据完整性和数据现势性等。

1. "数字城市"与土地调查数据之间的关联和差异分析

1）测绘基准

数字城市：2008 年 7 月 1 日后新建设的地理信息系统应采用 CGCS2000 国家大地坐标系。除少数试点市外，全国各地数字城市建设的基础测绘数据均应是 CGCS2000 国家大地坐标系。

土地调查数据：土地利用现状调查和土地权属调查一般采用 1980 西安坐标系，国家高程系一般采用 1985 高程系统。

2）空间要素分类标准

数字城市：主要建设依据之一的《地理信息公共服务平台电子地图数据规范》（CH/Z 9011—2011）中规定了界线、控制点、居民地及设施、道路、水系、管线、地貌、植被与土

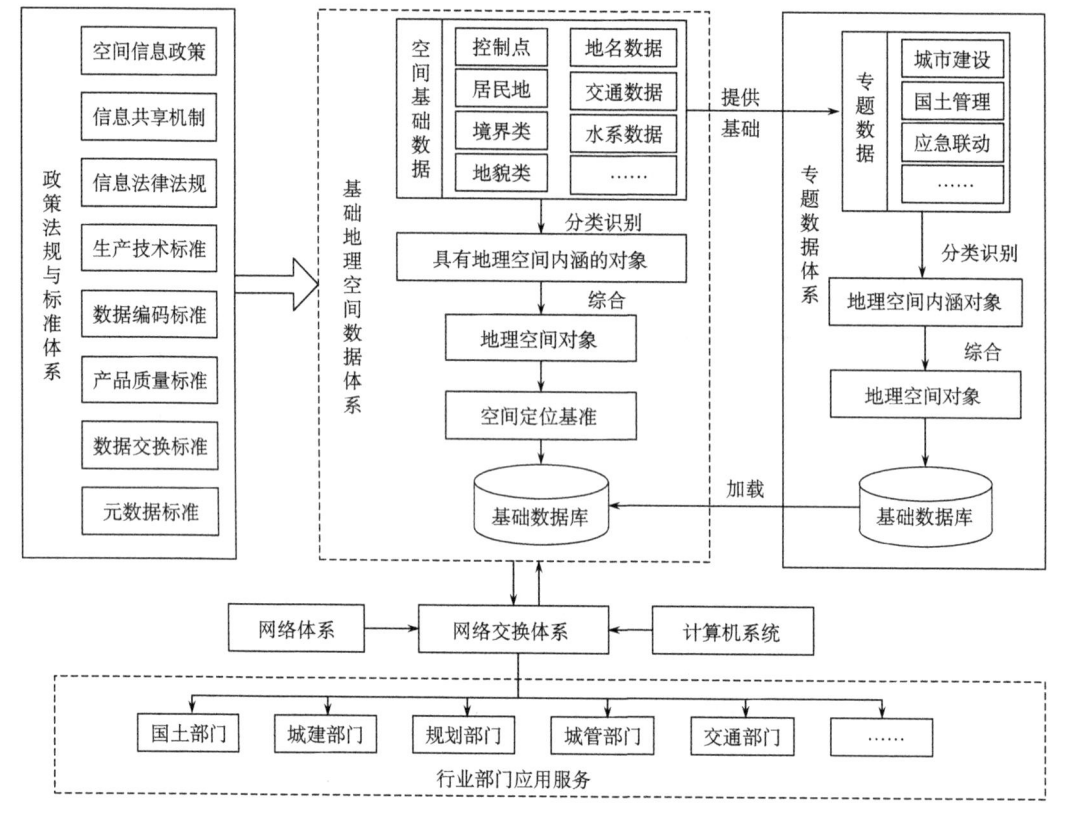

图 12-6 "数字城市"地理空间框架体系结构

质八大类。《基础地理信息标准数据基本规定》(GB 21139—2007)还规定了可以包含以上内容之外的地籍数据。

土地调查数据：是以地籍要素为核心，调查内容主要包括宗地情况、图斑、界址、四至及相关权属材料等土地信息要素。对于数字城市建设要求的八大类地理要素，地籍数据对界线、控制点、居民地及设施、道路、水系等五类有所表示，而管线、植被与土质基本没有表示。同时，已有数据的图层结构也有所不同，必须按照数字城市的要求进行转换，如土地调查数据中的权利人名称在数字城市标准中为单位名称。

3）地名地址和POI

POI是point of interest的缩写，中文可以翻译为兴趣点。每个POI包含四方面信息：名称、类别、经度、纬度。在地理信息系统中，一个POI可以是一栋房子、一个商铺、一个邮筒、一个公交站等。

数字城市：要求按照国家标准地名地址编码规则进行地名数据采集。地名地址编码规则为"行政区域名+街巷名+社区名或小区名+门楼地址标志物名和兴趣点名"。

土地调查数据：主要是按照权源材料，参考实地门牌号确定相关地理名称信息，基本没有POI信息。需要对土地调查数据中已有的地名地址按照统一标准加工处理。大量POI信息需要补充调查。

2. 土地调查数据在"数字城市"地理空间框架中的应用方法

数字城市地理空间框架建设的最终目标是地理信息的共享与基于信息的应用。土地调查数据强调了精细的土地资源行政管理，数字城市则强调各行各业便捷的应用。土地调查数据在"数字城市"地理空间框架建设中具有多种应用方式。

从数据的角度看，数字城市地理框架共享平台有应用系统、平台数据集和基础地理数据集三个层级。基础地理数据集包括 DLG、DEM、DOM、控制成果、地名数据等，平台数据集则包括地理实体数据库、影像数据库、电子地图数据库、地名地址数据库、三维景观数据库、专题共享数据库、目录与元数据库等。不同的专题应用、政务应用和公众应用系统建立在平台数据集之上，通过数据接口、功能接口实现，如天地图平台建立在公众版电子地图基础上，国土政务管理系统建立在土地利用、地籍等数据基础上。平台数据集则是基于基础地理数据和专业业务数据的提取、更新、扩充和集成。其中，地理实体数据库、影像数据库、电子地图数据库、地名地址数据库可通过对基础地理数据集进行整合、挖掘而得到。土地调查数据与基础地理数据库及平台数据库相比存在前述的差异性，可以通过直接提取的方式作为共享平台的专题数据。

1）土地调查数据处理及利用

土地调查数据必须经过 DLG 数据预处理、数据提取等处理后，才能在"数字城市"地理空间框架的建设中进行利用。

（1）数据预处理。针对 DLG 数据入库对数据整合的要求，需要对入库数据做必要的修改和整理，主要包括数据格式转换、统一数学基础、编辑修改数据分层与要素代码等。

（2）数据提取。从地形图中提取的地理要素包括水系数据、居民地数据、交通数据、境界与行政区数据、植被土质数据，提取方法应符合相关技术要求。

2）数据检查、处理和入库

通过对数据和采集获取的各种地理信息数据进行检查和处理，遵循《基础地理信息数据库基本规定》（GB/T 30319—2013）标准的要求，对居民地等数据进行构面，对点对象、线对象和图幅拼接处理，对基础地理信息数据进行数据完整性和实体元素质量检查后，建立多形式、多尺度、现势性强的基础地理信息数据库。

3）地名地址和 POI 调查建库

地名地址信息以地址位置标识点要素来表达，必须包含标准地址代码、地址位置、地址时态等信息，由行政区域、基本区域限定物、局部点位置三大类要素构成。可以通过提取与整合 1∶500、1∶1000、1∶2000、1∶1 万比例尺地形图（DLG）、城镇地籍及农村土地利用资料、公安部门已有的地名、地址资料，构建地名地址数据库。

3. "数字城市"地理空间框架建设应用实例

"数字泰州"地理空间框架基于数字泰州地理信息公共平台，以在线共享、离线共享和服务定制三种方式满足政府部门、企事业单位和社会公众对地理信息的需求，支撑着影像地图服务、数字国土管理信息系统、数字城管信息系统升级与改造、数字旅游信息系统、数字文物信息系统等五个示范应用的开发及运行。

"数字泰州"地理空间框架以城镇地籍数据、基础地理数据作为数据基础，将其与三维建筑物、构筑物等模型数据及影像数据整合，从而把泰州城市的全部信息进行数字化虚拟实现，并能够对其进行浏览、查询等操作，如图 12-7 所示。

图 12-7 "数字泰州"三维数据浏览

12.4 土地信息在不动产统一登记中的应用

12.4.1 不动产统一登记概述

不动产统一登记，是由 2013 年 11 月 20 日召开的国务院常务会议决定，整合不动产登记职责、建立不动产统一登记制度，由原国土资源部负责指导监督全国土地、房屋、草原、林地、海域等不动产统一登记职责，基本做到登记机构、登记簿册、登记依据和信息平台"四统一"；同时，建立不动产登记信息管理基础平台，其总体要求是实现不动产审批、交易和登记信息在相关部门间依法依规互通共享，消除"信息孤岛"。2015 年 3 月 1 日《不动产登记暂行条例》正式开始实施。由此，土地纳入不动产统一登记，全国各级迅速整合组建了不动产统一登记机构，开展不动产权籍调查和自然资源调查，研制部署了不动产统一登记信息系统。

不动产统一登记有利于保障不动产交易安全，促进不动产登记信息更加完备、准确、可靠；根据准确有效的信息来进行不动产交易，保障交易安全，为建立健全社会征信体系创造条件；有利于提高政府治理效率和水平，更加便民利民，同时也将最大限度地整合资源，减少政府行政成本；进一步厘清政府与市场的关系，完善政府运行机制，发挥市场的积极作用。

12.4.2 应用及实例

不动产统一登记主要涉及土地、房屋、草原、林地、海域，以及即将纳入的农村土地承包经营权等，现有的各种登记业务基本上都颁布了登记办法，对登记的相关工作做了明确规定。现有的土地登记可为不动产统一登记提供详细的土地位置和坐标信息及包含土地权利人信息、土地权属、土地面积、用途等的权属信息；土地登记信息数据能为平稳过渡到不动产统一登记信息平台和数据共享提供良好的数据支撑。有关土地登记的内容及信息系统参见 8.3 节。

为实现不动产统一登记，需要对原先分散登记中所生成的土地登记数据、地籍数据和房产登记数据等数据进行充分整合，通过宗地代码、自然幢编号还有不动产单元号建立数据关联关系,最终建成用于支撑不动产登记信息管理基础平台运行的成果数据库,如图 12-8 所示。

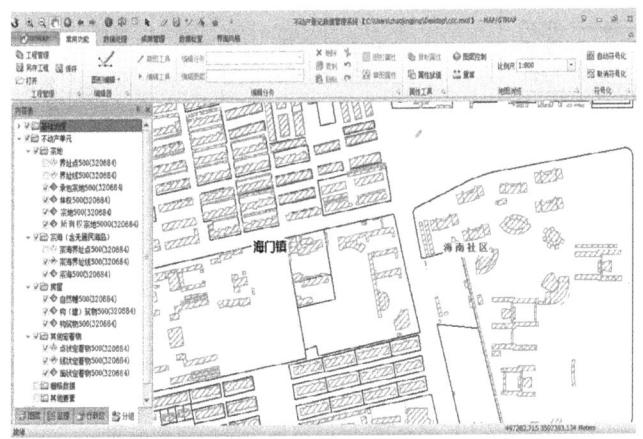

图 12-8 整合后的不动产数据库管理系统界面

在数据整合达到一定比例的基础上,利用不动产登记信息管理基础平台独立实施房地登记权属审核,实现基于统一数据基础、统一软件平台和统一审核环节的房地登记统一审核模式,从而实现不动产统一发证,如图 12-9 所示。

图 12-9 不动产登记发证软件界面截图

12.4.3 不动产登记信息共享

根据不动产统一登记制度实施的总体要求,不动产登记信息管理基础平台是不动产登记各项制度落实和信息共享查询的基础。建立不动产登记信息管理基础平台,实现不动产审批、交易和登记信息在有关部门间依法依规互通共享,提供不动产登记信息依法公开查询服务,有利于群众办证,提高办证效率,消除"信息孤岛",促进不动产登记信息更加完备、准确、可靠,建立健全社会征信体系,保证不动产交易安全,保护群众合法权益。

不动产登记信息管理基础平台覆盖全国,主要面向各级不动产登记机构、不动产审批和交易主管部门、其他相关部门、社会公众四类服务对象,提供登记业务支撑、信息实时互通共享、信息共享交换、信息依法查询服务(图 12-10)。

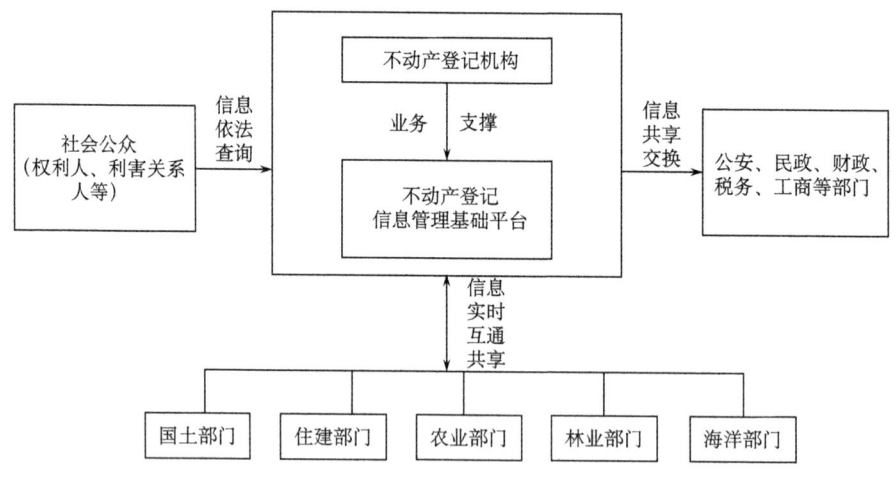

图 12-10 不动产登记信息共享与服务对象

（1）面向各级不动产登记机构提供业务支撑服务。为各级不动产登记机构的登记业务申请、受理、审核、登簿等全流程的网上运行，以及不动产登记信息综合分析等，提供技术支撑服务；为纵向上各级不动产登记机构间登记信息的实时共享提供技术支撑。

（2）面向各级不动产审批和交易主管部门提供信息实时互通共享服务。不动产登记信息管理基础平台应满足不动产审批、交易和登记信息在国土资源、住建、农业、林业、海洋等部门间的实时互通共享，推动相关部门间不动产登记与审批和交易之间的业务联动，为相关部门的行业管理和监管提供信息保障。

（3）面向相关部门提供信息共享交换服务。不动产登记业务审核需要身份验证、完税缴费等信息，相关部门日常管理工作对不动产登记信息也有广泛需求。故需要建立信息共享机制，明确信息共享内容、方式和技术流程，实现不动产登记机构与公安、民政、财政、税务、工商、金融、审计、统计等部门之间的信息共享交换，服务于社会征信体系的建立健全和市场经济制度的完善。图 12-11 为不动产登记机构向司法部门提供的不动产登记信息的"点对点"查询系统界面。

图 12-11 不动产登记信息管理向司法部门提供的查询界面

（4）面向社会公众提供信息依法查询服务。为权利人、利害关系人提供便捷的信息依法查询服务，保障不动产权利人和利害关系人的合法权益。

12.5 土地信息在"多规合一"中的应用

12.5.1 "多规合一"概述

随着我国经济发展水平和城镇化水平的提高，日益频繁的城乡建设活动对国民经济与社会发展规划、土地利用总体规划和城乡规划等不同规划的协调带来了巨大的挑战，也产生了城市扩张无序和生态用地被侵占等一系列问题。为解决上述问题，国家层面要求开展"多规合一"工作。

"多规合一"（或多规融合）是指在一级政府一级事权下，强化国民经济和社会发展、城乡、土地利用、环境保护、文物保护、林地与耕地保护、综合交通、水资源、文化与生态旅游资源、社会事业等各类规划的衔接，确保"多规"确定的保护性空间、开发边界、城市规模等重要空间参数一致，并在统一的空间信息平台上建立控制线体系，以实现优化空间布局、有效配置土地资源、提高政府空间管控水平和治理能力的目标。

通过"多规合一"，可以解决不同规划之间差异不断扩大的问题，同时也可以把"合一"后的成果整合到统一的技术信息平台上，供各个政府相关职能部门共享使用。这不仅提高了政府的审批管理工作效率，还可以实现规划资料与信息的动态更新及同步维护，更能让权力在"阳光"下运作，提升政府工作透明度，实现社会治理工作的转型与改革。

12.5.2 应用及实例

"多规合一"来源于"三规合一"，"三规"指的是国民经济和社会发展规划（经规）、土地利用总体规划（土规）和城市总体规划（城规），上述三个规划是影响城市发展最重要的规划。土地利用总体规划作为其中一项重要规划，其主要职责就是对建设用地规模、基本农田保护、耕地保有量等土地红线的控制管理，具有较强的控制性。该规划体系分为全国、省（自治区、直辖市）、市、县（区）、乡（镇）五个层级，各类用地控制指标层层下达，土规是建设项目用地规模落实的主要依据。

多规融合智慧空间信息平台建设内容主要包括多规融合"一张图"信息管理平台、规划编制辅助软件、用地项目多部门协同审批平台等，如图12-12所示。

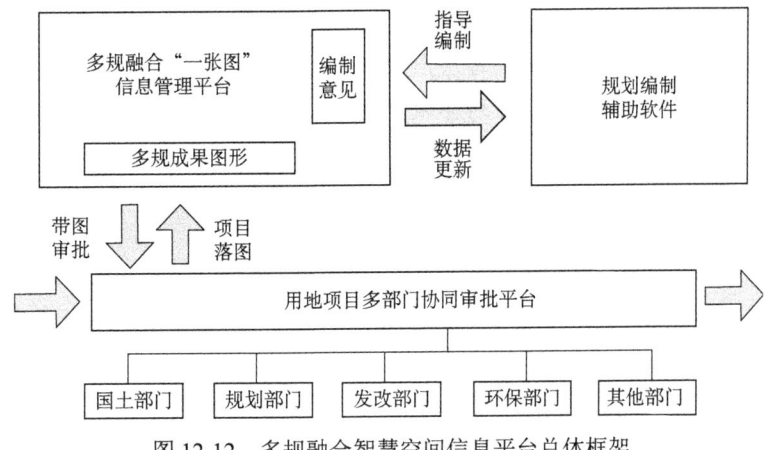

图12-12 多规融合智慧空间信息平台总体框架

如图 12-13 所示，在多规融合"一张图"信息管理平台里实现对土规和城规数据多窗口浏览和叠合冲突分析，为两者最终的信息融合和政府决策提供辅助参考依据。

图 12-13　多规融合信息管理平台界面截图

用地项目多部门协同审批平台建设旨在辅助多部门完成协同审批工作，保证多规合一成果对社会的持续服务力。原有申报建设项目审批各部门数据标准、规程各不一致，极易导致项目申报停滞，建立"多规合一"协同审批平台在于促进申报项目审批的协同性、快捷化。平台的难点是当项目审批遇到与"多规合一"成果规划冲突时如何决策。可考虑将专家智库和辅助决策支持模型引入协同审批流程，采用专家盲审评分和辅助决策支持模型评分形式，合理给出项目落地矛盾评价，为决策者提供更有实用价值的参考。

思　考　题

1. 简述土地信息共享的意义。
2. 简述土地调查数据在农村土地承包经营权调查与登记中的应用。
3. 土地与税收的联系是什么？地籍信息与税务信息有哪些关联？
4. 土地数据与"数字城市"地理空间框架数据怎样做到共建共享？
5. 什么是不动产统一登记？土地与房产信息的关联是什么？
6. 什么是"多规合一"？土地规划与城市规划信息如何共享，又可能存在哪些冲突？

主要参考文献

白晓东. 2009. 新中国土地管理大事记(1949—2008). 北京: 中国大地出版社
毕硕本, 王桥, 徐秀华. 2003. 地理信息系统软件工程的原理与方法. 北京: 科学出版社
常庆瑞. 2002. 土地资源学. 杨凌: 西北农林科技大学出版社
陈文伟. 2010. 决策支持系统教程. 2版. 北京: 清华大学出版社
陈艳, 朱靖, 王洪光. 2013. 第二次全国土地调查成果在数字城市地理信息框架建设中的应用. 现代测绘, 36(2): 51-52
邓轶, 赵红. 2011. 数字城市地理空间框架建设研究. 测绘通报, (9): 74-76
范兰礼. 2011. 农村土地管理与实务. 北京: 中国农业科学技术出版社
范延平, 吴洪涛. 2012. 国土资源综合信息监管平台建设与展望. 国土资源信息化, (4): 3-11
方从刚. 2013. 信息技术支撑下的国土资源监管技术体系研究与应用. 成都: 成都理工大学博士学位论文
高洪深. 2009. 决策支持系统(DSS)案例集. 北京: 清华大学出版社
格哈德·拉尔森. 2011. 土地登记与地籍系统. 詹长根, 黄伟译. 北京: 测绘出版社
辜寄蓉, 陈先伟, 方从刚. 2009. 地籍数据网上汇交系统关键技术研究. 计算机工程与技术, 30(24): 5751-5754
辜寄蓉, 陈先伟, 曾铭. 2008. 基于数据监听算法的异构地籍数据网上提取技术及实现. 计算机工程与设计, 29(22): 5892-5893
顾朝林, 段学军, 于涛方, 等. 2002. 论"数字城市"及其三维再现关键技术. 地理研究, 21(1): 14-24
郭婧, 张立朝, 王科伟. 2007. 基于 ArcGIS Server 构建地理信息服务. 测绘科学, 32(3): 91-93
郭庆胜, 王晓延. 2003. 地理信息系统工程设计与管理. 武汉: 武汉大学出版社
贺跃光. 2006. 土地管理与地籍测量. 长沙: 湖南地图出版社
洪波. 2007. 地籍测量与房地产测绘. 北京: 中国电力出版社
黄志一, 周园春, 常青玲, 等. 2009. 可定制移动数据采集系统的研究和实现. 计算机系统应用, 18(11): 13-15
纪勇. 2012. 地籍测量与房地产测绘. 北京: 中国电力出版社
金其坤. 1994. 地籍测量. 北京: 地质出版社
柯正谊, 王建弟, 李子川. 2011. 土地调查方法原理. 北京: 科学出版社
李景文, 马学峰, 叶良松, 等. 2011. 基于面向对象的数字城市地理空间框架数据组织方法. 桂林理工大学学报, 31(3): 386-390
李满春, 陈刚, 陈振杰, 等. 2011. GIS 设计与实现. 2版. 北京: 科学出版社
李天文. 2012. 现代地籍测量. 2版. 北京: 科学出版社
李秀海, 鲍建宽, 卢廷军. 2010. 土地管理与地籍测量. 哈尔滨: 哈尔滨地图出版社
廖永林. 2008. 土地管理制度与政策. 北京: 中国财政经济出版社
刘家彬, 张金亭, 胡石元. 2010. 土地信息系统理论与方法. 北京: 测绘出版社
刘明皓. 2010. 地理信息系统导论. 重庆: 重庆大学出版社
刘胜华, 刘家彬. 2005. 土地管理概论. 武汉: 武汉大学出版社
刘耀林. 2003. 土地信息系统. 北京: 中国农业出版社
刘耀林, 何建华. 2007. 土地信息学. 北京: 科学出版社
卢新海, 黄善林. 2014. 土地管理概论. 上海: 复旦大学出版社
陆红生, 王秀兰. 2001. 土地管理学. 北京: 中国经济出版社
罗骥. 2014. 城市化进程中的土地管理. 湘潭: 湘潭大学出版社
闾国年, 张书亮, 王永君, 等. 2007. 地理信息共享技术. 北京: 科学出版社

乃吉米丁·艾孜则. 2006. 土地管理基础. 乌鲁木齐: 新疆大学出版社
濮励杰, 彭补拙. 2002. 土地资源管理. 南京: 南京大学出版社
乔仰文. 2004. 数字地籍测量. 沈阳: 东北大学出版社
史文中, 吴立新, 李清泉, 等. 2007. 三维空间信息系统模型与算法. 北京: 电子工业出版社
史云飞, 张玲玲, 李霖, 等. 2009. 基于 Web Service 的空间数据共享与互操作. 辽宁工程技术大学学报 (自然科学版), 28(6): 917-918
宋光齐, 刘永湘. 2009. 统筹城乡发展与土地管理. 成都: 成都地图出版社
宋玮. 2007. 时空数据模型及其在土地管理中的应用. 郑州: 黄河水利出版社
宋小冬, 叶嘉安, 钮心毅. 2010. 地理信息系统及其在城市规划与管理中的应用. 2 版. 北京: 科学出版社
苏力. 2013. 开发区土地集约利用评价研究. 西部资源, (3): 87-88
谭峻, 林增杰. 2008. 地籍管理. 4 版. 北京: 中国人民大学出版社
谭峻, 张璋, 张丽亚. 2012. 地籍管理制度与农村土地问题探讨. 北京: 中国经济出版社
谭立萍. 2013. 地籍测量与房产测绘. 沈阳: 东北大学出版社
田扬戈, 边馥苓. 2007. 空间数据仓库的 ETL 研究. 武汉大学学报(信息科学版), 32(4): 362-363
王静, 辛全才. 2005. 土地信息系统原理. 杨凌: 西北农林科技大学出版社
王侬, 廖元焰. 2008. 地籍测量. 2 版. 北京: 测绘出版社
王松林. 2008. 新农村建设与加强土地管理研究文集(上下册). 北京: 中国大地出版社
王万茂, 韩桐魁. 2002. 土地利用规划学. 北京: 中国农业出版社
王霞, 尤建新. 2004. 城市土地经济学. 上海: 复旦大学出版社
王铮, 许世远, 丁金宏等. 1993. 地理信息系统的地学信息需求分析模式. 地理学报, 48(2): 186-188
王正立, 郭文华. 2011. 世界部分国家土地管理机构. 北京: 中国大地出版社
翁齐浩. 2011. 遥感与地理信息系统集成: 理论、方法与应用. 北京: 科学出版社
吴长彬, 闾国年. 2008. 国土资源知识库的建设与应用. 地理与地理信息科学, 24(4): 70-74
吴长彬, 闾国年, 舒飞跃. 2007. 基于知识与规则的地籍数据质量检查方法. 地理与地理信息科学, 23(5): 22-30
吴长彬, 孙在宏, 吉波, 等. 2011. 基于 3G 和嵌入式 GIS 的土地移动执法监察系统. 测绘通报, (3): 63-81
吴次芳. 2000. 土地利用规划. 北京: 地质出版社
吴国平, 吕亚生, 宋崇辉. 2012. 国土资源信息系统. 南京: 东南大学出版社
吴天军, 郭黎. 2007. 土地数据集成方法探讨. 测绘科学技术学报, 24(4): 299-302
肖孝军. 2005. 中国房地产大辞典. 长春: 银声音像出版社
修文群. 2001. 地理信息系统 GIS 数字化城市建设指南. 北京: 北京希望电子出版社
徐财江, 陈志荣, 刘仁义, 等. 2006. 元数据在土地利用现状管理信息系统中的设计实现. 浙江大学学报(理学版), 33(6): 713-716
燕志明. 2007. 地籍测量. 北京: 煤炭工业出版社
詹长根, 唐祥云, 刘丽. 2005. 地籍测量学. 3 版. 武汉: 武汉大学出版社
张海藩, 牟永敏. 2013. 软件工程导论. 6 版. 北京: 清华大学出版社
张景雄. 2010. 地理信息系统与科学. 武汉: 武汉大学出版社
张鹏翥. 2005. 决策支持系统. 上海: 上海交通大学出版社
张启凡. 1994. 耕地质量评价理论与实践. 西安: 西安地图出版社
张清浦, 刘纪平. 2003. 政府地理信息系统. 北京: 科学出版社
张绍良, 顾和和. 2003. 土地管理与地籍测量. 徐州: 中国矿业大学出版社
张新长, 唐力明. 2009. 地籍管理数据库信息系统研究. 北京: 科学出版社
张友静, 许捍卫, 余远见, 等. 2009. 地理信息科学导论. 北京: 国防工业出版社
张正栋, 邱国锋, 郑春燕. 2005. 地理信息系统原理、应用与工程. 武汉: 武汉大学出版社
章书寿, 孙在宏. 2008. 地籍调查与地籍测量学. 北京: 测绘出版社

赵刚, 张凯选, 鲍勇. 2013. 土地管理与地籍测量. 北京: 清华大学出版社
赵薇, 耿晴. 2010. 云计算在 GIS 系统模型中的应用. 地理空间信息, (6): 8-10
郑春燕, 邱国锋, 张正栋. 2011. 地理信息系统原理、应用与工程. 2 版. 武汉: 武汉大学出版社
郑新奇, 韩荣青, 刘金花. 2008. 土地管理地理信息系统. 武汉: 武汉大学出版社
周丽蓉. 2011. 公益性城市地价信息发布系统研究——以南京市江宁区为例. 南京: 南京师范大学硕士学位论文
周生路. 2006. 土地评价学. 南京: 东南大学出版社
朱德海. 2000. 土地管理信息系统. 北京: 中国农业大学出版社
庄宝杰. 2003. 地籍测量. 北京: 中国建筑工业出版社
Azad B, Faraj S. 2009. E-government institutionalizing practices of a land registration mapping system. Government Information Quarterly, 26(1): 5-14
Christopher B J. 1997. Geographical Information Systems and Computer Cartography. Upper Saddle River: Longman
Cooke E. 2012. Land registration institutions: developed world. International Encyclopedia of Housing & Home: 157-162
Goodchild M F, Fu P, Paul R. 2007. Sharing geographic information: an assessment of the geospatial one-stop. Annals of the Association of American Geographers, 97(2): 250-266
Harvey F. 2009. Maps and governance-international encyclopedia of human geography. International Encyclopedia of Human Geography: 431-435
Heineke H J, Eckelmann W, Thomasson A J, et al. 2012. Developments for planning the sustainable use of land resources. General Information, 17(2): 69-74
Liang S. 2004. Quantitative Remote Sensing of Land Surfaces. Hoboken: Wiley
Quintero J R. 2004. Land information system. International Encyclopedia of the Social & Behavioral Sciences, 10(10): 1-6
Sallis P J, Benwell G L. 1993. Geomatics: the influence of informatics on spatial information processing. Software Engineering Education: 199-208
Salvemini M. 2010. Global Positioning System. New York: Nova Science Publishers
Thomas H, Davenport. 1992. Process Innovation: Reengineering Work Through Information Technology. Boston : Harvard Business School Press
Tomlinson R. 2003. Thinking About GIS: Geographic Information System Planning for Managers. California : ESRI Press
Wright J D. 2015. International Encyclopedia of the Social & Behavioral Sciences. Second Edition. Oxford: Elsevier